中国软科学研究丛书

丛书主编：张来武

“十一五”国家重点图书出版规划项目

国家软科学研究计划项目

可持续发展中的科技创新

——滨海新区实证研究

赵 宏等 著

科学出版社

北京

内 容 简 介

作为国家经济发展的新龙头，天津滨海新区的可持续发展在很大程度上依靠其自主创新的发展。本书理论与实际相结合，以数据为基础，探求滨海新区可持续发展的关键问题，研究适合滨海新区可持续发展的科技创新体系。本书的读者对象范围较广，可以为政府和企业相关人员决策提供研究参考，也可作为高等院校、科研机构人员的阅读参考书。

图书在版编目（CIP）数据

可持续发展中的科技创新：滨海新区实证研究/赵宏等著．—北京：科学出版社，2009

（中国软科学研究丛书）

ISBN 978-7-03-023170-3

I. 可… II. 赵… III. 技术革新-作用-渤海湾-地区经济-可持续发展-研究 IV. F127

中国版本图书馆 CIP 数据核字（2008）第 157308 号

丛书策划：林　鹏　胡升华　侯俊琳

责任编辑：宋　旭　付　艳　苏雪莲／责任校对：钟　洋

责任印制：赵德静／封面设计：黄华斌

编辑部电话：010-64035853

E-mail：houjunlin@mail. sciencep. com

科学出版社 出版

北京东黄城根北街 16 号

邮政编码：100717

http：//www. sciencep. com

中国科学院印刷厂 印刷

科学出版社发行　各地新华书店经销

*

2009 年 2 月第　一　版　开本：B5（720×1000）

2009 年 2 月第一次印刷　印张：11 1/2

印数：1—2 500　字数：260 000

定价：42.00 元

（如有印装质量问题，我社负责调换〈科印〉）

“中国软科学研究丛书”编委会

总 序 PREFACE

软科学是综合运用现代各学科理论、方法，研究政治、经济、科技及社会发展中的各种复杂问题，为决策科学化、民主化服务的科学。软科学研究是以实现决策科学化和管理现代化为宗旨，以推动经济、科技、社会的持续协调发展为目标，针对决策和管理实践中提出的复杂性、系统性课题，综合运用自然科学、社会科学和工程技术的多门类多学科知识，运用定性和定量相结合的系统分析和论证手段，进行的一种跨学科、多层次的科研活动。

1986 年 7 月，全国软科学研究工作座谈会首次在北京召开，开启了我国软科学勃兴的动力阀门。从此，中国软科学积极参与到改革开放和现代化建设的大潮之中。为加强对软科学研究的指导，国家于 1988 年和 1994 年分别成立国家软科学指导委员会和中国软科学研究会。随后，国家软科学研究计划正式启动，对软科学事业的稳定发展发挥了重要的作用。

20 多年来，我国软科学事业发展紧紧围绕重大决策问题，开展了多学科、多领域、多层次的研究工作，取得了一大批优秀成果。京九铁路、三峡工程、南水北调、青藏铁路乃至国家中长期科学和技术发展规划战略研究，软科学都功不可没。从总体上看，我国软科学研究已经进入各级政府的决策中，成为决策和政策制定的重要依据，发挥了战略性、前瞻性的作用，为解决经济社会发展的重大决策问题作出了重要贡献，为科学把握宏观形势、明确发展战略方向发挥了重要作用。

20 多年来，我国软科学事业凝聚优秀人才，形成了一支具有一定实力、知识结构较为合理、学科体系比较完整的优秀研究队伍。据不完全统计，目前我国已有软科学研究机构2000 多家，研究人员近4 万人，每年开展软科学研究项目 1 万多项。

为了进一步发挥国家软科学研究计划在我国软科学事业发展中的导向作用，促进软科学研究成果的推广应用，科学技术部决定从 2007 年起，在国家软科学研究计划框架下启动软科学优秀研究成果出版资助工作，形成“中国软科学研究丛书”。

“中国软科学研究丛书”第一批著作即将面世。这套丛书因其良好的学术价值和社会价值，已被列入国家新闻出版总署“‘十一五’国家重点图书出版规划项目”。我希望并相信，丛书出版对于软科学研究优秀成果的推广应用将起到很大的推动作用，对于提升软科学研究的社会影响力、促进软科学事业的蓬勃发展意义重大。

科技部副部长

张来武

2008 年 12 月

前　言 FOREWORD

近几年，建立和发展滨海新区被国家和天津市政府提上议事日程。《天津滨海新区国民经济和社会发展“十一五”规划纲要》指出，要把滨海新区的发展，放到世界经济发展的大趋势中去考察，放到国家整体发展的大格局中去谋划。要全面落实科学发展观，坚持“高水平是财富、低水平是包袱”的发展理念，以宽广的视野，立足天津，服务环渤海，辐射“三北”，面向东北亚，把滨海新区建设成为高水平的现代化制造、研发转化基地和国际物流中心。

滨海新区要实现可持续发展，就必须逐步改变过分依赖外资的经济发展模式，下大力气发展具有自主知识产权的高新技术产业。一方面要积极进行滨海新区科技创新体系的建设，注重应用型技术创新和科技成果的产业化；另一方面要抓好对适用技术的推广应用。尽管滨海新区科技发展取得了长足进步，但总体来看，社会经济发展面临着市场、技术、人才、资金等外部环境的巨大竞争压力，在更深层次上面临着资源和环境等问题的制约，经济建设和社会发展比以往任何时候都迫切需要坚实的科学基础和有力的技术支撑。因此，加强科技发展能力建设，大力推进科技进步和创新，调整和优化产业结构，转变经济增长方式，缓解资源环境瓶颈制约，推动经济增长从资源依赖型转向创新驱动型，带动生产力质的飞跃，推动经济社会切实转入以人为本、全面协调和可持续发展的轨道，是滨海新区科技发展的主要任务。

本书坚持理论与实际相结合，以数据为基础，通过与国内外主要核心经济区域的对比，结合环渤海地区社会、经济发展的实际状况，剖析了滨海新区经济发展所面临的机遇和挑战。从滨海新区自身发展条件出发，客观评价了滨海新区在所处各层圈中的地位。提出了滨海新区在所处各级区域经济互动中的核心作用应当主要体现在科技创新、产业创新上，并探求了滨海新区可持续发展的关键问题，研究了适合滨海新区可持续发展的科技创新体系平台，从制度体系、投融资、人力资源、科技中介等方面对滨海新区科技创新体系的有效运行提出了相关的建议，最后以生物医药产业为例进行了实证分析。

本书是天津工业大学承担的国家软科学研究计划项目“构建产业运行机制，促进环渤海地区的经济结构调整”（项目编号：2005DGQ4D176）及相关课题的部分研究成果，由项目负责人赵宏教授统稿，朱春红、马涛、温宇静、张亮和陈亚楠等同志参与了项目的研究和本书的编写工作。由于作者水平有限，书中难免出现纰漏，恳请读者批评指正。

作　者

2008 年 1 月 于天津工业大学

目录 CONTENTS

第一章 滨海新区开发开放的背景研究

天津滨海新区成立于1994年，它地处华北平原北部，位于山东半岛与辽东半岛交汇点、海河流域下游、天津市中心区的东面，濒临渤海，地理坐标位于北纬38°40′至39°00′、东经117°20′至118°00′，常住人口约145万。同时，天津滨海新区紧紧依托北京、天津两大直辖市，拥有中国最大的人工港、最具潜力的消费市场和最完善的城市配套设施。以新区为中心，方圆500千米分布着11座100万人口以上的大城市。对外，滨海新区雄踞环渤海经济圈的核心位置，与日本和朝鲜半岛隔海相望，直接面向东北亚和迅速崛起的亚太经济圈，置身于世界经济的整体之中，拥有无限的发展机遇。滨海新区自然资源丰富，拥有大量开发成本低廉的荒地和滩涂，拥有丰富的石油、天然气、原盐、地势、海洋资源等，以及雄厚的工业基础，是国内外公认的发展现代化工业的理想区域。

天津滨海新区经过十几年的不懈努力，昔日的荒滩如今已初步建成了以外向型为主的经济新区，形成了电子通信、石油开采与加工、海洋化工、现代冶金、机械制造、生物制药、食品加工等主导产业，建立起多层次科技创新体系和科技人才创业基地。一大批国际知名的企业落户新区，一栋栋的高楼和工厂不断建成，基础设施和公共设施正在迅速完善，一个现代化海滨城市的面貌正在展现。

第一节　滨海新区的历史沿革

一 滨海新区的发展历程

1994年3月，天津市十二届人大二次会议作出“用十年左右的时间基本建成滨海新区”的重大决议，滨海新区作为天津经济新区的建设由此拉开序幕。滨海新区建设的总体目标是：以天津港、开发区、保税区为骨架，以冶金、化工为基础，商贸、金融、旅游业竞相发展，成为中国北方经济增长的“龙头”，国际一流的综合性工业基地和具有保税港功能的高度开放的现代化经济新区。天津滨海新区主要历史沿革如表1-1所示。

表 1-1 滨海新区发展主要历史沿革

时间	事件
1986 年	邓小平同志亲临滨海地区视察并题词“开发区大有希望”。天津市加快规划和建设滨海地区，实施工业东移战略
1992 年	党的“十四大”作出了加速环渤海湾地区开放和开发的决策
1994 年 3 月	提出“用十年左右的时间基本建成滨海新区”的阶段性目标，定位为“中国北方的浦东”。基本构想是：以天津港、开发区、保税区为骨架，以现代工业为基础，外向型经济为主导，商贸、金融、旅游竞相发展，形成基础设施配套、服务功能齐全、面向 21 世纪的高度开放的现代化经济新区
2005 年 6 月初	天津主要媒体发布消息称，滨海新区工业总产值、增加值首次超过浦东新区
2005 年 6 月 21 日	国务院常务会议通过“上海浦东新区进行综合改革配套试点工作”的决议。当月下旬，滨海新区正式向中央申请成为国内第二个国家综合改革试验区
2005 年 10 月	十六届五中全会通过的《十一五规划建议》中指出“继续发挥经济特区、上海浦东新区的作用，推进天津滨海新区等条件较好地区的开发开放，带动区域经济发展”
2005 年 11 月	天津市委八届八次全会审议通过《中共天津市委关于加快推进滨海新区开发开放的意见》，明确提出了全面加快滨海新区建设的总体要求
2006 年 3 月	天津滨海新区开发开放被正式纳入国家发展战略布局，使滨海新区的地位和作用发生了深刻的变化，由城市的发展战略上升为国家的发展战略，成为带动环渤海区域经济发展的重要力量。国务院原则上同意给予滨海新区五项扶持政策，包括将滨海新区作为综合改革试验区、设立东疆保税港区、进行金融改革试点、扩大建设用地供应、将区内 510 平方千米范围高新技术产业的所得税税率降为 15%等
2006 年 4 月 26 日	国务院总理温家宝主持召开国务院常务会议，研究推进天津滨海新区开发开放的意见
2006 年 5 月 26 日	国务院发布《关于推进天津滨海新区开发开放有关问题的意见》，批准天津滨海新区进行综合配套改革试点。天津滨海新区被赋予新的历史使命，依托京津冀，服务环渤海，辐射“三北”，面向东北亚，努力建设成为我国北方对外开放的门户、高水平的现代制造业和研发转化基地、北方国际航运中心和国际物流中心，逐步成为经济繁荣、社会和谐、环境优美的宜居生态型新城区

天津滨海地带悠久的开发历史使其形成了良好的城市基础设施条件，发达的铁路、公路、水运和航空立体交通网络，方便快捷的通信系统，丰富的自然资源和高素质的城市人口，这些共同成为滨海新区发展的综合资源优势。塘沽、大港、汉沽、开发区、保税区多年的建设发展形成了良好的产业基础，特别是开发区、保税区享有国家对外开放的多种优惠政策，从而使滨海新区成为天津各种优势最集中、政策最优惠、发展潜力最大的地区。

二 滨海新区的新一轮开发

（一）新的发展定位

按照国家总体发展战略要求，《天津市城市总体规划（2005～2020年）》（以下简称《总体规划》）确定滨海新区的功能定位是：依托京津冀，服务环渤海，辐射“三北”，面向东北亚，努力建设成为我国北方对外开放的门户、高水平的现代制造业和研发转化基地、北方国际航运中心和国际物流中心，逐步成为经济繁荣、社会和谐、环境优美的宜居生态型新城区。

《总体规划》明确，以滨海新区核心区为中心、汉沽新城和大港新城为两翼的组团式布局结构，依托京津塘高新技术产业带、天津港等，重点建设先进制造业产业区、滨海高新技术产业区、中心商务商业区、滨海化工区、海港物流区、临空产业区、滨海休闲旅游区等多个产业功能区。此外，结合建港造陆，科学论证，规划建设临港产业区；各城区与组团间用生态保护区和生态廊道隔离，构建宜居的生态环境；加强基础设施建设，结合城市对外交通体系，构筑滨海新区“十横六纵”骨架路网，形成滨海新区与中心城区及周边地区方便快捷的交通联系，努力把滨海新区建设成世界先进的开放型、创新型、多功能型和现代化的经济新区、社会新区、生态新区和综合改革试验区。通过改革开放、科技创新、产业集聚、功能辐射，逐步实现滨海新区的定位，推进体制机制创新，提升整体技术水平和综合生产力，提高单位面积的投资强度和产出效率，实现人与自然、经济社会与生态环境的和谐发展，增强区域服务功能，更好地带动天津发展，服务和带动环渤海乃至全国经济、社会的发展。

经过15年左右的努力，把滨海新区建设成为具有国内领先、国际一流的技术和管理水平；具有较强自主创新能力的现代制造和研发转化基地；建设成为服务辐射能力强、运转效率高的北方国际航运中心和国际物流中心；建设成为特色鲜明、风景宜人的国际旅游目的地；建设成为具有综合竞争力和世界影响力，服务和带动区域经济发展的改革创新先行区；建设成为以人为本、要素集聚、生态良好的最适宜创业和人居的现代化海滨新城。

规划到 2020 年，滨海新区常住人口规模为 300 万人，城镇人口规模为 290 万人，城镇建设用地规模 510 平方千米。其中，滨海新区核心区规划面积 270 平方千米，城镇建设用地面积 166 平方千米。预计到 2020 年，新区生产总值达到 10 000 亿元，年均递增 13.5％，工业总产值达到 24 000 亿元以上，口岸进出口总值达到 5000 亿美元以上。

（二）发展布局

1. 滨海新区空间布局

按照国务院关于“统一规划，综合协调，建设若干特色鲜明的功能区，构建合理的空间布局”的要求，滨海新区开发开放总体布局呈一轴、一带、三个城区。

一轴：沿京津塘高速公路和海河下游建设“高新技术产业发展轴”；

一带：沿海岸线和海滨大道建设“海洋经济发展带”；

三个城区：在轴和带的 T 形结构中，建设以塘沽城区为中心、大港城区和汉沽城区为两翼的宜居海滨新城。

滨海新区的核心区，以科技研发转化为重点，大力发展高新技术产业和现代制造业，增强为港口服务的职能，积极发展商务、金融、物流、中介服务等现代服务业，提升城市的综合功能，发展成为特色突出的海滨城市。

汉沽新城是东部滨海发展带北部的重要结点。建设成为环渤海地区的滨海旅游、休闲、度假基地，积极发展新兴海洋产业（包括现代海洋渔业），逐步成长为中等海滨城市。

大港新城是东部滨海发展带南部的重要结点、国家级石化基地。重点发展石油化工产业，建设成为现代化石油化工基地和原油、成品油集散中心，高等教育及产业技术研发基地，努力建设成为生态可持续发展的中等海滨城市。

2. 滨海新区产业布局

在空间布局的基础上，滨海新区将规划建设多个功能区（表 1-2）。其中重点发展有：包括电子信息、汽车、生物制药、新能源、新材料等在内的面积为 103 平方千米的先进制造业产业区；生物、纳米新材料的研发和制造业的面积为 25 平方千米的滨海高新技术产业园区；石油化工、海洋化工、精细化工产业的面积为 80 平方千米的滨海化工区；面积为 50 平方千米的中心商务商业区；天津港、保税区和散货物流区的面积为 100 平方千米的海港物流区；集航空运输、空港物流、民航科技为一体的面积为 102 平方千米的临空产业区；面积为 75 平方千米、海岸线长 14 千米的海滨休闲旅游区。

表 1-2　滨海新区产业功能区布局

功能区	功能布局
先进制造业产业区	以开发区为主体，以现代冶金工业园为配套，总规划面积 103 平方千米。重点发展包括电子信息、汽车、生物制药、新能源、新材料等在内的高科技产业和加工制造业
滨海高新技术产业园区	规划面积 25 平方千米，以天津市政府和科技部合作为基础，重点发展生物、纳米新材料的研发和制造业等
滨海化工区	规划面积 80 平方千米，包括临港工业区、大港三角地、石化工业区、油田化工工业区。该区重点发展石油化工、海洋化工、精细化工工业
海港物流区	由天津港、保税区和散货物流区组成，规划面积 100 平方千米。重点发展海洋运输、国际贸易、物流配送等产业
临空产业区	规划面积 102 平方千米，由天津滨海国际机场、民航学院、空港物流加工区、空港保税区等组成，集航空运输、空港物流、民航科技为一体
滨海中心商务商业区	规划面积约 50 平方千米，其中的 10 平方千米区域为重点建设地区。该区重点发展金融、保险、商务商贸、文化娱乐、会展旅游等产业
海滨休闲旅游区	总投入达 500 亿元至 700 亿元，陆域规划面积 75 平方千米，位于汉沽城区以南，永定新河以北，拥有 14 千米海岸线。该区将建立主题公园、度假区等休闲旅游项目
临港产业区	坐落于海河口南侧滩涂浅海区，规划面积可能达 150 平方千米。系天津滨海新区化学工业区和临港产业的重要组成部分

3. 滨海新区生态环境建设

根据滨海新区“十一五”生态城市建设总体规划，新区将构建两大生态环境区、五条生态廊道及三大生态组团和八个生态产业功能区。

1）两大生态环境区

两大生态环境区分别位于新区南北两端，即大港和汉沽附近。北部连接七里海湿地，建设东丽湖、营城湖、黄港水库、北塘水库等湿地生态环境区，面积约 170 平方千米；南部连接团泊洼水库，重点建设大港、钱圈、沙井子、官港等水库湿地生态环境区，面积约 330 平方千米。

2）五条生态廊道

为打造滨海特色网格化生态布局，将建设海河生态保护廊道、永定新河、独流减河生态保护廊道、海岸景观休闲廊道、城市生态隔离廊道等“三横两纵”五条生态廊道。海河生态保护廊道：建设海河下游两岸 300～1000 米宽的生态廊道，形成东西走向风景林带、观光农田和森林公园相配套的生态绿化带；永定新河、独流减河生态保护廊道：通过建立河岸保护带、保护缓冲带以及同景观公园相结合的防护体系，将河流及沿线土地的生态恢复与景观建设结合起来；海岸景观休闲廊道：重点是天津港北侧14千米长的休闲旅游岸线和南侧18千米的预留岸线，恢复盐生植被、滩涂湿地和河口生态，保护生物多样性，同时挖掘生态、景观潜力，发展滨海休闲旅游观光，形成集生态保护、休闲旅游于一体的复合生态廊道；城市生态隔离廊道：建设茶金公路东侧、唐津高速两侧城市生态隔离廊道，种植大面积防护林，提升防洪能力。

3）三大生态组团

建设大港化工区、海河下游石油钢管和优质钢材深加工区等外围生态绿化带，形成环工业区生态组团；建设官港森林公园、开发区森林公园、塘沽森林公园，形成森林生态组团；建设塘沽区、大港、汉沽城区和6个新市镇等外围生态绿化带，形成城镇生态组团。同时，建设若干由水库、湖面、绿地构成的绿色板块，优化新区生态环境。

4）八个生态产业功能区

未来几年，滨海新区将以现代工业技术创新为先导，建设和完善八个生态产业功能区（表1-3），将滨海新区建设成为现代制造业和研发转化基地、北方国际航运中心和国际物流中心，发挥龙头带动作用，实现滨海新区现代服务业科学、和谐和率先发展。

表1-3　滨海新区生态产业功能区情况

名称	功能
天津经济技术开发区生态工业示范园区	构建以电子、生物制药、食品、机械为重点的循环经济型产业链
海河下游石油钢管和优质钢材深加工生态产业园区	在先进制造业基地推进冶金行业的整体集成和系统优化，建设以无缝钢管和优质钢材生产产业链为龙头的循环经济型产业园区
滨海化工区生态工业园区	在滨海化工区发展石油化工、海洋化工、一碳化工等化工行业循环经济产业链
滨海高新技术产业园区	到2010年，国家级和市级研发机构达到100家，市级以上企业研发中心200家，科研服务机构达到50家，研发人员达到3万人以上，工业总产值达到8 500亿元
生态型航空城	围绕航空产业园、高新纺织工业园、电子信息工业园及空港国际汽车园，建立和完善制造、食品加工、生物医药、包装印刷和物流配送五大产业内及产业间生态链
海港物流区	构建以港口为中心，海陆空相结合的现代物流体系
滨海中心商务商业区	创建与北方经济中心和滨海新区开发开放相适应的现代金融服务体系和金融创新基地
滨海休闲旅游区	以开发滨海休闲旅游度假区为龙头，带动滨海新区旅游业发展

第二节　滨海新区社会经济发展分析

滨海新区自建立以来，深化改革，扩大开放，主动与国际经济接轨，不断完善投资条件，力争创造一流的投资环境，经济保持了持续快速发展的态势，新区对外辐射和服务功能也不断加强。

一　滨海新区经济发展现状

(一) 综合经济实力不断增强

1994～2005 年，滨海新区生产总值由 112.4 亿元增加到 1623.3 亿元，增长 13.4 倍，年均递增 20.6%。财政收入由 23.6 亿元增加到 317 亿元，增长 12.4 倍，年均递增 24.2%。累计完成固定资产投资 3357 亿元。增加就业岗位 20 万个。开放型经济快速发展，1994～2005 年，外贸出口由 5 亿美元增加到 184.7 亿美元，增长 35.9 倍，年均递增 35.1%。累计批准三资企业 6480 多家，实际利用外资 157.8 亿美元，70 多家世界 500 强企业在滨海新区投资。滨海新区已成为外商投资回报率最高的地区之一，滨海新区与国内 30 个省市签订经济合作协议 2000 多项，吸引投资 230 多亿元（表 1-4）。

表 1-4　滨海新区 2003～2005 年主要经济指标

项目	2003 年	2004 年	2005 年	2005 年比 2004 年增长率/%
户籍人口/万人	107.05	108.13	109.39	1.2
从业人员期末人数/万人	58.93	64.78	67.62	4.4
从业人员平均年劳动报酬/元	20 468	24 116	27 209	12.8
地区生产总值/亿元	1 046.30	1 323.26	1 623.26	19.8
全社会固定资产投资/亿元	464.08	565.47	693.31	22.6
财政收入/亿元	—	206.03	317.06	53.9
财政支出/亿元	—	100.02	100.92	0.9
社会消费品零售总额/亿元	156.11	180.03	206.52	14.7
外贸出口额/亿元	89.38	136.99	184.69	34.8
直接利用外资合同金额/亿美元	24.52	37.62	49.86	32.5

资料来源：根据《天津统计年鉴》(2006) 整理。

(二) 工业生产增长势头强劲

滨海新区工业生产克服了能源和原材料价格上涨等不利因素，通过大力发展优势产业，提高科技含量，工业生产实现了高速增长。1994～2005年，滨海新区工业总产值由213亿元增加到3030亿元，年均递增27%；工业增加值由68亿元增加到1040亿元，年均递增25.5%；高新技术产业产值占滨海新区工业的比重达到42%。电子信息、石油和海洋化工、汽车及装备制造业、现代冶金、生物技术和现代医药、新型能源和新型材料等六大优势产业迅速发展。开发区电子工业基地、大港石油化工基地、海河下游现代冶金基地初步形成。建立了泰达创业中心、天大科技园、泰达生命技术、强芯半导体芯片、天保科技等一批研发中心。滨海新区现有各类科研机构42家、企业研发中心49家，已经成为环渤海地区的重要产业基地。

（三）主要产业投资稳步增长

2006年，滨海新区六大优势产业在建施工项目334个，竣工投产项目187个，完成投资451.47亿元，增长27.5%，增幅高于城镇投资平均水平(23.4%）4.1个百分点，占整个工业投资比重为65.4%。其中电子信息产品制造业完成投资50.12亿元，增长5.0%；汽车制造业完成投资55.07亿元，增长46.6%；石油及化学工业完成投资219.01亿元，增长40.5%；冶金工业完成投资111.57亿元，增长13.8%；生物技术与现代医药业完成投资9.43亿元，下降20.5%；新能源及环境保护业完成投资6.28亿元，增长1.1倍。

六大优势产业投资运行的主要特点有以下几方面。

1. 石油及化学工业投资规模占据主导

2006年，石油及化学工业完成投资219.01亿元，增长40.5%，占六大优势产业投资总和的48.5%，大大高于其他几个行业投资比重。其中，石油和天然气开采业完成投资151.54亿元，增长32.5%；石油加工、炼焦及核燃料加工业完成投资14.35亿元，增长72.8%；化学原料及化学品制造业完成投资40.63亿元，增长58.7%；橡胶制品和化学纤维制造业完成投资12.49亿元，增长65.8%。

2. 新能源及环境保护业投资增速最快

2006年，新能源及环境保护业完成投资6.28亿元，增长1.1倍，增速列六大优势产业之首。其中，电池制造、电光源制造和环境污染防治专用设备制造业投资均呈大幅增长，分别增长1.2倍、1.1倍和0.8倍。

3. 非国有项目投资规模占八成

在2006年六大优势产业投资中，非国有项目完成投资362.88亿元，所占比重为80.4%，以各种股份有限公司和外资项目投资为主。其中，各种股份有限公司完成投资161.83亿元，占非国有项目投资的比重为35.8%，主要集中在石油及化学工业；外资项目完成投资144.25亿元，占非国有项目投资的比重为

32%，主要集中在电子信息产品和汽车制造业。

（四）利用外资效益增加

2006年滨海新区利用外资保持良好势头，全年合同外资金额达到61.8亿美元，比上年增长24%，占天津市合同外资金额的76.2%。其中实际利用外资金额33.45亿美元，增长31.1%，占天津市实际利用外资金额的81%。此外，利用外资质量显著提升，单位项目合同外资规模扩大，单位项目合同外资金额1236万美元，比上年提高55%。500万美元以上大项目占项目总数的近一半。

从引进情况来看，主要呈现以下特点：①吸引外资的方式由单纯依靠新批外资引进转向新批和增资等多种形式并进的方式，极大地拓展了引资途径，尤其是吸引了正大、三星电机、渣打、药明康德、振华物流、JPOWER科技等大批知名企业等。世界500强企业再次增资，增强了企业在滨海新区长期经营的信心。②主导产业继续完善，电子、汽车、机械、化工、生物医药、食品等主导产业链进一步延伸。③占用资源少、消耗能源小的项目增多，项目质量得到提升。新批准各产业项目中，从事科技和研发的项目增长明显，低消耗、低投入、高产出项目的招商思路得以显现。④金融、服务外包等新型服务产业得到拓展，产业结构开始优化。

（五）对外贸易发展迅速

2006年，滨海新区对外贸易呈现高速发展态势，全年进出口总值达到463.6亿美元，增长20.9%。其中，出口226.2亿美元，进口237.4亿美元，双双突破200亿美元，分别增长22.5%和19.3%，实现了全面平衡增长。2006年滨海新区进出口值占天津市进出口总值的71.8%。

滨海新区外贸发展呈现以下特点。

1. 对外贸易高速发展为外商带来丰厚回报

目前，在滨海新区投资的世界500强企业达到了70余家，并且很多企业不断增资，扩大生产规模。随着外商投资步伐的逐步加快，其参与滨海新区外贸进出口的程度也日益加深。2006年滨海新区外商投资企业进出口总值已增至412.3亿美元，比2005年增长23.2%，占同期滨海新区外贸总额的88.9%。

2. 贸易方式多元化进程加快，滨海新区功能优势突显

加工贸易是滨海新区进出口的重要支柱。2006年滨海新区加工贸易进出口253.4亿美元，增长24.6%，占同期滨海新区进出口总值的54.7%。其中，加工贸易出口165亿美元，增长21.3%；进口88.4亿美元，增长31.2%。

一般贸易进出口的快速增长是拉动滨海新区对外贸易的重要力量。2006年滨海新区一般贸易进出口达到121.5亿美元，增长20.9%，占同期滨海新区进

出口总值的26.2%。其中，一般贸易出口51.4亿美元，增长18.2%；进口70.1亿美元，增长22.9%。

保税区仓储转口是滨海新区进出口的亮点。2006年滨海新区保税区仓储转口方式进出口总值为77.4亿美元，增长9.9%，占同期滨海新区进出口总值的16.7%。其中，保税区仓储转口出口9.6亿美元，增长1.1倍；进口67.8亿美元，增长2.9%。

3. 出口商品结构优化，优势产业出口发挥主导作用

滨海新区大力发展支柱产业和优势产业，出口商品结构不断优化，高科技、高附加值的出口产品越来越多，形成了电子信息、汽车及零部件、新能源、生物新医药、海洋石油化工、冶金、机械设备、家用电器和纺织服装等重点出口商品。以移动电话、集成电路、显示器、基站、锂离子电池、片式电子元件、半导体器件、酶制剂等为代表的高附加值的机电产品和高科技产品在滨海新区进出口中发挥了主导作用。

（六）金融改革不断创新

一直以来，金融都是天津滨海新区发展的“短板”。2006年，天津滨海新区生产总值达到1960.49亿元，但新区直接融资占全部融资比重约为3.9%，低于全国5%左右的平均水平；金融业增加值仅占GDP比重的4.38%，远远低于上海的7.5%、深圳的6.2%和北京的11.6%。利用自身拥有的经济、金融背景，积极争取滨海新区在金融业方面享受优惠政策，成为滨海新区最迫切的发展任务之一。

国务院印发的《关于推进天津滨海新区开发开放有关问题的意见》明确指出：“鼓励天津滨海新区进行金融改革和创新。在金融企业、金融业务、金融市场和金融开放等方面的重大改革，原则上可安排在天津滨海新区先行先试。本着科学、审慎、风险可控的原则，可在产业投资基金、创业风险投资、金融业综合经营、多种所有制金融企业、外汇管理政策、离岸金融业务等方面进行改革试验。”

在此背景下，滨海新区金融改革总的思路为：“按照科学审慎和风险可控的原则，以扩大直接融资和增强金融企业综合服务功能为重点，积极推进金融综合配套改革，建设与北方经济中心相适应的现代金融服务体系和全国金融改革创新基地。”在拓宽直接融资渠道、开展金融业综合经营试点、创新和完善金融机构体系、推进外汇管理改革等方面，滨海新区均已作了有意义的尝试。

（七）城市基础设施不断完善

随着滨海新区的不断开发开放，滨海新区城市基础设施不断完善。滨海新

区 12 年累计投资基础设施 880 亿元，建设了 475 项重点工程，竣工 443 项。20 万吨级深水航道、蓟港铁路、津滨轻轨、津沽二线等重大交通项目相继竣工。临港产业区造陆、海滨大道等工程正在建设。新区建成面积达到 188 平方千米，形成了内、中、外三环和“六横六纵”的道路骨架。电厂装机容量达到 162 万千瓦，城市居民燃气化率达到 89.6%，集中供热普及率 74.4%，引滦入塘沽、汉沽和大港三区工程全面完成。信息化迅速发展，电子政务、电子商务、电子口岸建设快速推进。新区的城市载体功能日益增强。

(八) 在天津经济中的地位不断提升

经过 10 多年的开放与发展，滨海新区充分利用自身的优势，承接了国内外大批制造业的转移，形成了电子、石化、汽车、冶金等具有国际竞争力的产业，其工业经济占全市工业经济总量近 60%，有效地带动了天津经济的发展。未来的滨海新区将凭借优越的区位条件和良好的工业基础，成为环渤海地区发展的亮点，从而带动天津经济发展，使其在我国北方经济发展中扮演更为重要的角色。

从表 1-5 中的数据对比可以看出，虽然滨海新区的户籍人口只占整个天津市人口的 11%，但地区生产总值和工业总产值却占到了 40%～50%。这说明滨海新区的人均 GDP 已远远高于天津市的平均水平，滨海新区的经济总量已占到整个天津市经济总量的近一半，滨海新区的发展对天津市的发展起到了至关重要的作用，作出了巨大的贡献。

表 1-5　滨海新区主要经济指标分析

项目	2003 年			2004 年			2005 年		
	滨海新区	天津	比例/%	滨海新区	天津	比例/%	滨海新区	天津	比例/%
户籍人口/万人	107.05	926	11.56	108.13	932.55	11.60	109.39	939.31	11.65
地区生产总值/亿元	999.75	2447.7	40.85	1250.2	2931.9	42.64	1608.63	3697.62	43.50
第一产业/亿元	7.39	92.2	8.02	8.02	105.01	7.64	7.28	112.38	6.48
第二产业/亿元	693.18	1245.3	55.66	872.8	1560.2	55.94	1098.86	2051.17	53.57
第三产业/亿元	299.18	1110.2	26.95	369.36	1266.7	29.16	517.12	1534.07	33.71

续表

项目	2003年			2004年			2005年		
	滨海新区	天津	比例/%	滨海新区	天津	比例/%	滨海新区	天津	比例/%
工业总产值/亿元	2133.2	4370.8	48.81	3030.8	5763.9	52.58	3996.73	6774.10	59.00
全社会固定资产投资/亿元	464.08	1046.7	44.34	565.47	1259	44.91	693.31	1516.84	45.71
社会消费品零售总额/亿元	156.11	922.27	16.93	180.03	1052.7	17.10	206.52	1190.06	17.35
外贸出口总额/亿美元	89.38	143.74	62.18	136.99	208.65	65.66	184.69	274.15	67.37
直接利用外资合同数/个	458	941	48.67	477	1102	43.28	625.00	1309.00	47.75
直接利用外资合同金额/亿美元	24.52	35.13	69.80	37.62	55.89	67.31	51.00	73.22	69.65

资料来源：根据《天津统计年鉴》(2006) 整理。

二 滨海新区与浦东新区经济发展比较

一个地区引领作用的实现需要具备一定的基础条件，本书将滨海新区与浦东新区的发展进行简单对比，发现滨海新区与浦东新区具有一定的相似性（表1-6）。

表 1-6 滨海新区与浦东新区在规划分布上的相似性

项目	滨海新区	浦东新区
保税区	天津港保税区	外高桥保税区
制造加工区	天津高新技术开发区	金桥出口加工区
科技研发区	天津高新技术开发区	张江高科技园区
港口	天津港	外高桥港

在区域划分上，滨海新区与浦东新区具有相似性。在区域内分别形成了保税区、港区、制造加工区和科技研发区；在发展环境上，两个区域均为经济发

展较快的区域，甚至滨海新区的经济增长幅度高于浦东新区（表 1-7）。同时两个区域均具有较为完善的基础设施、政府服务意识较强、产业发展优势突出、人力资源较为丰富的特点。滨海新区的科技优势以及与浦东新区发展的相似性使得研究滨海新区发挥自身优势，实现辐射效应，完善其在环渤海地区的科技战略具有一定的基础。

表 1-7　滨海新区与浦东新区主要经济指标对比（2005 年 1～6 月）

指标名称	滨海新区		浦东新区	
	绝对值	同比增长比例/%	绝对值	同比增长比例/%
地区生产总值/亿元	715.73	20.4	923.75	10.5
第一产业/亿元	1.87	−17.5	2.36	−3.3
第二产业/亿元	511.28	25.9	497.50	7.1
第三产业/亿元	202.58	8.7	423.89	14.8
工业总产值（现价）/亿元	1792.29	31.3	1841.16	7.2
固定资产投资/亿元	274.50	15.8	296.18	1.4
社会消费品零售额/亿元	103.84	13.2	200.70	14.5
出口总值/亿美元	81.25	31.9	177.94	18.6
直接利用外资合同数/个	280	11.1	796	−10.8
直接利用外资合同金额/亿美元	25.87	14.3	29.08	55.3
内联签约协议金额/亿元	69.50	60.9	47.55	10.3

资料来源：由《上海浦东新区统计年鉴》(2006)、《天津滨海新区统计年鉴》(2006) 整理所得。

在产业结构上，制造业在两新区产业结构中的地位均十分突出。浦东新区和滨海新区的第二产业在产业结构中的比重均超过 50%，这说明滨海新区和浦东新区第二产业在区域经济发展中的重要地位，这两个地区都正处于工业化加速发展的时期。同时与浦东新区相比，由于滨海新区第三产业的发展相对落后，也使第二产业的份额相对较大。

从目前来看，浦东新区已形成了六大支柱产业，即电子信息产品制造业、石油化工及精细化工制造业、汽车制造业、成套设备制造业、精品钢材制造业和生物医药制造业。内资企业以石化、钢铁、医药产业为主，60 家世界著名跨国公司的投资主要涉及汽车、通信设备、生物医药和家电等产业，滨海新区制造业基地初步形成。滨海新区自建立以来，国内外大企业特别是高新技术产业的迅速发展，推动了滨海新区现代化制造业基地的形成，在此过程中已形成电子通信、石油开采及加工、海洋化工、现代冶金、机械制造、生物制药、食品加工等具有一定区域意义和国内竞争力的优势产业，成为滨海新区的支柱产业。高新技术产品规模进一步扩大，电子信息、生物制药、光机电一体化、新材料、新能源和环保六大高新技术产业群已粗具规模。

从经济结构的对比看，由于浦东新区与滨海新区的开发模式不同，因此造成了既有的产业结构差异。浦东新区的开发是全功能、多方位的，尤其紧紧围绕上海市功能定位的发展方向，这是浦东新区与滨海新区在第三产业方面有较大差距的主要原因。

从发展趋势看，第三产业的发展差距在短期内不可能有较大的改变。滨海新区的开发是以工业为主的功能开发，因此从工业发展水平看，滨海新区与浦东新区的差距并不明显。

从轻重工业结构看，滨海新区目前的重化工业程度高于浦东新区，这说明滨海新区正处于重化工业加速发展的阶段。值得指出的是，滨海新区在继续发展重化工业的同时，应积极促进以现代服务业、旅游业为主的第三产业的发展，提升第三产业结构水平，并进一步完善滨海新区的城市功能，从而在环渤海经济发展中起到引领作用。

三 滨海新区经济发展的优势

（一）政策支持

从国家发展布局的大背景来看，改革开放以来，我国东部沿海地区经济发展速度较快，尤其是珠江三角洲和长江三角洲地区，对外开放呈现出从沿海向内地纵深推进、龙头带动全局的崭新格局。而我国北方地区的区位优势尚未充分发挥，经济发展速度相对较慢。滨海新区处于环渤海地区的中心位置，是联系南北方、沟通东西部的一个重要枢纽。在新的发展阶段，随着珠江三角洲、长江三角洲的迅速崛起和国家发展战略的不断完善，环渤海地区资源、市场联系日趋紧密，与东北亚国家的往来日益频繁，加快滨海新区建设、振兴环渤海区域经济的时机已经成熟。

与当年的深圳特区和上海浦东新区在各自区域中的龙头地位一样，滨海新区被认为是带动环渤海区域经济发展的“龙头”。因此，国家给予滨海新区新一轮开发五项扶持政策：

（1）综合改革实验。国家给予滨海新区综合改革实验区的扶持，滨海新区未来的举措是如何将改革的“先行先试”权力转变成重大的生产力。

（2）建立东疆保税港，提高对外开放的等级。重点发展国际中转、国际配送、国际采购、国际转口贸易和出口加工等业务，积极探索海关特殊监管区域管理制度的创新，以点带面，推进区域整合。

（3）财税给予必要的优惠政策，对高科技产业、自主研发产业给予鼓励等。

对天津滨海新区所辖规定范围内、符合条件的高新技术企业，按15%的减免税率征收企业所得税；比照东北等老工业基地的所得税优惠政策，对天津滨海新区的内资企业予以提高计税工资标准的优惠，对企业固定资产和无形资产予以加速折旧的优惠；中央财政在维持现行财政体制的基础上，在一定时期内对天津滨海新区的开发建设予以专项补助。

(4) 金融方面改革的政策。安排在金融企业、金融业务、金融市场和金融开放等方面先行先试。支持产业投资基金、创业风险投资、金融业综合经营、多种所有制金融企业、外汇管理政策、离岸金融业务等方面进行改革试验。

(5) 在土地的流转、出让、转让，以及小城镇的建设等方面给予一定的优惠。鼓励开展农村集体建设用地流转及土地收益分配、增强政府对土地供应调控能力等方面的改革试验。

(二) 资源条件

1. 区位和交通

滨海新区位于京津城市带和环渤海湾城市带的交汇点，拥有京津、西北和华北12个省、自治区、直辖市的辽阔辐射空间，服务2亿多人口。滨海新区海、陆、空立体交通网络发达。通过京沈、京沪、京九、大秦等国家主干铁路与全国铁路网相连，通过京沪、京沈、津保、津晋、唐津等高速公路与国家干线公路网沟通。滨海国际机场是国家干线机场和北方航空货运中心。新区内的天津港跻身世界深水大港20强之列，与世界上70多个国家和地区的300多个港口建立了长期通航和贸易关系。随着环渤海、东北亚区域经济交流日趋密切，滨海新区独有的区位优势将进一步显现。

2. 矿产、地热、海洋等资源

渤海海域石油资源总量98亿吨，已探明石油地质储量32亿吨，天然气1937亿立方米。天津平原地区蕴藏地下热水资源1103亿立方米，年可开采2000万立方米，是中国迄今最大的中低温地热田。拥有约151千米海岸线，海域总面积3000平方千米。渤海西岸的长芦盐场位于滨海新区境内，年产量250万吨，约占全国的14.5%，是发展海洋化工的优质原料。滨海新区2005年主要海洋产业总产值完成1479亿元。

3. 人力资源

滨海新区所在的京津冀地区是我国高等院校、科研院所和科技产业园区云集的地区。截至2005年底，仅滨海新区内就成立了42家国家及市级科研机构、44家博士后工作站和50余家大型企业研发中心。每年工业企业申请专利超过250余件，新区高新技术产业产值占工业总产值的比重达到44%。到2010年，天津滨海新区高新技术产业产值的比重将达到50%以上，国家级和市级研发机构将达到100家，市级以上企业研发中心将达200家。

（三）辐射条件

1. 港口辐射

位于滨海新区的天津港近年来发展迅速，2004年率先成为北方唯一的2亿吨大港，2005年又跨过2.4亿吨台阶，集装箱完成480万标准箱，口岸外贸进出口值突破800亿美元，天津口岸已成为全国四强口岸之一。2005年，天津港70%以上的货物吞吐量、60%的集装箱和55%的口岸进出口货值来自其他省市，其中，北京市出口总值的42%、河北省出口总值的59%、山西省出口总值的50%、内蒙古自治区出口总值的35%都从天津港出海，滨海新区已经成为我国内陆地区开展对外贸易的前沿。蒙古和俄罗斯远东地区的部分城市，也都将天津港作为出海口岸。

2. 产业辐射

滨海新区产业基础雄厚，高新技术产业比重较高。2005年，新区生产总值达到1500亿元，其中，工业增加值达到1040亿元，高新技术产业产值占工业的比重达到42%。电子信息、石油和海洋化工、汽车及装备制造等优势产业发展迅速，区域内经济和产业复合程度较高，功能齐全，产业传递、对外服务和辐射作用正在日益增强。

3. 服务辐射

服务辐射主要体现为现代服务业的辐射带动功能。滨海新区现代物流业发展迅速，已成为国际物流运作区域，形成了货物集散、分拨配送体系、市场交易体系和进出口加工体系。同时，保税区还大力发展船务代理、货物代理、咨询等服务业，金融、保险等金融服务业也正在崛起。

综上所述，滨海新区发展具备了多方面的比较优势和发展的有利条件，如良好的区位环境、比较丰富的资源、较为完善的交通网络、比较雄厚的产业基础、有力的技术和智力支撑等。正是在此背景下，滨海新区社会经济近几年发展迅速，这对于提升京津冀及环渤海地区的国际竞争力，实施全国区域协调发展总体战略和探索新时期区域发展的新模式具有重要的现实意义。

第二章 滨海新区在所处各层经济圈中的地位

第一节　滨海新区与东北亚

根据国家和天津市对滨海新区的功能定位，天津将以滨海新区为圆心构建中国北方经济中心，构成四个开放圈层：第一圈层为京津冀（北京、冀北）；第二圈层为环渤海（辽东、胶东半岛两翼）；第三圈层为“三北”（华北、西北和东北）；第四圈层是面向整个东北亚区域。

20世纪末以来，东北亚主要国家的经济发展成为世界经济发展链条中的亮点。地缘邻近和经济发展使东北亚地区的国际经济合作正在不断克服障碍，进入新的阶段。随着滨海新区作为中国第二个“浦东”的发展被提上日程，其凭借着独特的地缘、资源以及政策等优势，在东北亚区域发展中占据着越来越重要的地位；同时，融入东北亚区域经济一体化中也成为发展滨海新区的必选之路。在这种互相合作、共同促进的平台上实现双赢是滨海新区和东北亚发展的一致目标，也是滨海新区发展定位的参考基础。

一　地缘经济优势互补

东北亚是指亚洲东北部的国家和地区，包括中国的“三北”地区及俄罗斯远东（与西伯利亚）、日本、韩国、朝鲜和蒙古，其面积为3400万平方千米，占世界总面积的26%；人口约5.6亿，约占世界人口的8.6%。东北亚各成员体在地理上毗邻，在经济上紧密联系，在传统文化和对外战略取向上具有较多自然的、人文的共同基础。目前，东北亚整体地缘经济环境有利于加强合作，东北亚各成员体应按照形式多样、互惠互利、循序渐进的原则，深化地缘经济合作。同时，在东北亚各国的共同努力下，多种形式的地缘经济合作日益加强，有助于一个互利、健康、开放的东北亚地缘经济环境的加速形成。

首先，在资源条件上，东北亚各国经济发展水平不同，各具特色。俄罗斯大陆拥有丰富的矿产、天然气、木材和水产资源。仅有250万人口的蒙古亦拥有大量的自然和矿产资源。中国在东北亚地区的省份共有2亿多人口，不仅拥有丰富的农业资源，而且拥有大量的劳动力资源。朝鲜则不仅拥有潜在的高质量的劳动力，而且在地理上拥有战略性的海岸线。韩国的工业与建筑业技术处于中心地位。而日本更是作为超级经济强国拥有巨额的资本储备、先进的技术和管理知识。

其次，在产业结构上，各国也偏重于不同的产业发展，可以实现优势互补、合作分工，以实现利益最大化。中国正逐渐成为世界的制造业基地，拥有巨大的市场和生产力；日本是技术和资本积累雄厚的国家；韩国在网络与知识框架、产业结构调整的经验等方面都有优势；俄罗斯和蒙古基本属于资源基地和重工业、重化工业基地；朝鲜现在的主要价值在于其地缘优势。另外，由于东北亚地区技术研发、现代化制造、金融合作和贸易活动主要在中国、日本、韩国三国之间，或被称为东亚的地区进行，并且该地区在自然资源、资金供求、劳动力供求、科学技术、产业结构和市场需求等方面，具有很大的互补性，因此这里是最有希望成为东北亚次区域合作热点的地区。

最后，在对外贸易上，中国已多年成为日本第二大贸易伙伴，日本也已连续多年成为中国最大的贸易伙伴，中国对日本主要出口机器、纤维制品、食品等以劳动密集型为主的产品。日本对中国主要出口电器、机械、化学制品、金属制品等技术密集型的产品。可以说，中国和日本在生产技术、贸易新产品之间存在着很大的互补性。

韩国已成为中国第四大贸易伙伴，对中国主要出口电子、电器、化工、纤维、钢铁、金属产品等，中国亦已成为韩国第二大贸易伙伴。韩国从中国主要进口农林水产品、纤维类、化学工业品和矿产品等。两国贸易呈现韩国向中国出口工业制成品，进口中国初级产品的垂直互补关系。

中俄贸易发展较快，中国对其出口主要以食品和民用工业产品为主，而俄罗斯远东地区 1/4 强的出口主要集中于中国，出口产品以机器、种类设备、石油和木材为主。俄罗斯与天津的产业互补性很强，进口的都是基本原材料，出口的大部分是加工产品，这对天津经济的发展非常有利。

东北亚各成员体由于经济发展水平不同，各国经济中的商品结构、生产要素禀赋也不相同。在 21 世纪的新形势下，东北亚的发展面临着新的机遇。经济全球化深入发展，科技革命突飞猛进，国际生产要素优化重组和产业转移加快进行，有利于东北亚国家利用国际资本，引进先进技术，开拓国际市场。从总体上看，东北亚地缘成员体加强合作、促进发展、实现共赢，是东北亚崛起和振兴的必由之路，也是东北亚人民的根本利益所在。

二 滨海新区为东北亚区域发展注入活力，提供基础

1. 在产业结构升级方面，提供良好平台

从产业结构来看，滨海新区已经形成优势比较突出的电子信息、石油开采

及加工、海洋化工、现代冶金、汽车及装备制造、食品加工和生物制药等七大主导产业，具备了比较雄厚的产业基础，形成了高新技术产业群。这些产业科技含量高，产业链长，辐射功能强。目前，滨海新区已经成为我国重要的大型石化基地、冶金基地，IT制造业居全国前列，石油套管产量跻身世界四强。另外，滨海新区已形成的制造业优势对韩国和日本的产业升级和结构调整已经产生积极的推动作用。按照经济学的自然禀赋理论，韩国的中间技术优势与天津现有的一大批技术水平高、工资成本低的劳动大军结合，日本相对充裕的资金与天津巨大的投资需求相结合，不但会使相互的优势得到充分的发挥，给各方带来巨大的比较利益，而且为各国的产业结构调整提供了难得的战略机遇。

从亚太地区产业结构调整和发展趋势以及中国产业结构升级的需要来看，滨海新区作为中国北方经济中心，正在成长为继深圳和浦东之后的中国经济增长第三极，随着中国的改革开放呈现出由南向北推进的趋势，该地区也成为新的改革开放的主战场。日本和韩国对于区域合作热情很高，韩国制定了庞大的西海岸开发计划，日本的北九州复兴计划也是要建成面向亚洲的科技文化、经济交流中心。因此，滨海新区将是产业结构国际传递和国内调整最理想的结合部和基地。

2. 在物流运输方面，发挥巨大潜能

区域经济一体化表现为区域内经济体之间的广泛经济交流，这必然伴随着大量物流的产生。目前，中国、日本和韩国作为东北亚地区的三大贸易与物流区域，在全球物流体系中的地位正在提高，中国由于其广阔的空间和巨大的潜力在其中发挥着较为关键的作用。东北亚地区的国际物流市场急速扩容主要得益于中国因素。而港口以其突出的集散能力和在物流网络中的组织作用，成为现代物流业的发展重点和供应链的整合载体，并可以成为国际物流中心建设的突破口和产业核心。因此，滨海新区及其所在的环渤海地区在东北亚区域经济发展中所发挥的作用更加突出。从国际上看，环渤海地区处在东北亚经济区的中心地带，是中国北方地区进入太平洋走向世界的重要通道，区位优势突出；从国内范围看，环渤海地区处在中国华北、东北和华东三大地区的结合部，是中国城市群、港口群和产业群最为密集的区域之一，是中国经济自东向西扩散、由南向北推移的纽带。中国环渤海港口群将对提升中国在东北亚国际物流系统中的地位发挥核心作用。

3. 在金融、贸易方面，促进区域发展

中国、日本和韩国三国作为东北亚最重要的三个国家，在东北亚乃至亚洲经济中发挥着极其重要的作用，其金融合作对防范区域金融危机、化解金融风险发挥着重要作用。日本作为世界经济大国拥有强大的外汇储备，又是世界金融债权大国，日元汇率的波动不仅影响其自身经济，而且对亚洲经济，特别是对中国、韩国两国的贸易投资有较大影响；中国作为区域性大国，其经济高速增长是东北亚区域经济稳定发展的需要，也是亚洲和世界经济稳定发展的需要，其金融合作是防范区域金融危机和化解区域金融风险的重要力量。而滨海新区将被建设成为与其功能定位和发展目标相适应的金融创新中心、金融信息中心、金融配套服务中心，无疑可通过充分发挥自身优势，推进金融改革与创新，加强东北亚经济合作，从而切实地起到带动与示范作用。

4. 在宏观政策方面，彰显无穷优势

从政策背景看，鉴于天津在中国北方拥有巨大的腹地，在中国东北、华北、西北地区拥有的巨大影响，考虑到中国中央政府对天津滨海新区发展定位中给予的“努力建成我国北方对外开放的门户”，建成中国“北方国际航运中心和国际物流中心”以及“辐射三北，面向东北亚”的历史任务，天津滨海新区今后的每一步发展，都将带动中国北方地区进一步对外开放，都将导致天津港和韩国东西海岸诸港口的往来更加频繁，也必将导致中国北方地区进一步融入东北亚地区的经济交往和合作进程之中。

从滨海新区发展战略看，目前利用日本、韩国企业大转移的机会，与日本、韩国加快产业链的对接，形成相互依存的一体化经济，是实现滨海新区经济国际化的重点。滨海新区处于东北亚经济圈的中心地带，是中国欧亚大陆东部的起点，在国际经济一体化和中心不断向亚太转移的大趋势下，它巨大的潜力日益显现，正在变成连接欧亚大陆和太平洋的国际物流中心。该地区是中国三北地区与日本、韩国等东北亚国家开展国际交流与合作的重要门户，是我国参与东北亚区域合作的前沿阵地，对我国在东北亚区域合作进程中掌握主动权、逐渐从边缘转变为核心区域，具有重大意义。

三 东北亚区域经济一体化为滨海新区发展提供机遇和挑战

从东北亚和我国共促发展的角度看，东北亚地区近几年来一直保持着良好的经济增长势头，特别是东亚地区“10＋3”模式的提出，为中国、日本和韩国三国提供了紧密经济合作的契机。各国都在充分利用地理位置相邻、文化习俗相近和经济优势互补等有利条件，进一步加强交流与合作。中国与东北亚国家和地区在友好往来与经济合作、共同发展的良好基础上，对外开放的前景和领域将更为广阔。东北亚经济合作的新态势将为中国经济带来新的发展机遇，而中国的繁荣发展也将同时为东北亚地区各国提供更多的商机。东北亚与中国经济互推互动、共同发展，是21世纪区域经济合作的必然抉择。在这样的宏观背景下，滨海新区凭借其独特的区位优势必将在这样的区域大合作下面临无限的机遇。

从区域经济一体化发展现状的角度看，自20世纪90年代至2002年末，向世界贸易组织（WTO）通报的区域贸易协议（RTA）已有179个，多数WTO成员至少都参加了一个以上的RTA。其中欧盟（EU）和北美自由贸易区（NAFTA）两大强势组织的区域内贸易额已占全球贸易额的1/3。中国加入的亚太经济合作组织（APEC）过于庞大和松散，在推进实质性经济合作方面难以与EU和NAFTA抗衡。鉴于多边贸易体系无法充分保证发展中国家分享经济全球化和贸易自由化的成果，更多的国家将借助区域贸易自由化来弥补多边贸易机制不足的损失。据日本贸易振兴机构的一项调查，中国、日本和韩国之间的贸易总额在21世纪前5年中翻了一番，以中国为基轴的中日、中韩贸易呈现出增长迅速、水平分工扩展的特征，三国间相互直接投资也以日韩进入中国为主流。但在东亚（东北亚）区域，一直缺乏像东盟（ASEAN）这样的区域性贸易组织。其主要原因：一是中国、日本和韩国都有做地区盟主的野心且各不相让；二是中央没有明确表态谁将成为代表东北亚区域中方利益的省市，导致国内东北三省和华北几省市纷争不下，天津因距日本、韩国和俄罗斯相对较远而缺乏区位竞争优势；三是东北亚地区虽然不是全球军事冲突“热点”，但却是冷战遗留阴影最浓重的地区。这里至今仍存在着两种社会制度、两种意识形态，仍存在着军事对峙和各种历史遗留问题。同时东北亚又是大国利益交织、相互竞争表现最突出的地区，所以东北亚是后冷战时期各种矛盾最集中、各种力量角逐最激烈的地区，滨海新区对日韩外向型经济的依存度极高，很难置身事外。因此，滨海新区开发开放的海外战略只能作出“面向东北亚”的模糊定位。

第二节　滨海新区与“三北”地区

随着我国“开发大西北，振兴东北老工业基地，建立华北地区经济中心”一系列举措的深入人心，“三北”地区的发展问题被提上日程。而作为北方经济发展的引擎——滨海新区，凭借其功能定位、资源优势和地缘潜力，在经济发展上与“三北”地区密切相连，从国际贸易、区域发展等方面为其提供了坚实的基础和广阔的平台，主要体现在以下几个方面。

一　滨海新区为三北地区提供物流运输的便利

滨海新区是中国东北、华北地区的重要结合部，扼据中国北方通向海洋的门户，是距离首都北京最近的出海口（图2-1）。天津港历史上就是北京的外港和“三北”地区传统的出海口岸，扮演着东北、华北、西北和华东部分内陆地区的进出口通道和货物集散地的重要角色。东北三省及内蒙古东四盟的粮食、畜产品、石油，西北地区的煤炭、皮毛，华北地区的石油、轻纺产品，渤海的海产品，甚至远在数千千米之外的青海、新疆的货物，都要经过这里运往世界各地。同时，这里又是北京地区与世界 160 多个国家和地区贸易往来的通道，国外的进口设备、资金、商品也要从这里进入中国的北方市场。

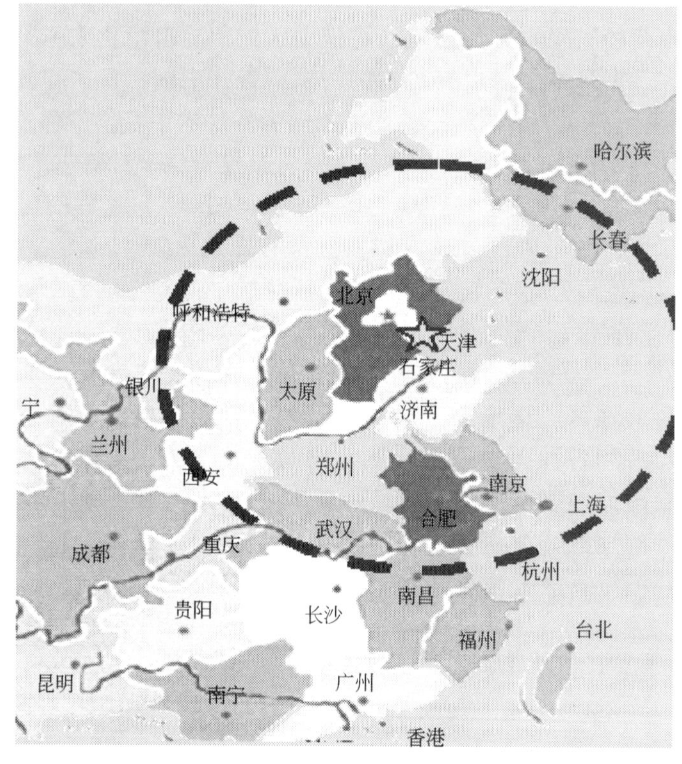

图 2-1　天津与“三北”关系图

天津港在促进“三北”地区物流运输方面发挥了巨大的作用，与其他港口相比具有较多优势。经过近 20 年的均衡发展，环渤海区域超亿吨大港有 4 个，其中列为全国集装箱主干港的分别是天津港、大连港和青岛港。天津口岸 70％的货物、60％的集装箱来自华北和西北。尽管东北市场有大连港，但天津港的区域服务和辐射功能并未衰减。目前，天津本埠的集装箱货源只占 30％，区域经济的带动效果愈加显著；而大连港腹地是东三省和内蒙古东部地区，与天津港腹地的交叉甚少，其发展的软肋是腹地产业结构老化，外贸集装箱生成量较少；秦皇岛港是专业化港口，主要以煤炭、原油和杂货的出口为主；青岛港主要经营大宗散货和石油，近年集装箱业务发展很快，货源一部分是工业产品，大部分是海产品和农产品。由于黄河不通航，山东的经济大动脉——济青高速和胶济铁路均截止到济南，山东发展所需的原料和市场具有“两头在内”的特点。青岛港发展缺乏足够的腹地支撑，中转集装箱出口量仅占其总吞吐量的10%。另外，滨海新区的腹地涉及13个省和自治区，其土地面积约占全国的60%，这在中国乃至亚洲其他沿海经济区域中是少有的。不仅如此，广阔的腹地更接近资源产地：北方是物产丰富的吉林和黑龙江，西北是中国最重要的能源重化工基地——山西、内蒙古，南方有中国重要的农业大省——河南。综上所述，滨海新区为“三北”地区的商品流通和货物疏散提供了便利的条件，也为其更多地参与国际商品交易奠定了基础。

二 滨海新区为“三北”地区实现产业梯度转移创造条件

经济全球化与区域经济一体化发展，促进了世界产业分工格局的调整，积极承接日本、韩国产业转移和资金转移，几乎是我国东部所有沿海开放城市的共同追求。但产业梯度转移的前提，也需要承接方具有产业结构的垂直分工以及一定的产业平行分工。这意味着，承接高技术产业转移的一方必须充分具备产业嫁接的基础。滨海新区近些年之所以能够大量承接来自欧洲、美国、日本和韩国的先进制造业项目，并促使许多在津外资企业不断追加投资，其中一个基本优势是天津作为老工业基地，拥有高素质的技术人才和产业工人队伍。此外，通过对老企业普遍实行外资“嫁改调”、市区工业东移等战略举措，进一步夯实了滨海新区发展先进制造业的基础。在区位上，滨海新区虽不及胶东、辽东等日韩投资的传统进入地区，但其比较优势也不可忽略，天津在东亚十城市经济合作会议上被推选为制造业主干城市，就是一个明证。因此，滨海新区在带动“三北”地区发展方面，能够发挥辐射功能和媒介作用，真正成为中国北方经济发展的引擎。

第三节　滨海新区与环渤海地区

环渤海地区是一个略带开口的圆形区域，是一个以辽东半岛、山东半岛和京津冀为主的环渤海经济圈（图2-2）。而滨海新区位于天津市区与海滨之间，由天津港、开发区、保税区及塘沽、汉沽、大港三个行政区组成，拥有153千米的海岸线，恰好处于渤海半圆形地带的中心位置。滨海新区在环渤海圈特殊的地理位置，决定了其与整个地区间的微妙关系以及在经济发展过程中所扮演的重要角色。

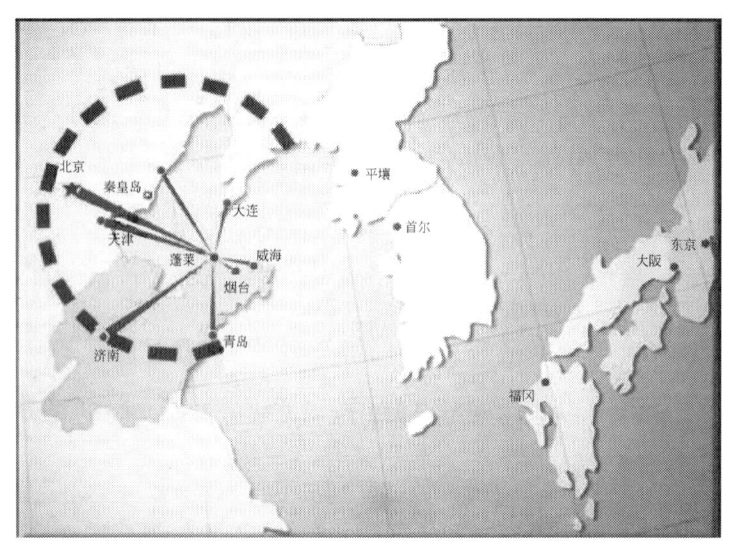

图 2-2　环渤海经济圈

资料来源：北京广播网，www.bjradio.com.cn.

一　环渤海地区快速发展的现状

20 多年来，伴随着中国对外开放自南向北梯次推进，“珠三角”和“长三角”得到了超常规、跳跃式发展，“六五”到“八五”期间，环渤海五省市的发展速度与全国平均发展速度之间的差距开始逐渐缩小，到“九五”期间，五省市的发展速度均远高于全国平均水平，其中北京发展速度高于全国 1.63%，天津高于全国 2.97%，河北、山东高于全国 2.67%。“十五”以来，随着我国加入世界贸易组织后优惠政策的取消，全国各省市处于同一起跑线上，而该地域由于拥有雄厚的智力基础、优越的区位条件、丰富的自然资源、比较齐全的产业门类、相对低廉的劳动力成本和比较完善的市场体系等，其巨大的潜力开始凸显，发展加快，不论是国内生产总值、财政收入，还是人均国内生产总值、人均财政收入以及城市居民人均可支配收入都实现了较快增长，产业结构进一步优化，外向型经济持续发展，固定资产投资大幅度增长，拉动经济快速增长，经济增长速度与其他两大经济圈一样始终高于全国平均速度。

近些年，环渤海地区经济逐年稳定增长，增长速度高于全国平均水平，经济总量位居全国前列。2005 年环渤海各地区 GDP 总值、人口数、人均 GDP 占全国的比例数据见表 2-1 和图 2-4。

表 2-1　2005 年环渤海地区经济发展数据

项目	北京	天津	河北	辽宁	山东	环渤海地区	全国
GDP/亿元	6 886.31	3 697.62	10 096.11	8 009.01	18 516.87	47 205.92	183 956.1
人均 GDP/元	45 544	35 783	14 782	18 983	20 096	20 613.04	14 040
人口数/万人	1 538	1 043	6 851	4 221	9 248	22 901	130 756

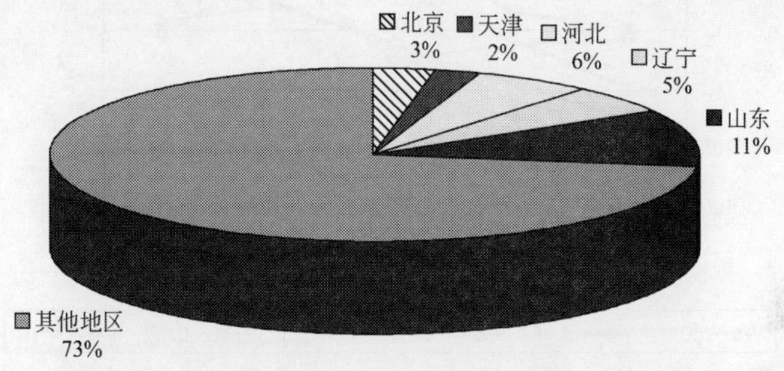

图 2-3　2005 年环渤海地区各省市 GDP 占全国比重图

资料来源：由 2005 年全国及各省市统计年鉴整理得。

由表 2-1 和图 2-3 可分析出，环渤海地区人口数是全国的 17.5%，2005 年环渤海各地区 GDP 总值为 47 205.92 亿元，占全国的 25.78%，人均 GDP 为全国的 1.47 倍。

2001～2005 年，环渤海地区经济发展在全国的地位逐步提升，通过比较环渤海地区 GDP 占全国 GDP 的比重（图 2-4）可知，环渤海地区 GDP 占全国 GDP 的比重在不断增加，环渤海地区的发展在这 5 年间一直处于较好的发展趋势。

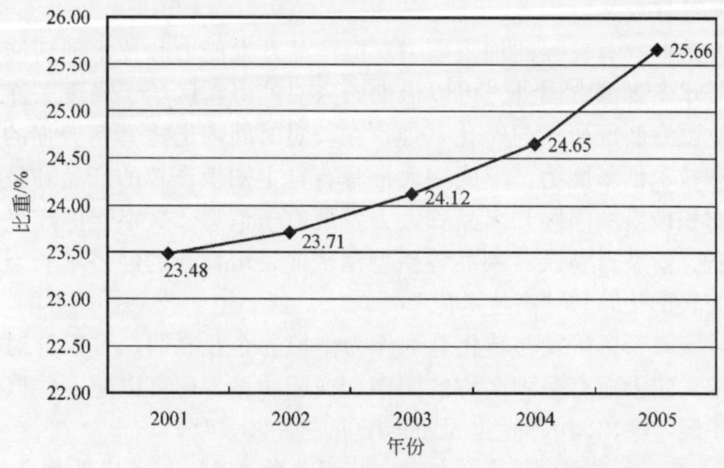

图 2-4　2001～2005 年环渤海地区 GDP 占全国 GDP 的比重图

图 2-5 表明，2001～2005 年环渤海地区各省市的经济发展均保持高于全国平均水平的速度，各省市的 GDP 指数基本保持增加的态势。

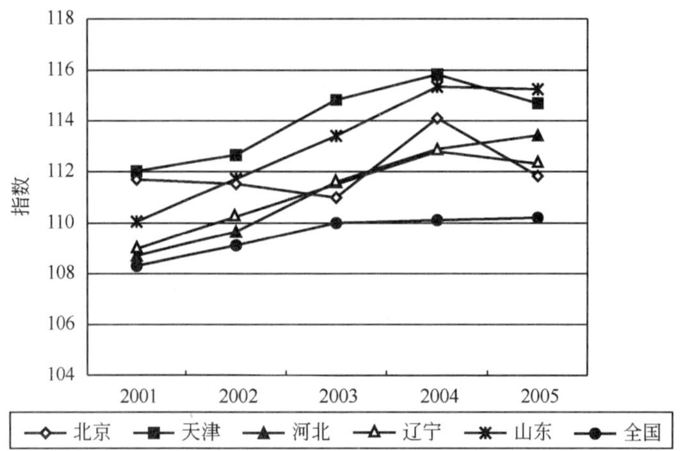

图 2-5　2001～2005 年环渤海地区 GDP 指数变化趋势图（上一年＝100）

经济总量的健康、高速、持续增长使环渤海地区成为中国内地最为活跃的经济圈之一，而滨海新区作为环渤海地区的核心，必将起到带动、示范、辐射和服务的作用。

二 滨海新区在环渤海地区发展中的战略地位分析

1. 促进新区自身的发展，解决天津市制造业由加工基地向制造基地转变的问题，形成品牌效应

天津制造业具有较强的加工能力，但产品开发能力和技术创新能力十分薄弱，产品技术主要源自国外。可以借助国家对滨海新区给予高度关注的有利时机积极建立滨海新区研发与转化基地，在较短时间内迅速具备较强的产品自主开发能力和技术创新能力，形成一大批具有自主知识产权的产品和技术的自有品牌，同时积极借助国际知名品牌大力发展电子信息、数字化医疗设备及其他数字化设备、新型材料及其制品等新型制造业，培育新的经济增长点，实现产业结构的“轻型化”和“高技术化”。

同时，滨海新区研发与转化基地作为虚拟的企业联盟，可以针对不同企业的不同需求，建设冠有品牌名称的园中园或园中城，还可以建一些以跨国公司冠名的园中园，突出园区特色，促进园区的进一步发展。

2. 通过与北京建立对接合作机制，实现共荣共赢，形成蝶翼效应

滨海新区应当充分利用运营成本较低的优势，与北京建立合作对接机制

(如企业层面的对接机制、高等院校层面的对接机制、研究机构与中介机构层面的对接机制、政府层面的对接机制)，形成蝶翼作用。在具有产业附加值高、产业技术密集度高、产业关联效应大、产业市场潜力大、产业能源系数低、产业污染程度低、具有区位优势、国际竞争力强的产业方面展开强强合作，部分承担北京信息产业、光机电一体化等优势产业的生产配套基地，促进自身发展。同时要加强与北京在科技企业孵化器建设等方面的合作交流，进一步吸引高新技术企业、高等院校、科研机构来滨海新区投资兴业，使滨海新区成为全国科技成果产业化的重要基地。

3. 凭借两大显性优势，充分发挥辐射、服务作用

滨海新区的开发开放被提升到国家发展战略的高度，使其成为继深圳、浦东开发区后的又一个历史性战略启动点。国家对滨海新区的定位为：现代化的制造、研发基地，北方最大的航运中心，国际物流中心，生态宜居型海滨城市。毫无疑问，滨海新区的高速发展将有力地拉动环渤海地区经济发展，加快北部地区融入全球化进程，形成开放型经济，从而实现中国北部地区“走海路与通陆路并举”，迎来“左右逢源”的光明前景。作为环渤海经济发展的示范点和试验区，滨海新区将努力发挥辐射和服务作用，努力与周边地区形成相互融合、相辅相成的良好互动关系，带动环渤海地区实现快速发展。

在实现辐射、服务作用的过程中，滨海新区凭借其两大显性优势发挥了不容忽视的作用：

一是交易成本优势。滨海新区濒临渤海，位于京津冀城市带与环渤海城市带构成的T形城市带的交汇点上，已经形成以天津新港为前沿的水陆空相配套的综合交通网络，具有连接京津冀城市群的功能，是辐射“三北”的重要枢纽。与环渤海地区的其他地区相比，滨海新区的交通运输优势得天独厚，这为降低交易成本、提高贸易自由度提供了必要条件。在经济一体化的过程中，贸易自由度的提高促进聚集，而经济区位因素的聚集会在一个增长点上发挥作用，不断扩散，进而辐射到增长点周围更大的区域，也为周围区域的经济发展提供物流运输方面的服务。因此，滨海新区具备了辐射和服务周围区域的要素资本。

二是知识资本溢出优势。根据知识资本溢出效应的基础理论——知识溢出程度随着距离的增加而递减，越接近知识资本的聚集地区，知识溢出度就越高，资本的创造成本就越低，资本的创造速度就越快，经济增长率就越高可知，滨海新区现有的知识资本富足，科研创新能力很强，具备了发挥知识资本溢出优势的要素。自商务部1999年开始进行国家级经济技术开发区投资环境综合评价以来，天津开发区在投资环境综合指数，特别是在技术创新环境、人力资源及供给方面一直位居第一。

另外，滨海新区周边的京津冀地区拥有众多著名的高等院校和科研机构，

也为该地区的发展提供了强有力的智力支持和科技支撑。并且，滨海新区的物流产业、金融贸易信息服务发达，邮电通信网络完善，现代化信息传递系统已经形成。在知识资本溢出效应的影响下，随着滨海地区产业聚集程度的不断提高，企业之间的竞争将日趋激烈，对于土地等不可移动要素的禀赋要求也越来越高，企业将把生产性的部门迁出滨海新区，滨海新区的周围地区则成为企业迁移的首选之地，从而扩大了滨海新区对于周围地区的影响力和辐射力。

4. 发挥基础产业优势，促进环渤海地区的产业融合和协作

滨海新区的产业以第二、三产业为主，现已形成包括 15 大门类各具特色的产业体系。世界 500 强跨国公司在滨海新区已落户 100 多家，快速发展的加工制造业和服务业正在形成产业聚集。产业的聚集和专业化促使滨海新区的第二产业目前主要沿海岸线、津塘公路和海河两岸布局，形成了以塘沽城区为中心的“十字形”工业集中带。另外，以物流产业、金融贸易信息服务和旅游业为主体的第三产业分布在以天津港为中心、沿主要交通干线延伸的物流服务区，以及天津经济技术开发区、天津港保税区和塘沽区三个金融贸易产业比较集中的地区。同时，电子信息、石油和海洋化工、汽车及装备制造业、现代冶金、生物技术和现代医药、新型能源和新型材料等六大优势产业迅速发展。开发区电子工业基地、大港石油化工基地、海河下游现代冶金基地初步形成，并建立了泰达创业中心、天大科技园、泰达生命技术、强芯半导体芯片、天保科技等一批研发中心。这些产业的聚集不仅有利于各企业分享劳动力市场，而且吸引了新的资本和人才不断流入该区域，形成资本的聚集。资本聚集程度越高，产生新资本所需的成本越小，资本的利润率就越高，也越能吸引新的企业进入，形成累积因果循环。这种循环效应有利于形成相互衔接、集约型的产业链，继而通过市场的、经济的手段，推进产业的整合和合作，形成服务环渤海地区产业融合的服务体系，促进该区域的产业协作机制不断完善。

5. 滨海新区开发开放促进环渤海地区发展打破行政壁垒

20 年前国家提出了“环渤海经济圈”这个概念，20 年后与人们当初对它的期望相比，环渤海经济圈的成长速度还有些距离。在概念背景下的环渤海诸省市经济虽然取得了突飞猛进的发展，但是作为一个整体的经济区域，环渤海经济圈的发展却始终没脱离其概念化的影子，环渤海地区在形成具有区域发展特点的发展模式上，还有待于新的突破。如今环渤海地区各省市，要么各自为战，受制于行政壁垒的制约；要么受计划经济传统影响较深，对外开放程度不够强，市场化程度较低，人们的思想观念、企业的市场经营意识，还不能完全适应市场经济要求。如今，天津滨海新区的开发成就了一个很强势的辐射点，将这一战略在实践中具体展开，将加大市场要素供给，加速打破环渤海地区行政区域壁垒，并通过其在欧亚大陆桥和“三北”地区出海口的核心位置，辐射北方大

部分地区，使整个北部地区逐渐成为开放前沿。这种开放意味着经济的交融，市场的开拓，文化心态、生活方式、价值观念的变革，从而加速北部区域市场经济一体化的进程。借着天津滨海新区开发的大势，中国区域经济发展的重点北移，使环渤海地区走出“概念化时代”，走向区域协调发展的高速路。

第四节　滨海新区可持续发展的关键问题分析

一 新区可持续发展现状及分析

（一）发展循环经济，推进节能减排

近年来，为了探索社会经济的可持续发展道路，国际社会和各国政府相继提出了一系列发展模式和战略，而循环经济就是目前国际上最能代表这一思潮的一种战略模式。与传统经济发展模式相比，循环经济模式作为综合解决资源、能源、环境和经济相协调问题，实现可持续发展的有效途径，能够使经济系统和谐地纳入自然生态系统的物质循环过程中，从而实现经济活动的生态化。

我国自 20 世纪末开始发展循环经济，而滨海新区在循环经济实践中先行一步，制度建设和组织建设较为完备。《国务院关于推进天津滨海新区开发开放有关问题的意见》中明确推进天津滨海新区开发开放要把握好八条原则，其中之一便是“坚持可持续发展，建设资源节约型和环境友好型新区”。作为滨海新区核心区域的天津经济技术开发区，始终致力于环境与经济的协调发展，建立和发展了泰达生态工业园，成为区域环境管理体系 ISO14000 国家示范区，确立了生态工业园的建设目标，成立了“天津开发区国家生态工业示范园区建设领导小组”、“天津开发区循环经济促进委员会”，还建成了产、学、研合作的“天津滨海新区循环经济促进中心”。天津滨海新区循环经济发展的主要特点表现为以下几个方面。

1. 资源能源使用效率较高

2006 年，天津滨海新区内开发区企业每平方千米土地实现工业增加值 9.38 亿元，工业总产值 3030.16 亿元。其万元工业增加值消耗新鲜水 6.96 吨，低于美国 10.3 吨和日本 11.7 吨的水平；万元 GDP 能耗 223.25 千克标准煤，远低于全国万元 GDP 能耗 1.33 吨标准煤的水平，跨入世界先进水平之列。2006 年全年全区实现万元地区生产总值能耗比上年下降 5.1%，万元工业增加值能耗下降 8.4%，万元地区生产总值耗电下降 6.7%，万元地区生产总值新鲜水消耗下降 7.1%，万元工业增加值新鲜水消耗下降 9.6%，二氧化硫排放量减少 2.8%。而且开发区历年万元 GDP 能耗均低于国际平均水平，并大大低于国内平均水平。“十一五”期间，开发区万元 GDP 能耗指标为 0.22 吨标准煤，全国平均水平为

1.22吨标准煤；万元GDP水耗为8.78吨标准煤，全国平均为55.9吨标准煤。从这些数字对比中可见，开发区的能耗水平不但没有随经济增长而增长，反而呈逐年下降趋势。

2. 形成循环经济模式工业主导链

在构筑区域循环经济体系中，滨海新区结合区域产业特点，力争形成多产品、多链条的生态工业网状结构。根据生态工业系统建设需求和市场机制，有选择地进行主题招商和绿色招商，重点发展补链企业，正在形成以企业类型多样化、产品链接关系紧密、资源闭合流动、资源能源高效利用为特征的生态工业雏形。目前已经形成了分别以摩托罗拉公司、诺维信公司、顶益集团为核心的电子信息、生物医药和食品饮料三大循环经济模式工业主导链。

3. 静脉产业生态工业发展较快

滨海新区特别关注研究资源瓶颈问题，及早抢占对区域发展起决定作用的各种资源，形成自身的产业化优势。重点发展了海水淡化、垃圾发电区域水循环系统、引进电子废物和其他废物资源化生产企业等静脉产业，已建成目前国内最大规模的海水淡化综合示范工程，垃圾焚烧产生的烟气排放指标达到欧盟标准，正在建设全国能力最大的中水供水生产系统。

4. 构筑了生态工业信息平台

信息流建设是生态工业园建设的重要内容。首先，滨海新区凭借较强的电子政务系统，开设生态工业园专题网页，介绍生态工业、循环经济理念以及开发区创建“国家生态工业示范园区”的工作进展。其次，通过“中欧环境管理合作计划”——泰达试点项目为生态工业园和循环经济建设搭建了信息平台，方便了企业之间进行固废资源交换与再利用的信息沟通。同时，开发区管理委员会还重视理念培训，大力宣传普及循环经济知识，积极引进先进管理技术。

5. 建立可持续固体废物管理体系

从2003年开始，滨海新区借助“中欧环境管理合作计划——工业发展之生态工业园”试点项目的技术资助，开始建立可持续固体废物管理体系，加强开发区固体废物的管理，先后建立了天津开发区固废资源信息网，开发了固废网络调查、固废交换与管理信息两个模块；开展废物最小化俱乐部活动，推动园区减量化工作；启动工业废物生态标识活动，对区内遵纪守法、按照“减量、再用、再循环”原则进行废物管理的生产企业授予“生态管理”标识。这种做法不仅鼓励了众多企业实施环境管理，而且发挥了其废物循环再利用的示范作用，并且还有利于信息公开，便于公众的监督。

6. 全面建设生态文化、生态社区、生态教育

生态工业园项目的成功与否，离不开生态文化和生态社区的建设，公众对生态的认识和理解是循环经济建设的思想基础。为此，天津开发区积极在社区

层面开展理念宣传活动和示范活动，开展了“泰丰社区绿色风景线”、安静社区工程等系列活动，并在区内中小学和幼儿园开展环境教育，把生态教育纳入学生的素质教育，建成市级绿色学校3所、国家级绿色学校1所。

（二）环境保护治理——可持续发展的保证

在环境保护治理方面，以促进新区经济建设为中心，以生态城区建设为主线，以建立资源节约型和环境友好型社会体制机制、完成主要污染物减排年度任务为重点。

1. 滨海新区环保成本

为保证可持续发展，滨海新区增强了环保意识。随着滨海新区工业的快速发展，工业垃圾也快速增加。滨海新区2003～2005年，工业“三废”排放量持续增长，到2006年工业废水量有所下降，但废气及固体废物排放总量依然上升（表2-2）。随着环保成本的上升，滨海新区急需创新和引进低能耗、低排放的环保技术。2003～2006年，滨海新区对工业“三废”的处理达到较高标准，废水达标排放率达99.86%，工业固体废物综合利用率达96.30%，为滨海新区未来的发展提供了保障。

表2-2　滨海新区工业废水、废气、固体废物排放及处理情况（2003～2006年）

指标	2003年	2004年	2005年	2006年
工业废水				
工业废水排放量/万吨	6 768.00	8 310.27	16 027.10	10 935.22
工业废水排放达标率/%	99.59	98.97	99.74	99.86
工业废气				
工业废气排放总量/亿标立方米	1 688.80	872.97	1 414.02	1928.83
生产工艺过程中废气排放量	160.11	681.82	380.27	255.08
燃料燃烧过程中废气排放量	1 528.69	191.15	1 033.75	1 674.75
工业粉尘产生量/万吨	1.04	1.21	3.83	2.19
工业粉尘排放量	0.15	0.12	0.35	0.30
工业粉尘去除量	0.89	1.09	3.48	1.89
工业粉尘去除率/%	86.02	90.06	90.91	86.36
工业固体废物				
工业固体废物产生量/万吨	236.09	261.11	447.41	509.67
已处理量	56.84	20.14	19.08	18.91
已综合利用量	211.63	291.76	480.06	490.65
工业固体废物综合利用率/%	89.64	93.50	96.30	96.30

资料来源：由《天津滨海新区统计年鉴》（2003～2006）整理而得。

2. 制度安排

滨海新区主要从几个方面进行环保工作安排：

(1) 深入开展环境综合治理，减排污染物。新区内各级环保部门积极落实建设项目、规划和区域环境影响评价制度。

(2) 加快生态区建设，不断促进人与自然和谐共处。

(3) 进一步扎实推进循环经济逐层递进式发展。

(4) 科学制定滨海新区环保规划。按照新区实际情况，通过规划，确定优先开发、重点开发、限制开发和禁止开发的区域，形成符合资源节约、环境友好要求的滨海新区功能定位和发展格局。

(5) 加快“两个体系”建设，不断提高应对环境突发事件的能力。

(6) 改善新区环境质量。将天津港散货物流中心的煤尘污染治理作为工作重点，并取得明显成效。

二 滨海新区绿色经济可持续发展的关键问题

(一) 滨海新区绿色经济 SWOT 矩阵分析

为寻找滨海新区绿色经济可持续发展中的关键问题，本部分以 SWOT 矩阵分析表来分析天津滨海新区循环经济发展的战略选择（表 2-3）。表 2-3 中横坐标列出了机会和威胁，纵坐标列出了优势和劣势，表中交叉部分则列出了各种情况下可能采取的战略选择。

表 2-3 天津滨海新区绿色经济 SWOT 矩阵分析表

外部因素 / 战略选择 / 内部因素	机会（O）	威胁（T）
	适逢国家经济结构战略转型 一揽子相关政策支持： ·新的发展定位 ·综合改革实验示范区 ·财税优惠政策 ·鼓励发展高科技产业、自主研发产业等 滨海新区可持续发展战略	面临诸多“竞争者” 严重的资源稀缺 生态环境恶化问题严峻 人口、资源及消费矛盾突出
优势（S）	优势机会策略	优势威胁策略
得天独厚的区位优势 资源优势 产业基础优势 科技研发优势 体制创新优势 区域联动合作机会广泛 理念的较早提出与坚持	区域联动、区域联合建设循环经济规划 由循环经济产业链构建生态工业网 提供人才智力支持	开发清洁生产技术 大力推进清洁生产 能源价格改革制度 重点发展高新技术 加强科学技术支撑体系建设

续表

劣势（W）	劣势机会策略	劣势威胁策略
“比较优势”非绝对优势 “硬优势”非可持续“软优势”	不断优化产业结构、调整产业布局 提供相关政策支持 发展循环经济	制定循环经济法律法规，规范生产者和消费者 发挥生态园区的聚集效应
结论：滨海新区实现可持续发展战略，尽管自身存在不足且面临巨大挑战，但是优势和机遇也显著存在。只要充分利用优势，弥补劣势，积极抓住机遇，全区可持续发展战略势必能够健康进行		

（二）解决滨海新区经济可持续发展的关键问题

新的形势下，推进滨海新区建设，需要全面贯彻科学发展观，按照国内领先、世界一流的标准，追求高水平，切实转变思想，调整产业结构，实现全面、协调、可持续发展。天津在进入国家区域发展战略的同时，即获得“国家综合配套改革实验区”的政策支持，战略机遇期内将“硬优势”尽快转换为“软优势”，在“硬优势”殆尽之前形成可持续发展的“软实力”，是解决滨海新区经济可持续发展的关键问题。

1. 发挥技术要素的核心地位与环渤海地区的科研资源优势

动态地看，产业升级的过程一般表现为工业结构由重工业化到高加工度化，由高加工度化到技术集约化的发展路径。不同发展阶段的核心要素是不同的。在工业化初期，工业生产要素结构中劳动力处于最突出的地位；随着工业结构的重工业化，资金处于最突出的地位；而到了工业结构的高加工阶段，技术则是最重要的。谈到技术层面，几乎所有研究和报道都谈到环渤海地区，特别是滨海新区的优势：环渤海地区有300余所高等院校，北京地区有500多所市级以上独立科研机构、60余所高校，天津有40余所高等院校和多家国家级研究中心。科研资源在一定程度上决定了该地区科技生产力的水平高低，因此，人才及科研优势为创新发展和产业升级提供了雄厚基础。

2. 利用技术交易平台

应该看到，技术禀赋和一般的自然资源禀赋在流动性方面存在着重大差别。自然资源，如山、水、矿藏，是不能自由流动的，所以才能“靠山吃山、靠水吃水”。然而，专利、专有技术等技术禀赋相对而言却具有较高的流动性。因此，任何一个地区采用的技术未必一定来自于本地区，本地区的技术成果也不一定只限于本地区享有。其核心问题在于有没有一个强大的技术交易市场。诚然，充足的技术供给是促进技术市场发展的重要推动力量。但是，如果有一个旺盛的技术需求和一个完善的技术交易平台，技术禀赋的积累和核心作用完全有可能外生于区域内部的技术供给能力。

因此，一个强大的技术交易平台的作用绝不亚于技术本身。在发展科学技术、不断提高区域内自有技术供给能力的同时，加强技术交易平台的建设是保证区域技术供给、实现滨海新区乃至整个环渤海地区经济可持续发展的重要内容。

3. 建立发展循环经济的科技支撑体系

完善科技政策，培育科技人才，形成为发展循环经济工作服务的科技创新和技术创新体系。加快生态学和环境科学领域的研究和开发，开展重大科技项目的攻关和示范，实施科技计划。加快科学技术的推广应用，加速科研成果向生产力的转化，加快发展科技先导型、资源节约型、环境保护型的产业和产品，鼓励绿色食品、绿色工业产品、环保产品等项目的开发生产。加强污染监控、生态重建、清洁生产和资源循环利用等重点产业和项目的研究、开发和生产。

在滨海新区可持续发展过程中，高等院校和科研院所是其发展的强大推动力。滨海新区要充分利用高等院校和科研院所的资源，加快产、学、研结合，更好地利用各种资源，调动各方面积极性，大力发展高新技术产业，推动产业结构的优化，并带动华北地区和北方地区的发展。

特别是滨海新区要实现生态宜居型地区的建设目标，更要依靠全国特别是环渤海地区的科技力量，做好环境保护工作。相信滨海新区一定能实现建设生态宜居型地区的目标，在经济高速发展的过程中，开创一条环境保护与经济建设双赢的道路。

总之，十几年来滨海新区取得了令人瞩目的成就，走出了一条独特的发展道路。滨海新区的开发开放已纳入国家总体发展战略布局，应当牢牢把握发展机遇，充分挖掘自身潜力，积极吸收和借鉴成功经验。地处环渤海地区的滨海新区与东北亚、“三北”地区具有较强的产业经济互补性和竞争性。滨海新区的优势在于产业，特别是第二产业，并且其可持续发展的关键在于通过新技术的应用实现产业质的提升，因此科技创新是其中的重中之重。滨海新区可凭借国家赋予的千载难逢的机会，突显新区的政策优势，培养后续发展的实力，实现可持续发展。

第三章 滨海新区科技创新问题研究

第一节 滨海新区科技发展现状分析

本部分将通过科技投入产出模型从滨海新区科技投入、成果转化、科技创新模式等方面对滨海新区科技创新，特别是自主创新的现状进行分析。

一 滨海新区科技发展对经济发展的作用

随着全球经济一体化和知识经济时代的来临，科技在各生产要素中的作用日益突出。一个经济体的经济增长，既有量的扩大，又有经济系统质的改善，而科技的发展会推动经济优质增长。

（一）科技发展对经济增长的影响

科技发展影响经济增长的机理体现在其对经济增长的基础性作用和宏观效应。技术创新的基础性力量源于它能提高社会劳动生产率以及生产要素的边际生产率和使用效率，同时通过影响供需结构，带动产业结构的优化，从宏观上对经济增长作出贡献。

第一，当今科学技术对经济增长有重要的特殊意义。马克思在《资本论》中论述了生产量的扩大可以不依赖资本量的增加。如加强对自然力的利用，提高劳动者的技术熟练程度，改进劳动协作和组织，提高劳动生产率等，实际上都与技术进步的作用及其效应相联系。现代经济增长是以技术进步的推动力为核心和特性，根植于现代技术所提供的生产函数的积累扩散之中。同时实践也证明：投资和劳动力因素推动经济增长的过程是一种常数形式的财富缓慢积累过程，而技术创新推动现代经济发展的过程则是一种指数形式的财富积累过程。通常投资和劳动力在技术不变的条件下，只能通过全新组合或追加的方式来推进经济发展，而投资和劳动力的增加，在全社会范围内又很有限，这就会形成经济发展由于生产要素稀缺造成的瓶颈制约。技术创新可以为资本和劳动力提供更有利的投资出路，并同时使资本和劳动力进入知识技术集约化生产途径，节约资源，从而最终提高社会劳动生产率，支持技术进步，间接影响产业结构变化，从而引起国民生产总值的高增长。

劳动、资金、科技成果转化水平之间的关系可用柯布-道格拉斯生产函数来描述，即

$$Y = K^{\alpha}L^{\beta}T^{\gamma} \tag{3-1}$$

其中，Y 为产出；K、L 分别为资金、劳动的投入水平；T 为科技成果转化水平；α、β 分别为资金、劳动的产出弹性；γ 为科技成果转化的产出弹性，反映产出对科技成果转化变动的反应程度。

在 α、β 相对固定的情况下，把生产函数 Y 分别对 T 和 γ 求偏导：

$$\frac{\partial Y}{\partial T} = K^{\alpha}L^{\beta}\gamma T^{\gamma-1} \tag{3-2}$$

$$\frac{\partial Y}{\partial \gamma} = K^{\alpha}L^{\beta}T^{\gamma}\ln T \tag{3-3}$$

式（3-2）/式（3-3）得

$$\gamma = \frac{\partial \gamma}{\partial T} \cdot T \cdot \ln T \tag{3-4}$$

把式（3-4）两边对 T 求偏导，得

$$\frac{\partial^2 \gamma}{\partial T^2}T + \frac{\partial \gamma}{\partial T} = 0 \tag{3-5}$$

求解微分方程（3-4）可得：$\gamma = \ln T + C$，C 为常数，其图像见图 3-1。

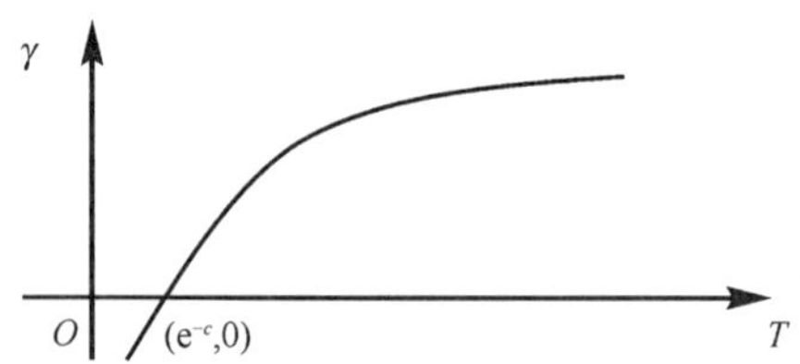

图 3-1　科技成果转化与产出弹性的函数关系

从式（3-5）中可以看出，γ 是 T 的增函数，即一般地，随着科技成果转化水平 T 的提高，产出弹性也随之提高，科技成果转化水平越高，投入产出效益就越好。对于企业来说，科技成果转化为现实生产力是提高科技水平的重要途径，是企业发展的动力。

第二，技术创新会改变经济增长四要素（人力资源、自然资源、资本、技术）的相对边际生产率，导致它们各自的收益率有所不同。从理论上看，技术创新是中性的，即一项创新有可能以相同的比例提高劳动、资本等生产要素的边际生产率，但在实际应用中则不太可能。因为科学技术不可能在所有现存的生产部门之间平均分布，只能被特定的生产部门吸收，所以技术创新首先在特定的产业部门出现，进一步又由于技术创新的方向以及影响创新的资源稀缺度不一样，在市场机制下就必然会造成对各生产要素边际生产率的非均衡影响，

导致生产要素的替代和重组。这种替代和重组又可以分为两种情况：一是生产要素自身技术结构素质变化由低素质向高素质转化；二是不同生产要素之间进行的替换、替代和重组的结果导致要素流向科技含量高、效益好的产业，并同时创造了新的产业（即先导产业），先导产业再通过自身产业结构的关联效应和辐射效应，催生了新兴产业群，同时可对传统产业进行技术改造，注入新的活力，最终对整个经济增长起促进作用。

第三，技术创新会改变生产要素配置的组合对象，而创造出多种可能的生产要素组合状况，且这种组合状况是高价值、高效率取向的。新古典经济增长理论代表罗伯特·索洛认为：技术和传统投入及其之间的相互作用解决经济增长，技术创新导致了80%的经济增长，这说明技术创新对经济增长的分量。保罗·多默对上述观点进行了解释：对于技术的困惑可作如下分析，创意和物质是两种不同类型的生产投入，其中创意是可以不断积累的非竞争性知识，物质是具有质量的竞争性商品，可以用创意重组物质。比如，人们将中药与西药进行复配，形成协同作用并产生更好的新配方。经济增长正是来源于新配方的发现和事物低价值、低效率向高价值、高效率组合的转型。在这里，与其说是配方倒不如说是运用科学知识对生产要素进行更高价值、更高效率取向的配置。保罗·多默还在《经济增长》一文中分析了日本、印度、美国的案例，发现1960～1985年，日本从人均GNP只占美国1/3的水平开始，以年平均5.8%的速率追赶，印度人均GNP开始只占美国水平的1/15，且仅以1.5%速率增长，而美国的人均GNP增长率是2.1%，结果日本追赶上美国而印度却被落得很远。日本每12年人均GNP可以翻一番，而美国要用34年。日本与印度同样都是经济基础薄弱的国家，并且日本开始时既缺乏资金又无自然资源，起点较低，日本可以把发达国家的工业化经验拿来使用而较易实现经济快速增长，但为什么印度没有出现如此高速的经济增长呢？只有一种解释：贫穷国家缺乏已存在于发达国家提高生活水准的创意，即科学技术创新。日本在获取外来创意和全面参与世界市场的信仰方面非常坚定，而印度却坚守自给自足的信念，最终必然形成两个截然不同的结果。但是，日本在科学研究方面的投入与产出均落后于其应用技术的情况，造成技术创新的知识来源受到威胁，后劲不足，这也是为什么日本难以再保持较高增长率的主要原因。

第四，技术创新能提高生产要素的使用效率。就技术创新的广义理解而言，制度创新也属于创新的范畴，而且制度创新由不断的技术创新的内在要求引起。所以说，制度创新的内在动力源于不断的技术创新的内在要求。制度创新的最终目的是提高制度效率，因为在工业社会里，专业化和劳动分工在促进技术进步的同时，也增加了生产要素间的交易费用，而且一般情况下，技术越发达，交易范围及其复杂程度越高，交易费用就越大。制度创新正是通过提供把交易费用降低到可操作水平程度的法律秩序，来使与先进技术相关联的生产活动能够运行，这种创新使既定状况的生产力潜能得到释放，实现经济增长。综上所述，在一个经济系统中，技术创新和制度创新两方面的协同作用将会使这个系统具有高效率，进一步讲，经济系统中生产要素的使用效率得到提高，促进了经济发展。

第五，技术创新可以推动产业升级。技术创新对产业发展的影响可从两个方面来看。首先是从供给方面看，产业技术创新可以改革产业生产技术基础，降低生产成本，提高产品质量和产业生产率，实现产业发展从量变到质变的飞跃。那些建立在较新科学知识成就基础上，通过技术创新创造了科技附加值高的新产品，如果这种新产品需求收入弹性呈上升趋势，就会导致一个新兴产业部门的兴起，在此基础上更进一步的技术创新还将大幅度降低该产业部门产品的生产成本，从而使产业部门进入大规模生产经营的高速增长阶段。比如，第二次世界大战后在发达国家，从工业经济向以电子技术、计算机技术、通信技术等高新技术为特征的信息经济转变。信息技术产业迅速扩大，并取代传统产业，在经济中起主导作用。美国 20 世纪 80 年代后期信息产业产值占国内生产总值的比例超过 60%，信息人员在总劳动人口中的比例达到 52%～54%，而日本 2000 年信息产业在 GNP 中的比重上升到 48%。这些情况反映出问题的实质并不仅仅在于其所占比重的多少，而在于这种信息技术渗透力的强弱。其产业对其他高新技术的影响包括对传统产业的改造，这种劳动效应促进整个经济增长的活力，这恐怕才是对新兴产业发展经济学意义的全面理解。其次从需求方面看，一方面，因为技术创新内容由市场需求决定，新产品、新工艺、新的应用程度就形成一种新的需求压力，从而改变需求结构；另一方面，随着创新所致的经济增长，人均收入提高了，相应的消费支出也会增加，而且消费偏好倾向于高质新颖的消费品，消费结构将发生变化，恩格尔系数将下降。所以得出一个结论：技术推动和需求拉动相互作用，推动产业结构的变化和提高，实现产业升级。

（二）科技发展对经济增长贡献率的模型

如前所述，科技发展可以给经济增长带来深层影响，进而引发产业结构发生质变。有学者认为，推动经济实现升级的因素有科技创新、消费者结构变动、对外贸易和制度安排（洪名勇，1999）。由于制度安排这一外生变量难以量化，通常可以依据列昂惕夫的投入产出模型进行因素分析，进而分析科技发展对经济增长的贡献率。

投入产出模型是经济生产的完全均衡模型，其基本关系式为

$$X = W + Y \tag{3-6}$$

其中，X 为各部门的总产出向量；W 为其他部门的中间投入的货物和服务矩阵；Y 为增长值（净产出），它由最终消费 F 和投资 K 构成。

于是式（3-6）可改写成

$$X = W + F + K \tag{3-7}$$

当考虑到是开放经济体时，就要考虑净出口 E 的影响，则均衡关系为

$$X = W + F + K + E \tag{3-8}$$

在列昂惕夫的动态模型中，直接消耗系数为 A，表示单位产出所需的中间投入，则 $W=AX$；J 表示单位总产出所需的资本增量，则 $K=JX$。因此，式（3-7）可改写为

$$X = AX + JX + F + E \tag{3-9}$$

亦即

$$X = (1 - A - J)^{-1}(E + F) \tag{3-10}$$

显然，$E+F$ 的系数矩阵就是列昂惕夫逆矩阵。对式（3-10）进行差分分析，得出变动模型：

$$\Delta X = (1 - A - J)^{-1}\Delta F + (1 - A - J)^{-1}\Delta E + (1 - A - J)^{-1}\Delta AX + (1 - A - J)^{-1}\Delta JX \tag{3-11}$$

其中，第一项为总消费变动；第二项为净出口变动；第三项为科技发展变动；第四项为投资结构变动。通过式（3-11），可以将经济增长 ΔX 分解为以上 4 个因素，从而测算出科技发展变动对经济增长的贡献率（R）为

$$R = \frac{\Delta A}{\Delta X} \tag{3-12}$$

（三）滨海新区科技发展对经济增长贡献的分析

滨海新区科技发展为经济带来了高速高质的增长，一方面表现为对 GDP 的直接贡献，即高新技术产品产值快速增长，直接构成了生产总值的一部分；另一方面则表现为对 GDP 的间接贡献，即提升了经济增长潜力，推动了产业升级。

首先，近年来滨海新区高新技术产品产值连年增长。2003 年，全区实现高新技术产品产值 719.87 亿元，比上年增长 25.3%，占全区工业总产值的 40.5%。2004 年，高新技术产品产值占新区工业总产值的比重已达 46%。2005 年该比例上升为 62%。科技发展为滨海新区经济增长带来直接动力。

其次，滨海新区的高新技术产业集中于电子信息、生物医药、新能源、新材料等产业。这些基于高新技术的产业快速发展，逐步形成了产业集群，成为滨海新区的支柱产业，从而形成了高技术含量的产业结构。这一结构具有极大的增长潜力，必然可以带动和支持滨海新区经济的未来发展。

由于滨海新区的科技产业数据目前尚未有具体统计，利用上述模型难以测算科技发展变动对经济增长的贡献率，但是可以使用技术进步贡献率（V）进行简单估算。其计算方法如下：

设 $Y=Y(K, L)$ 为生产函数，其中，Y 为产出；K 为资本投入，为时间 T 的函数，可写做 $K(T)$；L 为劳动投入，为时间 T 的函数，可写做 $L(T)$；T 为时间。则

$$V_T=\frac{\partial Y/\partial T}{Y}=\frac{\partial \ln Y}{\partial T} \tag{3-13}$$

目前，科技部研究中心测算我国的这一比率约为 47%。由于滨海新区的高新技术产业比例明显高于全国水平，可以估计滨海新区的科技发展变动贡献率要高于 47%的水平。这意味着对于滨海新区经济而言，经济的增长有近五成以上依赖于科技的发展。

二 滨海新区科技投入产出状况

（一）滨海新区科技投入产出系统

滨海新区科技投入产出系统，如图 3-2 所示。

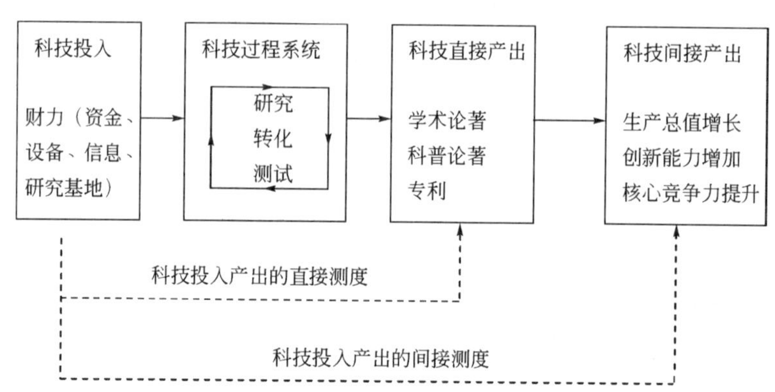

图 3-2 滨海新区科技投入产出系统

滨海新区科技投入产出系统的内涵如下：

（1）科技创新投入方式。科技创新投入方式主要包括设备与设施、研究基地等方面的投入，信息投入，研究与开发的流动资金的投入以及人力资源的投入。这些投入主要是开展科技创新活动本身所必需的投入，可以折算成资金形式进行汇总。为了提高科技创新的有效性，科技创新活动必须要在科技创新战略指导下进行。

（2）科技创新过程系统。主要包括基础研究与应用研究。基础研究是探索

自然界的物质变动变化规律的研究，是发展新技术、新产品的理论基础；应用研究是为了某种实用目的，运用基础研究的成果，开辟新的科学技术途径的研究，企业中大部分进行的是应用研究。转化是运用研究成果，寻求明确具体的技术发展的研究；测试指对开发出的新产品、新工艺进行测试，以便发现其中的缺陷，及时进行纠正，并进行内部度量与反馈，研究人员应随时对所研究与开发的结果进行测量并加以反馈。

(3) 科技创新直接产出。企业科技创新产出反映了其活动的结果，主要表现为：开发新产品、新工艺的情况、取得专利数、发表论文数、对原来的产品、工艺的改进程度等。

(4) 科技创新间接产出。即科技产出创造的经济价值，是科技创新直接产出经过社会经济系统转化后，为经济体产生了经济效益与社会效益。如因新产品的技术含量、性能提高，使本产品价格上升，销售量增加，提高产业、企业生产增加值；或由于新工艺、新设备的采用，企业生产、销售成本下降，提升了经济体中企业的成本竞争优势。

(二) 滨海新区科技资金、设备投入状况

滨海新区作为天津市的一个重点发展区域，它的主要科研力量来源于天津市多年的发展和积累。而天津作为国家重要的科技中心城市之一，经过多年的发展，积累了一定的科技基础，拥有了自身的科技特色。高等院校的应用基础研究，尤其是部分工程与技术学科积累了一定的原始创新基础；工程技术开发力量雄厚，医药、新能源、化工、水资源、装备制造、海洋等领域具有较强的集成创新能力；产业化基地建设成效显著，已建立国家软件出口、环保科技、新能源、纳米技术、海洋高新技术和农业科技等六个国家级高新技术产业基地，并都位于滨海新区内；京津两市科技合作已经启动，与科技部的部市合作以及与中国科学院的院地合作均已起步，京津冀及环渤海的科技合作也具有良好的基础和较大的潜力。

近几年，滨海新区加大了科技发展金和科技风险金的投入力度，推动企业科研与发展。2004 年天津滨海新区投入科技发展金和科技风险金共计 1.84 亿元，引进了天津中新药业中药现代化技术工程中心、华立达企业技术中心、中新药业研究中心、天津市光电子联合科学研究中心等 4 家工程技术研究中心，新建了 8 个企业博士后工作站。2004 年末，仅开发区已有 14 家工程技术研究中心、6 家企业技术中心、6 家跨国公司研发中心和 4 家风险投资公司，累计投入科技发展金和科技风险金 10.66 亿元，为开发区发展提供了强大的科技资金和基地保障。与此同时，开发区还拥有 42 家国家或市级科研机构、35 家博士后工作站、49 家大型企业研发中心和 10 家科技创业孵化基地。建立起多层次的科技

创新体系和科技人才创业基地，成为京津科技圈的重要组成部分。2004 年，天津开发区有 55 个项目进入国家和天津市科技创新计划，共得到国家和天津市经费支持额度 2.3 亿元，项目数量和经费总额均创历年最高。其中，2 个项目列入国家“863”计划，26 个项目列入“天津市 2004 年科技发展计划”，14 个项目列入“天津市 2004 技术创新”项目，2 个项目获得“天津市科技进步奖”。全年共有 7 个项目获科技部中小企业技术创新基金资助，资助总额度达到 530 万元。

2005 年，滨海新区进一步加大了以科技发展金和科技风险金为主体的科技投入力度，仅开发区财政资金 5 年累计投入 11.6 亿元，企业博士后工作站增加为 43 个，工程技术研究中心增加为 26 家，比上年增加近 1 倍。2006 年 3 月 22 日，天津开发区 12 家企业共计 22 个项目获得天津开发区颁发的首批国家和天津市重点科技项目配套资助。这些项目涉及电子信息、生物医药、农业、化工等多个领域，共获得国家和天津市资金支持 914 万元，开发区配套资助 431.8 万元。

但是，资金投入特别是项目投入仍多以政府立项、政府投资研发的模式为主，这一方面使政府背上了沉重的包袱，另一方面把科研人员赶上了政府项目的“独木桥”，扼杀了民间资本对具有高回报可能性研发投资的积极性。从西方发达国家的经验来看，在高新技术的研发投资中，非政府投资大多在 60% 以上，而滨海新区非政府投资比例远不如此。此外，科技资源之间共享意识不强，缺乏有效共享机制，共享程度不够，资源浪费严重。在科技基础条件管理方面，政府投入的科技基础资源基本上成为部门、单位甚至个人所有，不能为社会共享；在科技基础条件服务方式方面，现有的科技基础拥有机构提供的是以资源为导向型的服务方式，而不是以市场为导向型的模式；在科技基础条件合作模式方面，各个机构之间都是孤立的，缺乏合作和联合，没有形成横向和纵向的联系，没有形成业务优势上的互补，没有形成集群优势和集群效应；在科技基础条件与成果转化及产业化服务结合方面，无法发现有用资源，无法链接有用资源，更无法有效整合有用资源以建立独特的企业服务支撑体系，造成科技企业的需求与社会资源无法有效对接。

（三）滨海新区信息化投入状况

从信息化角度来看，滨海新区内已经建成 4 条光纤环路，总长 40 千米，已经做到光纤到路边、光纤到小区、光纤到大厦。宽带网建设形成区内环路在全国处于领先地位。建设数字化开发区在经过规划期、筹备期、建设期三个阶段的运作后，已经粗具规模，项目构架已经成型。电子政务网（E-government）、泰达数据中心（TEDA-IDC）、呼叫服务中心（call center）、电子交易市场（EMP）、在线企业应用（ASP for ERP）等项目已在启动之中。其中，电子政务网、呼叫服务中心已投入运行（图 3-3）。信息化的直接作用是提高生产效率和经济效益，信息化促进经济效益的平均倍增率为 1∶3。总体说来，天津滨海新区的信息化程度较全国已处于先进水平，但也不能不看到，目前仍有许多企业生产和研发相互脱节，企业的生产难题长期得不到解决，科技人员不知道实际部门需要什么，造成科技成果转化率低下，这种现象也是信息不畅的后果。

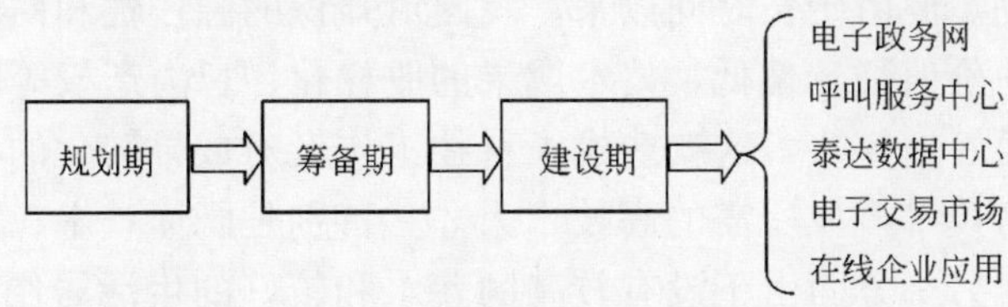

图 3-3　滨海新区数字化开发区建设程序

（四）滨海新区人力资源投入状况

滨海新区作为拉动环渤海经济的引擎，使用的人力资源可分为两类：一类是从事常规、重复性工作，不具有稀缺性的普通人力资源；另一类是从事创新工作，具有稀缺性的专业人力资源，即智力资源。科技园区所需专业人力资源的主体是科学技术人员。

随着滨海新区的建设加快，滨海新区开始不断引入专业人才。2005 年，滨海新区引进“两院”院士 13 名、长江学者 10 名、其他高级人才 300 多名。与此同时，滨海新区建立了引入和培养人才的长效机制。

从 2006 年起，天津市每年从滨海新区选派一批具有发展潜力和带动作用的科技创新人才、企业经营管理人才和局处级党政领导人才，到国外知名大学、科研机构、政府部门、跨国公司进行专项培训和锻炼，追踪世界科技前沿，学习先进管理经验，提高自主创新能力。同时，在滨海新区内设有“天津市国际化人才信息交流与培训中心”，它集成了新区综合优势，构建基地、项目、人才一体化和政府、企业、高校互动的高端人才培养模式，优先为新区培养国际化人才提供服务。滨海新区还依托天津市特聘专家制度，以新区实施的重大项目为载体，聘请国内外顶尖人才，为新区发展提供人才支撑。定期组织的新区海外人才招聘团，能够有针对性地到发达国家和地区抢挖急需的高层次人才，特别是优秀留学人员和科技创新团队，帮助新区与国内知名大学、科研机构建立人才与项目合作关系，形成稳定的人才引进通道。2005 年 7 月，天津市现代服务业培训鉴定基地等 6 家职业技能培训鉴定基地正式成立，这 6 个基地不仅能为毕业生提供职业适应性培训，并能承担 109 个职业的培训鉴定，为滨海新区发展对技能人才的需求攒足了“后劲”。南开大学、天津大学、天津科技大学等 10 余所高校也在滨海新区设立分校，为产、学、研相结合提供了智力支撑和人才保证。

虽然长期以来，滨海新区科技活动人员中科学家和工程师的比例逐年上升，但对于技术创新收益的推动作用却不明显。这主要是由于：一是从事新产品开发的人才和技术成果转化的人才不足；二是缺乏培养、鼓励高技术人才成长的配套政策和激励机制。市场机制以利益驱动为主要行为法则，科技工作者当然也需要物质上的激励。但由于长时间以来，我国对知识的独占性和商品性缺乏认识，对科技劳动的价值估计偏低，技术成果的股权化、智力产权等问题一直没能从实践层面上很好地解决，这就造成了科技工作者对成果转化的积极性不高。一方面是缺乏高技术产业所需的高技术人才，特别是既懂技术、又懂经营管理的复合型人才；另一方面由于没有较高的薪水和较好的生活居住环境，更多的人力资源仍在向“长三角”或“珠三角”流动。虽然京津两地大专院校占了全国总数的20%左右，这对于滨海新区的发展是一个很大的支持，但由于滨海新区的建设不完善，到滨海新区工作的毕业生仍占很小比例。因此，滨海新区在建设过程中一定要打破原有的人才机制，建立一个有利于吸引人才、培养人才和使用人才的新机制。

（五）滨海新区科技产出状况

目前，滨海新区取得了一批标志性的科技创新成果。例如，生产基地在空港物流加工区研制成功抗艾滋病病毒创新药物“西夫韦肽”；坐落于天津开发区的我国规模最大的中空纤维膜生产基地；我国首批具有完全自主知识产权，走出国门的电动车整车产品——幸福使者纯电动车；等等。此外，滨海新区在海水淡化和综合利用、污水处理及回用、工业节水、废弃物综合利用等方面居于国内领先水平，建成并运行了国内第一个每小时2500吨规模的海水循环冷却工业示范工程。通过运行日产1000吨反渗透海水淡化示范工程，关键设备自主开发、浓盐水利用等一批研究课题取得了重要进展，取得7项发明专利。

滨海新区科技投入的间接成果体现在对经济的迅速拉动上。2005年，滨海新区经济实力又有新突破，实现地区生产总值超过1600亿元，增长19.8%；完成工业总产值3996亿元，增长30.7%；外贸出口同比增长34.8%，实际利用外资增长45.2%。2006年上半年，滨海新区继续保持“加速跑”，实现生产总值约900亿元，与2005年同期相比增长20%以上；工业总产值完成2400亿元，与2005年同期相比增长34%。

2005年，开发区完成科技成果登记12项，转化率达到50%。技术合同认定登记97项，合同金额共计6946.18万元。其中，引人注目的为天津德昊超微新材料有限公司“6000目超细重钙在PVC管件生产中应用”的研究项目，具有广阔的市场前景，该项目选址开发区西区并进行了产业化的前期准备。天津泰达环保有限公司的“垃圾焚烧（发电）厂抓吊控制室观察窗全自动清洗系统”运行可靠，性能稳定，不仅能够经常保持观察窗玻璃清洁，使操作人员对垃圾抓吊有良好的可视性，而且保证了垃圾抓吊的安全运行、操作与维护。该项目可提高工作效率，增加垃圾焚烧量和发电量3%～5%，节约人工清洁费8万～10万元/年，节约垃圾抓吊维护费和损失费50万元/年。2005年度根据《国家及天津市重点科技项目开发区匹配专项资金管理暂行办法》享受到资金支持的共计26家企业的43个科技项目，开发区配套资助总额1313.15万元。这是历年来开发区对区内科技项目资助最多的一年，也是资助力度最大、范围最广的一年。

（六）滨海新区科研转化模式

滨海新区建立了独特的科研转化辅助机构——高新技术企业孵化器。从制度模式来说，高新技术企业孵化器有公益性孵化器和商业性（营利性）孵化器之分。在我国，企业孵化器从其产生开始就倾向“公益性”服务的功能，强调了“社会效益”为主的特征。滨海新区也不例外，目前滨海新区的高新技术企业孵化器大都由政府部门组建，并由政府提供建设资金，组织孵化器管理团队。但随着企业资金和民间资本进入孵化器领域，企业孵化器建设已经不是一种单纯的政府行为。孵化器发展到现在这个阶段，其赢利已经成为可能，孵化器的产品借助资本市场和产权市场，可以实现价值的放大，为孵化器的赢利指出了光明的方向。

当前，滨海新区持续健康发展，民营经济蓬勃兴起，市场对高新技术企业和项目的需求显得更为迫切，新兴的高新技术企业和产业化项目受到资本的追捧，这就为孵化器的产品，即企业和项目准备了广阔的市场空间。作为一种商业模式，孵化器以培育企业而创造价值，以发现创业者的潜在价值，并培育企业的市场价值来实现孵化器本身的增值。在新经济发展过程中，不断涌现出新的“增长点”成为孵化器孵化的种子，使孵化器成为“生产企业的企业”。营利性孵化器的出现，是孵化器向高级阶段发展的必然结果。2005年，滨海新区建成科技企业孵化基地6个，同时建立了风险投资机构4家，为科研成果迅速转化为实实在在的生产力提供了良好的机制。

在目前滨海新区企业孵化器良好运行的背景下，需要注意仍存在一些问题。企业孵化器本身需要具有商业价值，这是它得以持续发展和具有旺盛生命力的根本。但是企业孵化器实现商业价值的前提是：孵化器运作的规模化，可以批量的生产企业；被孵化企业（创业企业）的高成长性；企业孵化器与创业企业之间的亲融性，或者说非竞争性；孵化活动的增值性；资源的充分利用和孵化活动的持续性。风险投资与孵化器的结合，既可以作为孵化的工具，又可以作为赢利（实现增值）的手段。这时候，营利性企业孵化器的追求和入孵企业的成长目标是一致的，并最终体现在经济效益上。但由于滨海新区的高新技术企业孵化器多为政府注资，且规模都较小，难以实现其商业价值。因此引入风险资本与这种制度模式相匹配成为必需。虽然滨海新区已经引入了风险资本，但为数较少，同时体制上的缺陷主要体现在企业孵化器与入孵企业的关系设计上，不能仅仅限定为服务与被服务的关系，而是应设定为一种“投资”和“被投资”的关系。这种投资包括资本的投资，也包括服务的投资，即把服务转化为资本，等企业成长起来后，再获取回报。因此，营利性的企业孵化器应该设计为与风险投资相结合，与创业服务相结合。目前滨海新区风险投资机构不够完善，商业化的企业孵化器没有良好的生存环境，其商业价值较低，成为民间资本进入孵化器的主要障碍。

总之，国务院和天津市政府将未来承担天津市乃至环渤海地区经济和科技发展的“龙头”定位在滨海新区。自滨海新区成立以来，其经济持续保持快速增长，在天津市经济发展中发挥越来越重要的作用。同时，滨海新区也依靠良好的科技创新环境成为天津市科技创新发展的主要推动力量。

尽管滨海新区科技发展取得了长足进步，但总体来看：科技创新能力不足，总体水平不高；关键技术自给率低，企业核心竞争力不强；成果转化率不高；缺乏科技领军人才和科技创新团队，科技投入不足，体制机制还存在一些弊端。经济社会发展面临着市场、技术、人才、资金等外部环境的巨大竞争压力，在更深层次上面临资源和环境等问题的制约，经济建设和社会发展比以往任何时候都迫切需要坚实的科学基础和有力的技术支撑。大力推进科技进步和创新，调整和优化产业结构，转变经济增长方式，缓解资源环境瓶颈制约，推动经济增长从资源依赖型转向创新驱动型，带动生产力质的飞跃，推动经济社会切实转入以人为本、全面协调可持续发展的轨道，是滨海新区科技发展的主要任务。

第二节　滨海新区科技发展趋势分析

一　滨海新区科技“十一五”发展规划

自滨海新区开发开放被纳入国家总体发展战略布局后，国家及天津市都非常重视滨海新区科技的发展。“十一五”期间，滨海新区科技发展主要规划如下：

(1) 到 2010 年，R&D 占生产总值的比重达到 3%以上，发明专利的申请量 2000 件，每万名从业人员中研发人员达到 300 人；

(2) 到 2010 年，高新技术产业产值占工业的比重达到 50%以上。

为达到这个目标，全面提升滨海新区科技资源集聚、创新引领和辐射带动三大功能，建设世界一流的创新体系，滨海新区规划经过5～15年的努力，建成开放式、国际化、创新型的研发基地。

（一）科技创新

建设滨海新区生产力促进中心，扩建泰达创业中心，发展华生生物园、泰达纳米产业化基地、新材料科技产业园、大港石化科技园等科技企业孵育基地。引导社会资金投资建设科技成果孵化器，发展科技咨询机构，加速科技成果转化。利用北方技术、人才、产权交易等市场，促进国内科技要素向新区流动，科技成果向周边地区扩散。建立多元化科技投融资体系，发展风险投资机构和担保公司，实现科技服务产业化、社会化，推进产、学、研联合。围绕形成六大产业集群和新的优势产业，加强与京津两地科研院所、高等院校的合作，加快产、学、研一体化和科技创新步伐。到2010年，科技服务机构达到50家。

科研攻关：提高原始创新能力，加大电子信息技术、生物技术、海水淡化及资源综合利用、新型能源、新型材料、纳米技术、信息安全等高端技术领域的科技攻关力度，尽快形成芯片设计、生物医药、新型储能材料、纳米材料等优势产业原始创新能力。到2010年，重大科技成果登记达到500项，占全市的1/3左右。

（二）研发基地

加快研发机构建设，将优惠政策向研发企业倾斜，做强现有企业研发中心，支持新区规模以上企业建立独立研发中心，鼓励国内外科研机构和企业建立新的研发中心，吸纳市级研究中心、工程中心、重点实验室、技术转移机构等入驻新区。与中国科学院共建再生医学研究所、工业微生物及发酵技术工程中心、纳米技术研究院，组建滨海工业技术研究院，提升新区科技创新能级。到2010年，国家级和市级研发机构达到100家，企业研发中心达到200家。

研发水平：加大投入，搭建平台，确立研发的领先地位。提高优势产业的自主创新能力和核心竞争力，促进电子信息、化工、汽车和装备制造、现代冶金、生物技术、新型能源和材料等产业的技术升级。到2010年，天津水科学与综合利用、细胞产品等两家技术研究中心达到世界一流水平，信息安全、重型技术装备、汽车电子、海水淡化与利用、生物芯片、现代中药、食品发酵技术、材料装备等8家工程技术研究中心达到国内领先水平。企业研发投入达到销售收入的3%以上，其中高新技术企业研发投入达到销售收入的5%以上。

软件研发：重点发展集成电路设计、嵌入式软件、企业信息系统等领域。完善国家计算机防病毒中心，建设芯片设计中心、企业呼叫中心等一批重点项目。推进中间件平台、Linux 系统解决方案等国产软件应用开发。引进国内外大型软件企业，加强与国际软件企业合作，扩大软件出口。到 2010 年，软件产业产值达到 220 亿元。

(三) 技术引进、吸收和创新

积极引进跨国公司和处于产业链核心环节的企业，着力提升引进技术的消化吸收和开发创新能力，将新区建成国际技术转移的承接和扩散地。加快高新技术产业化进程，建设生物技术、海水淡化与综合利用、民航科技、环保等产业基地。到 2010 年，高新技术产业产值达到 3800 亿元，年均增长 20%。

名牌产品：以市场为导向，培育具有自主知识产权的名牌产品，重点发展抗艾滋病药物、信息安全产品、机场仪表着陆系统、膜材料、风力发电设备、海水淡化装置、电动汽车等产品。到 2010 年，国家级和市级名牌产品达到 80 个。

(四) 构筑人才高地

大力吸引国内外优秀人才到新区创业，重点引进学科和技术带头人，吸引懂技术、会管理、勇于创业的复合型人才。设立“滨海创新基金”，健全人才激励机制，鼓励国内外高新技术人才以柔性流动方式为新区服务，营造国际一流的人才环境。

二 滨海新区科技创新发展趋势

(一) 企业孵化器的发展趋势

面对市场经济的机遇与挑战、特别是滨海新区的进一步发展，企业孵化器将走向多元化、市场化、效益化、专业化、资本化和国际化，以赢得更强的竞争力，孵化出更多更好的创业企业。

多元化意味着科技企业孵化器的投资主体将由单一的政府投资模式，逐步转向大学、科研机构、大企业和民间机构及国外资本共同参与的投资模式。政府在孵化器产业化的进程中主要扮演“领路人”的角色，通过制定相关政策和法规，引导和鼓励不同类型资本投资于孵化器产业，以加速其发展进程。

市场化要求孵化器的运作要更加符合市场经济的运作规律。首先，孵化器在运作机制上要建立严格的现代企业制度，实现产权清晰、权责明确、政企分开、管理科学，使企业孵化器真正成为市场的主体。其次，孵化器在选择孵化对象时要坚持市场化的原则，从单纯的注重技术转向技术与市场并举，即选择拥有可市场化技术的企业予以孵化。

效益化是指企业孵化器的功能要由传统的公益性社会组织转变为营利性或者兼顾营利性和公益性的经济组织。孵化器的运作更重要的是要努力通过改进自己的服务项目（如中介服务和管理服务等），并创造新的服务项目（如资本运作和品牌运作等），为在孵企业提供增值服务，以获得相应的回报利润。

专业化要求企业孵化器在发展过程中要找到自己的核心优势行业。企业孵化器培育在孵企业时，如果精通其所在的行业，则能比较容易地辅导企业的成长，并实现专业化分工的规模效益。由于时间、精力和资金等资源有限，企业孵化器需要聚集于某一个或者某几个相关的行业，并积累起自身在这一领域的核心优势。

资本化强调企业孵化器在发展过程中要积极探索与风险投资的结合方式。企业孵化器和风险投资都是创业企业的成功要素。如果能选择某些重点企业进行种子期的风险投资或者与专业风险投资公司联合投资，不仅能够加速该优秀企业的成长，而且孵化器还可以赢得较高的投资回报。

国际化则是指企业孵化器的发展应具有国际意识。当今企业和地区之间的竞争已经呈现出明显的全球化趋势，创业企业也在全世界范围内寻找着自己的技术研发空间和市场空间。企业孵化器应适应这种国际化潮流，努力将自己的服务对象由本地区扩展到国际地区，以最强的比较优势获取自身效益。

（二）共性研发的发展趋势

目前，在滨海新区的各区内都有共性研发基地的建设意向，但由于资金和技术力量分散，所以效果都不明显。因而对于滨海新区来说，建立一个统一管理的、资金和技术力量较为集中的共性研发基地就成为目前的发展趋势。

1. 组建专门的技术研发与转化工作管理机构

为了突出研发与转化基地的特点，滨海新区首先应该改变研发工作多头管理，科研、生产相互脱节的状况，可以在原有科研管理机构的基础上，在新区内创建统一的专门的技术研发与转化工作管理机构，由新区管委会牵头，各科研机构派员参加，至少应包括一个由科技、经贸、高管、高教、专利等部门及其他行业性管理机构组成的联合会议组织。

2. 建立专门的信息网络中心

当今时代是技术飞速发展的知识经济时代，没有及时、通畅、全面、发达的信息网络支持，洞悉国际研究前沿，高新技术研发工作就难以逃脱步人后尘、重复研究的老路，甚至连舶来的都可能是二手货、三手货。所以，设立现代化的信息网络中心是当务之急。建立这样专门的信息网络系统，可以搜集新区内乃至全国、全世界的研究项目、研究成果、研发机构等信息，并使之在新区内各研发基地共享。信息网络建立之后，可以整合研发技术、管理技术和信息技术，带动产品研发模式和产品设计理念的创新；可以使新区的研发成果及时得以转化。搭建这种专门的信息网络资源共享平台，既可以为科研人员提供国内外最新、最全的前沿研发资料，又可以使研发人员在共享信息之后得到更多的创新思路，有利于滨海新区作为一个研发基地采取统一的管理。

3. 营造有利于吸引人才、培养人才、使用人才的新机制

研发归根到底要由科技人员来实施，因此一定要有行之有效的政策来激励成果的发明人和参与产业化的人员，而该政策的核心即是技术资本化和资本人格化。根据滨海新区产业发展的需求，有针对性地加大对海外顶尖人才，包括高水平人才团队的引进力度，推动形成海外优秀人才来滨海新区创新、创业的潮流。要在滨海新区内率先形成开放、流动、人尽其才的用人机制，为优秀人才的脱颖而出创造机会和环境；要协调有关部门的政策，保证技术拥有者、企业经营者和高层企业管理人员以智力投入获得相应报酬或相应权益，探索更加灵活的分配机制，试点多种形式的科技人才激励机制。

4. 建立多元化的研发投资新体制

建立多元化、多渠道的资金投入体系，加大研发与转化的资金投入力度。资金投入不足已严重制约了滨海新区高技术产业的发展，因此，滨海新区要想构建共性研发基地，无疑应该加大科技投入。所以，建立多元化的研发投资新体制十分必要。

（三）自主创新的发展趋势

目前滨海新区的自主创新能力还远远不能适应新型工业化发展道路的需要，与国家赋予的区域经济带动功能也存在着相当大的差距。因此，滨海新区应该结合国家的战略利益，合理部署各种创新方式，探索以下具有滨海特色的自主创新道路。

1. 提高核心领域，融合高新产业与传统产业

在经济全球化和我国加入世界贸易组织的背景下，原始创新能力在国际经济活动中主要表现为由技术标准导致的技术壁垒。最近几年，境外跨国公司通过在我国注册专利特别是高技术领域的专利，对相关产业的发展设置了很高的技术壁垒，在一定程度上削弱了我国的成本优势。如果滨海新区的优势产业不能通过原始创新形成具有自主知识产权的核心技术，只停留在跟踪、模仿国际先进技术的阶段，就会在专利问题上与境外跨国公司产生越来越多的法律纠纷。从根本上说，原始创新应当是一种国家行为，有赖于国家有关部门从国家战略利益出发制定的各种科技攻关计划。作为全国发展战略布局中的国家级新区，滨海新区应该大力加强与国家有关部门和中国科学院、中国工程院等国家级科

研机构的科技合作，争取更多的科技攻关计划在滨海新区得以实施。为此，应当按照“有所为，有所不为”的原则，前瞻性地筛选出具有区域特色或优势、能够解决高新技术产业发展或传统产业改造的核心问题的重点科研领域，如信息技术、信息安全、生物技术、现代医药、海水淡化、纳米材料等，开展基础研究和应用基础研究工作，以培养基础研究人才和增强高新技术产业发展后劲。

2. 提高关键领域的集成创新能力，开发产业带动性大的重点产品

在现代科技发展中，相关技术的集成创新以及由此形成的竞争优势，往往远远超过单项技术突破的意义。从科技和经济结合的内在要求来看，单项技术的研究开发如果缺乏明确的市场导向和其他相关技术的有效衔接，将很难形成具有市场竞争力的产品。而企业核心竞争力的形成，不仅仅是一个技术创新过程，而且是各种单项技术成果得到有效集成的组织过程。因此，滨海新区要以市场需求引导研究开发，通过产、学、研结合和项目、基地、人才一体化及促进各种相关技术有机融合等措施，努力实现关键技术的突破和集成创新，形成具有市场竞争力的产品。为了推动滨海新区经济和社会的快速发展，要从经济和社会可持续发展的重大需求出发，选择汽车和装备制造、石油化工、精细化工、现代冶金、应用软件等领域进行集成攻关，开发一批产业带动性大、市场竞争力强的重点产品。为了提高集成创新的效果，首先要集中财力办大事，围绕制约滨海新区经济和社会发展的关键领域进行重点攻关，还要重视获取自主知识产权，提高集成创新产品的市场竞争力。

3. 提高聚集产业领域的引进创新能力，实现自主创新的跨越式发展

我国加入 WTO 后，越来越多的跨国公司采取了更加积极的在华技术发展战略。根据目前我国的科技、经济发展水平，今后相当长的时间里我国仍然要坚持在引进、消化和吸收国外先进技术方面多下工夫，要站在跨国公司这种行业巨人的肩膀上，推动自主创新在高水平上的发展。作为外商投资高新技术产业的主要聚集地区，滨海新区应认真研究跨国公司在华技术发展战略的变化趋势，提高电子电气、芯片设计、现代医药、民航科技、环境保护等领域的引进创新能力。

总之，就滨海新区自身科技发展趋势而言，“十一五”时期是滨海新区经济和科技快速发展的时期。经济发展面临着保持平稳较快增长和提高质量效益的双重任务，担负着提升传统产业和发展新兴产业的双重使命。保持经济平稳较快增长，建设资源节约型、环境友好型城市定位，实现经济社会全面协调可持续发展，必须依靠科技创新提供有力支撑；改造传统产业，提高经济运行质量，实现跨越式发展，必须依靠先进技术加快产业结构战略调整和优化升级；发展特色优势产业，培育新的经济增长点，引领未来发展，必须依靠科技在一些关键、共性技术方面取得重点突破。顺应世界科技发展潮流，坚持自主创新，扎实提高持续创新能力，是实现滨海新区科技快速发展的必由之路。

第三节　滨海新区科技创新中的关键问题

以技术创新代替资源的投入和环境的消耗来推动经济和社会的发展是联合国认定的21世纪面临的四大问题之一，创新已经是决定一个企业或者一个地区生存发展的首要问题。世界经济发展的历史和实践也证明，一个国家和地区要不断提升经济竞争力，关键在于不断提升其科技创新能力。滨海新区作为中国经济增长新的引擎，提升其经济竞争力必然要依靠科技创新，而其科技创新首先要解决的关键问题就是区域整体创新和共性技术研发。

一 区域整体创新平台与共性技术研发对地区产业创新能力的影响

站在区域政府的立场，强化区域的整体创新优势是其最重要的课题之一。现代的创新竞争具有整体性特征，一个优秀的企业，如果没有处在一个创新能力强的区域创新系统中，其优势便很难发挥也很难持久；反之，一个良好的区域创新环境能够快速提升区域内企业创新能力，这是硅谷内特别强调创新能力的企业不愿意离开硅谷的一个原因，同时也是硅谷能够产生集聚效应的一个原因。也就是说，区域技术的创新能力不是决定于该地区单个企业创新能力的简单相加，而是决定于该地区的区域整体创新能力，在共性技术的研发上尤其如此。21世纪的技术创新呈现出区域的整体性。

通过带有区域特性的宏观网络和微观的机制，企业之间可以整合有限的资源进行互补性的合作开发，可以有效地将技术溢出内部化，实现技术创新的规模经济和协同效应，这些无论是对区域内产业的整体竞争力提高，还是对区域内单个企业竞争力的提高都有重要意义。

浦东新区和深圳作为我国科技创新的前沿地区，都将区域整体创新体系的构建作为该地区科技创新发展的关键问题，探索性地构建了适合本地实际的公共创新平台或者公共研发转化平台。实践证明，这种做法对于该地区科技创新的发展和经济辐射作用的发挥起到了积极的推动作用。

二 浦东新区区域整体创新平台发展经验

浦东以张江“创新港”为标志，在全国率先构建了一个高效共享的创新服务体系：对于公益性、实体性的科技创新公共平台，由政府投资建设，购买社会服务来运营管理；对于兼有公益性和经营性的平台，以企业投资为主，政府投资一次性补贴，由企业经营管理；“十一五”期间，浦东的基建财力投资每年安排1亿元，支持公共平台建设投资或投资补贴。

浦东新区构建了由自主创新“六大体系”构成的创新网络平台：创新服务体系；以高新技术产业为主导的现代产业体系；利用国家配套政策出台和逐步落实的重大机遇，率先建立鼓励自主创新的政策扶持体系；加大政府购买服务的力度，在新区重点产业和先导产业领域，推进成立产业联盟、技术联盟等各类产、学、研一体化组织；结合国家知识产权示范园区的建设，形成符合国际惯例的知识产权创造及保护体系；通过完善的激励机制和人才中介服务机构，形成以企业家为核心的创新人文环境体系。

三 深圳区域整体创新平台发展经验

《深圳市科技创新公共技术平台“十一五”发展规划（2006～2010）》（以下简称《规划》）提出，以提升自主创新能力为主线，面向高新产业和循环经济，大手笔规划建设和完善科技创新公共技术平台体系，重点打造十大平台，以弥补断裂的创新链，提高社会研发效率，构建区域创新体系。

根据《规划》，深圳市在“十一五”期间建设10个公共技术平台，包括：科技文献服务和管理决策支持平台；大型仪器设备共享和科技资源保障平台；研发和试验协作平台；创新技术产品开发平台；行业公共技术服务平台；专业技术服务平台；检验检测服务平台；科技创新投融资平台；科技成果转移孵化平台；科技合作交流咨询培训平台。

在建设科技文献服务和管理决策支持平台方面，将用5年左右时间建立一个适应深圳市国际化高科技城市发展需要的、集成国内外高新技术信息的、资源共享的大型科技数据库和科技信息网，面向企业、产业、研发开展社会化公共科技信息服务。到2007年底，联合深圳市科技信息机构建成深圳市科技信息检索基地和三级网络，引进国内外大型数据库（网络版）实现城域网检索，形成粗具规模的全市科技文献服务体系。到2010年底，初步建成能满足深圳市高新技术研发及其产业发展需要的大型科技数据库和科技信息网，形成完善的科技信息服务体系。

在建设大型仪器设备共享和科技资源保障平台方面，深圳将建设实验动物中心，每年提供实验动物22万只以上，为深圳生物医药产业的研究、开发与生产提供支撑；引进先进技术，将实验动物生产发展为一项产业，使深圳成为生命科学实验研究外包基地。其建设方式是由政府资助，社会力量兴办建设经营，政府给予一期建设经费不超过30%的补助，并在运行过程中，根据为企业和社会提供服务的质量和数量给予适当的资金补助。

在建设科技创新投融资平台方面，深圳将以中国（华南）国际技术产权交易中心为重点建设项目，将其建设成为以技术产权交易为核心的，集交易、融资、信息交流、咨询服务、交流沟通和资源整合为一体的华南地区科技创业综合商务平台。其发展目标是形成立足深圳，辐射华南地区，服务全国的技术产权交易市场。2008 年，建成为泛珠三角洲地区统一的技术权益资本市场体系，形成多层次资本市场的重要组成部分，为 3000 家以上科技型企业提供进场服务，交易额达到 1000 亿元人民币。

深圳还将建设完成深圳科技资源协作共享网，开始对外服务。该网络是由大型科研仪器设备、情报信息、科研机构、人才、专业技术服务、技术转移中心等科技资源，以及中国香港地区的科技资源，共同通过网络构成深圳科技创新资源共享协作门户服务系统，成为各平台的信息集散地和对外服务的窗口，主要提供包括大型科研仪器共享服务、公共专业研究机构合作服务、行业检测服务、技术难题解决、科技企业创业服务、专家评价服务、科技决策、管理工具服务、深港创新圈。

四 构建区域整体创新平台是滨海新区科技创新的关键问题

从滨海新区科技发展现状以及相关规划中可以看出，滨海新区科技发展在环渤海地区科技发展中具有较强的优势。目前滨海新区已经开始积极推动区域整体科技创新平台发展，并逐步形成在一定区域之内具有开放边界的、要素完备、配置高效、网络互动、充满活力的创新体系。在这个体系中，有以高等院校和重点科研院所为依托的科学研究体系，有以企业为主体、产业技术创新为重点的技术创新体系；有以促进知识、技术转移为目标的创新服务体系，有以制度创新和环境建设为重点的政府宏观调控体系，有以政府投入为引导的社会多元化投入体系。为实现该体系的建设，目前滨海新区科技创新发展还急需解决以下问题：

（1）需要强化基础服务体系的科技服务功能。基础服务体系包括知识创造体系、技术开发体系和科技服务体系。尽管滨海新区在建立技术开发体系、知识创造体系方面还有很多事情要做，但科技服务体系是目前更紧迫的问题，尤其是需要进一步明确在科技服务体系建设方面的政府管理机构。

（2）需要强化环渤海地区科研院所与当地企业的联系。从调研来看，目前滨海新区产、学、研的合作比较少，资源共享和优势互补的创新体系还没有健全起来，尤其是科研院所与本地企业之间的沟通渠道不畅。

（3）需要区别单一要素创新和综合要素创新。单一要素创新应该交由企业或行业协会推动，综合要素创新主要由滨海新区政府推动，尤其是政府应该致力于合理的产业结构、高效的产业组织模式的建立。而滨海新区目前采取的扶持重点项目的政策，其实质是在将主要精力放在单一要素创新上，在产业整合和产业组织结构的优化方面的作为有限。

（4）需要出台鼓励各种资本进入科技产业的政策。扩大市场准入，准许并引导更多的资本投资到科技产业中来，为科技产业发展开辟更新的创新集资途径，发展以风险投资为主，集合种子资金和产业基金的链式投融资体系，以适应科技产业不同的发展阶段对风险资金的要求，建立和完善包括股权融资、贴息融资、风险投资、担保融资、上市融资、政府配套支持等多种融资方式的科技产业投融资体系。

（5）需要健全中介机构，强化产业内外、国内外的合作。中介结构是区域创新的润滑剂，在创新体系中起着资源整理、定价、推介的作用，可降低科研机构和企业之间的信息不对称，是创新中不可或缺的要素。明确支持科技中介机构的政策出台既可以学习外部的先进经验，也可以宣传企业，扩大影响。

（6）需要建立大型科技产业的产业信息平台。产业信息平台的建立有助于为产业的成果、资金、产品、人才等互动提供有效的信息导向。目前国内已出现了数个科技产业的相关网站，如医药产业平台，但功能和可靠性都有待加强。信息平台可以为科技产业发展提供有效的信息流通环境，为各创新主体搭桥，提供低成本的便捷通道。

从滨海新区科技发展规划可以看出，滨海新区科技发展具有较强的优势。从滨海新区自身发展条件和环渤海地区、“三北”地区及东北亚的经济现状分析，滨海新区在这些区域经济互动中的核心作用应当主要体现在科技创新和产业创新方面。通过新技术、新工艺提高产业的可持续化、高效化的发展能力，以促进区域的产业升级，实现地区经济的稳健发展，而这一作用则应通过构建滨海新区区域整体创新平台，兴建滨海新区科技研发与转化基地；通过扩散和聚集作用形成环渤海地区的科技创新虚拟联盟，承接北京的科技优势，并形成引领科技创新的功能，形成环渤海地区新的经济增长极和科技增长极来实现。

第四节 滨海新区研发与转化基地运行模式研究

一 滨海新区研发与转化基地的发展定位

滨海新区要综合解决研发与转化基地中的关键问题，就需要紧紧抓住滨海新区新一轮开发建设的历史机遇和跨国公司高端技术战略性转移的契机，继续推进区域整体创新平台的建设，依托京津两大都市的人才优势和科技优势，以全国一流、世界先进、具有国际竞争力为目标，采取物理空间和虚拟空间相结合的方式，以联合开发、创建产业技术联盟和创新技术转移联盟等形式，通过提高制造产业核心技术的集成创新、消化吸收再创新能力和提高高新技术产业的原始创新能力；通过以产品、产业为中心的科技资源的整合以及具有区域特色的技术支撑平台、科技研发和成果转化的技术服务平台、人才和信息等创新要素的集聚平台的建立与完善；通过科技体制创新、政策创新、机制创新，构建完整的创新生态，形成研发资源的强大集聚，提升新区科技创新能级，从而把滨海新区建成以产业技术创新为特色的，立足天津，服务环渤海，辐射“三北”，面向东北亚的，具有较强的集聚功能和辐射功能的制造业基础共性技术、先进制造技术、关键技术的研发基地以及科技成果的转化基地，构建区域整体创新平台，真正成为带动环渤海地区科技创新和产业化，促进环渤海地区经济增长的引擎。

二 建设滨海新区研发与转化基地的基本原则

1. 整体化原则

建设滨海新区研发与转化基地，要摆脱计划经济体制下形成的旧观念的束缚，淡化旧有的市属的概念，从更高的层次、更完整的系统观来看待滨海新区研发与转化基地的发展，将区域科技创新体系纳入国家创新体系的整体框架之下，强化环渤海意识，克服地方观念。

2. 突出特色原则

建设滨海新区研发与转化基地要针对环渤海地区区域之间经济和科技发展的特点和优势，在推进滨海新区研发与转化基地建设中，突出区域特色和优势。大力培育和发展地方产业集群，形成新的经济增长点，促进区域优势产业的发展，不断提高产业的竞争能力。

3. 服务化原则

建设滨海新区研发与转化基地就要不断转变观念，强化服务意识，完善服务体系，培育服务能力，提高服务水平，重视并努力培育有利于创新的环境，通过服务营造良好的研发与转化氛围。

4. 对接性原则

推进滨海新区研发与转化基地建设必须坚持服务地方经济和社会发展的目标，使科技更好地服务于地方经济和社会的发展。要紧紧围绕经济和社会发展所面临的突出问题，设计科技创新体系，实现滨海新区研发与转化基地和天津地区乃至环渤海地区产业改造的对接。

不仅如此，天津地区乃至环渤海地区产业改造需要解决的重大技术问题，仅仅依靠滨海新区研发与转化基地是远远不够的。环渤海地区知识创新能力的增长需依靠全国知识创新能力的增长带动，是与国家创新体系相互作用的结果。因此，必须实施滨海新区研发与转化基地科技体系建设与国家创新体系的对接，使滨海新区研发与转化基地成为国家创新体系的一个重要组成部分。

5. 共享和互动原则

区域资源开发合作，强调在共同利益基础之上合作，只有这样，才能调动区域内各市共同的积极性，从而为区域共同发展而努力。因此滨海新区研发与转化基地建设要破除狭隘的以自我为中心的“独赢”思维，确立起共同利益基础之上的“多赢、共赢”思维，实现信息资源、制度改革成果共享。

滨海新区研发与转化基地建设必须把促进区域间的共享和互动放在突出位置。按照“优势互补”、“利益共享”的原则，鼓励和引导环渤海地区现有企业、科研机构、高等院校以及社会各类科技资源之间进行整合，真正实现科技、经济和教育的有机结合，形成各种创新要素的互动，使各方面科技力量相互关联，优势集成，在不断提高微观活力的基础上形成总体创新优势。

6. 市场主导原则

加快滨海新区研发与转化基地创新体系开发利用步伐，形成区域资源联动之势，是市场经济发展的客观要求。因此，天津市各个区县要提高认识，遵循市场经济的客观规律，切实转变职能，打破狭隘的行政区域观念，摒弃地方保护主义思想，消除相互间的政策壁垒，充分发挥市场开发配置人才资源的基础性作用，积极谋求和推动环渤海地区统一大市场的形成。

7. 开放自主原则

滨海新区研发与转化基地的建设要面向环渤海、面向全国、面向东北亚、面向世界，实行开放性区域主义，不但不排斥环渤海地区各省市已存在的双边或多边合作关系，而且要充分利用这些合作成果，与它们相互补充、相互促进、相得益彰。此外，滨海新区研发与转化基地建设要适应客观实际情况，提倡自主加入、自愿退出，没有强制性束缚。

三 滨海新区研发与转化基地的基础建设

研发与转化基地的基础建设应包括研发基地的基础建设和成果转化基地的基础建设两部分（图 3-4），基础建设应突出多元化和高度开放的特点。多元化是指工业企业、科研机构和高等院校作为研发与转化基地的主体，既相互分工，又相互协调，在运行体系中充当不同的角色，发挥各自特有的功能。高度开放是指面向环渤海，服务环渤海，吸引环渤海地区的工业企业、科研机构和高等院校参与其中，并对外引进国际先进技术、资金和管理，进行消化吸收和自主创新。

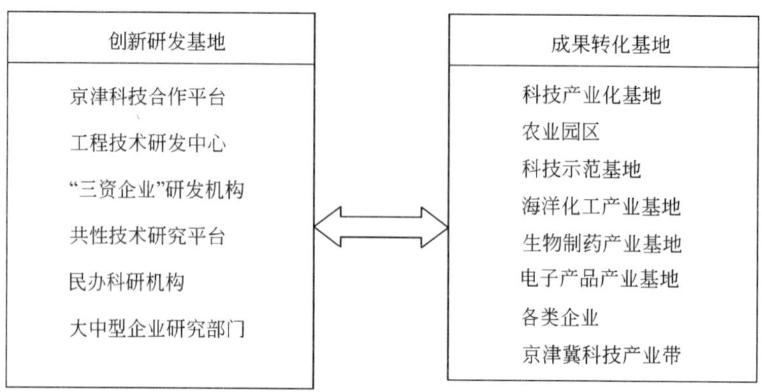

图 3-4　滨海新区研发与转化基地两大基础平台构成图

（一）滨海新区研发基地的基础建设

在研发基地建设过程中，应打破传统的研发模式，以产品、产业为中心，对京津冀地区重点实验室、工程技术中心、科研院校的科技资源进行整合，推进技术平台的建设，提升科技创新能力，加大技术转移和科技资源共享。加大政策扶持和项目倾斜，重点在电子信息、新能源、新材料、生物技术与医药等领域，集中财力、物力、人力，采用新体制、新机制，建设光电子、现代医药、造血干细胞等科学研究中心，加强产业核心技术的研发，建立自主知识产权，缩短与国际水平的差距。同时，积极推动高新技术企业和民营科技企业的研究与开发，发挥其在科学技术发展中的带头示范作用；大力吸引国内高等院校、科研机构、企业财团来津建立研究开发机构；积极创造条件，鼓励和引导外商独资企业和跨国公司在津建立一批研发机构，并促进其研究开发机构人才的本地化。与中国科学院共建再生医学研究所、工业微生物及发酵技术工程中心、纳米技术研究院，组建滨海工业技术研究院，提升新区科技创新能级。到 2010 年，国家级和市级研发机构将达到 100 家，企业研发中心将达到 200 家。其中天津水科学与综合利用、细胞产品等两家技术研究中心达到世界一流水平，信息安全、重型技术装备、汽车电子、海水淡化与利用、生物芯片、现代中药、食品发酵技术、材料装备等 8 家工程技术研究中心达到国内领先水平。

（二）滨海新区成果转化基地的基础建设

采取联合共建的方式，市场主导和政府引导相结合，广泛吸纳民间资本，并以"突出特色，强化服务，促进高新技术产业发展"为宗旨，建立民营科技园，使其与六大优势产业的发展结合起来，成为民营经济的技术创新基地、科技成果转化基地、高新技术企业孵化和成长基地；加大支持力度，建设大学科技园，引进或合建大学研究机构，吸引校办企业入园，鼓励大学生创业入园，加强商业策划、企业诊断、管理培训与人力资源配备等服务，充分利用各高等院校的顶尖技术、优秀项目和人才，建设大学科技成果转化基地；创建农业科技园和农业科技示范基地，使其成为农业高新科技成果研发、孵化、示范基地，成为环渤海地区农业科技和信息的辐射源。在上述基础上，结合产业发展需要，建设一批国家级和省级的特色科技产业化基地，主要为海洋化工产业基地、生物制药产业基地、电子产品产业基地。通过建设比较完善的基础设施，组合各种创新要素和人才，形成相互衔接的产业链、价值链和协作链，产生集聚效应和激励效应，加快产业科技成果转化基地建设。

四 滨海新区研发与转化基地的管理机制建设

区域性的科技产业研发与转化基地，其组织管理模式大致可分为行政主导型、“公司制”和混合型三大类（表 3-1）。

表 3-1 区域性科技产业研发与转化基地组织管理模式

<table>
<tr><th colspan="2">管理模式</th><th>具体内容</th></tr>
<tr><td colspan="2">行政主导型</td><td>突出强调政府行政部门在基地管理中的主导作用，由所在地区的地方政府或政府业务部门进行直接管理。行政主导型管理模式根据基地管委会的职能强弱又可分为“纵向协调型”管理模式和“集中管理型”管理模式两种</td></tr>
<tr><td colspan="2">“公司制”</td><td>这种管理模式主要是以企业作为科技产业化基地的开发者与管理者。通过建立经济贸易发展开发总公司作为经济法人，来组织基地内的经济活动，并由经济贸易发展开发总公司承担部分政府职能</td></tr>
<tr><td rowspan="2">混合型</td><td>政企合一型</td><td>政企合一型管理模式类似地方的行政管理模式，它是在管委会下设一个发展总公司。管委会负责决策、职能管理以及服务性工作，而下设的发展总公司一般负责基地内的基础设施建设，这种发展总公司虽然有的是经济实体，但管理行为很大程度上仍然是行政性的。管委会和总公司在人员设置上相互混合，管委会主任和发展总公司总经理通常是互相兼任，即通常所说的“两块牌子，一套班子”</td></tr>
<tr><td>政企分开型</td><td>在政企分开型管理模式下，管委会作为地方政府的派出机构行使政府管理职权，不直接运用行政权力干预企业的经营活动，只起监督协调作用，而产业化基地的所有公司（包括总公司和专业公司）作为独立的经济法人，实现企业内部的自我管理，从而实现政府的行政权与企业的经营权相分离。政企分开型管理模式主要是管委会与联合公司并存模式</td></tr>
</table>

根据滨海新区的实际情况，在滨海新区研发与转化基地建设过程中，本书建议建立以虚拟企业联盟为依托的政企分开型管理模式。由天津市政府、科委等部门组成管委会，作为政府派出的机构行使管理职权，而在基地的建设和项目的引进过程中，采取虚拟企业联盟的形式，将相关的高等院校、科研机构以及企业的研发部门引入，作为新区研发与转化基地的基础平台。从某种意义上说，高校、科研机构的基础研究是企业进行研发与转化的源泉。企业与高等院校、科研机构之间所存在的资源互补和相互依赖的关系正是产、学、研联盟合作的物质基础。通过科研院所和企业之间建立合作联盟关系，或者鼓励企业将自有的创新技术在转化基地进行转化并向区外进行推广，提高技术转化的成功率，从而推动滨海新区研发与转化基地的运行。

五 滨海新区研发与转化基地运行模式的构建

（一）滨海新区研发与转化基地运行模式

围绕滨海新区研发与转化基地的定位，经过15年左右的努力，到2020年把滨海新区建设成为具有较强自主创新能力的现代化制造研发与转化基地。为此，“十一五”时期应着力实施“二、五、五”工程，即：两大基地——创新研发基地和转化基地；五大主体——企业、科研机构、金融机构、中介机构和政府；五大体系——投融资体系、制度体系、支持体系、科技体系和中介体系（图3-5）。

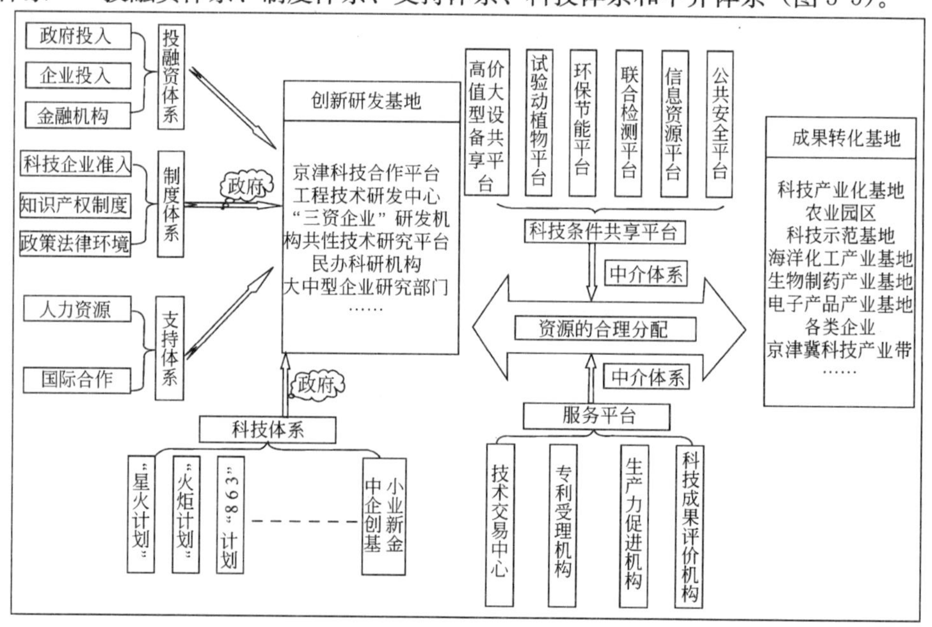

图3-5 滨海新区研发与转化基地运行模式图

在滨海新区，构建六大优势产业创新链，以联合体和虚拟技术联盟的形式进行研发基地的建设，形成五大平台，即：以组建重点实验室为突破口的知识创新平台；以培育科技企业孵化器为重点的社会创业平台；以工程技术研究中心、生产力促进中心为载体的科技成果转移平台；以信息网络为纽带的科技条件共享平台；以培育风险投资机制为核心的科技创新创业投融资平台，并尝试"试验室—中试基地—产业园"一条龙转化模式。

（二）滨海新区研发与转化基地运行模式的特点

滨海新区研发与转化基地的有效运行，依赖于组成系统各要素的自身特征、系统要素之间的相互作用关系、系统运行的状态及环境对系统的影响程度等。滨海新区研发与转化基地运行系统是以企业、科技成果提供者、中介机构、政府等多个相互联系、相互依赖、相互作用、相互制约的主体要素集合而成，是实现从科技成果到产品实现商业价值整体功能和综合行为的统一体。

此研发与转化基地运行的系统模型的构建体现了滨海新区科技发展的持续性、协调性和运行环境的有效性三个特点。

(1) 持续性：充分考虑了研发与转化活动核心主体的科技企业在实施研发过程中的稳定性和持久性，包括单个研发与转化项目由立项到中试到形成生产规模各个运行阶段的持续能力和科研基地发展过程中不断实施研发与转化活动的延续能力。

(2) 协调性：强调了在研发与转化过程中组成系统的各主体之间、系统运行的各阶段之间及创新过程中的资源配置等方面的协调程度。创新主体协调性包括研发与转化活动中政府有关部门、金融机构、科研机构、企业、中介机构等参与主体之间的相互协调发展。创新资源协调性包括研发与转化活动中资金、技术、人员、设备、信息等各类资源条件种类构成上的协调性、质和量上的协调性、创新各环节资源分布及配置方面的协调性等。

(3) 有效性：突出了构成研发与转化系统运行的宏观环境对此系统运行的适宜和支持程度。根据其环境要素内容和性质不同，体现在经济环境有效性、市场环境有效性、科学技术环境有效性、政策法规环境有效性、管理体制环境有效性等方面。

（三）滨海新区研发与转化基地的五大主体的构成

一般而言，研发与转化基地的组织主要包括企业、大学和研究机构、中介服务机构、金融机构和政府等。

1. 企业

企业是实施科技研发与转化的主体，这里的企业指的是那些具有研发与转化能力并对于创新有明显需求的企业，而不是所有的企业。作为缺乏足够的实力来营建自己R&D机构的小企业来说，单个的企业，尤其是从事传统产品生产的企业来说，基本上无法承担需要大量资金和人力资源投入的研发活动。但是这并不意味着小企业无须也无法完成创新活动。在区域研发与转化中，小企业与大企业同等重要。大企业具有很强的资金和技术实力，使它们有能力从事产品创新与大规模的工艺创新，而小企业机制灵活，创新动力大。小企业依靠地区知识网络取得对创新过程的重要投入，可以借助外界的研发力量从事创新，也可以通过企业间的联合，组成企业群，共同分担创新的成本，分享创新的成果。小企业通过社会网络关系，克服了资源紧缺、研究开发费用不足、人力资源有限的劣势，在区域研发与转化中发挥了创新机制灵活、创新效率高的独特作用。充分认识到小企业在城市系统中的作用，对于制定区域研发与转化政策具有重要意义。

企业家、研究与开发人员和市场开拓人员是企业研发与转化的直接承担者。企业家是研发与转化的组织者，在研发与转化活动中处于主导地位；研究与开发人员从事新技术的研究与开发，在研发与转化活动中处于关键地位；市场开发人员在研发与转化活动中处于不可或缺的地位。因此，企业创新体系的构建主要包括企业家的选择、研究与开发队伍的组织和创新型市场营销队伍的建设几个重要的方面。

企业家是创新活动的组织者和领导者，在企业创新过程中处于主导地位。有些重大的创新活动其成败关键在于对创新活动进行创造性的决策。能否从众多的创新机会和创新环节中遴选出合适企业特点的创新方案是衡量企业家是否具有创新能力的一项重要标准。因此，企业家不仅需要具有全面的知识、丰富的经验和良好的心理素质，更重要的是要具备对现状的永不满足、对新技术的强烈兴趣和对市场的敏锐洞察力等创新特征。

研究开发人员是企业研发与转化活动新产品、新工艺的研究开发者，其核心任务是为企业及时研究开发具有市场前景的新产品。他们的创造性主要表现在以下三个方面：对技术发展机会的创造性的选择；对新产品、新工艺的创造性开发；对研发的新产品、新工艺通过中试和试生产把新产品、新工艺推向实用化。研究开发人员应该具备信息捕获和处理、发现问题、提出问题、分析问题和解决问题及实际操作等多种能力。对研究开发活动的管理人员来说，还需要具备计划、组织、控制和协调等管理能力。当然，一个企业研发与转化水平的高低不是取决于某一个或某几个研究开发人员的水平，而通常是由区域研究开发队伍的整体水平决定的。因此，对于企业研发与转化管理工作而言，面临的一项重要任务是合理地搭配研究开发力量，建立合理的企业研究开发队伍。合理的研究开发队伍不仅体现在年龄、学历和职称等外层结构的合理搭配，更重要的是要让研究开发人员在知识、能力和个性等方面具有较强的互补性。

市场开发人员是企业研发与转化活动中不可或缺的重要组成部分。市场营销是研发与转化活动的最后一个环节，但却非常重要，有时甚至是决定性的。统计数据表明，因市场营销活动不成功而导致研发与转化活动失败的比例大约是63%。在市场竞争日趋激烈的条件下，市场开发人员肩负的任务一方面是寻找和开发市场、推销产品和提供售前售后服务，另一方面是为企业进行新产品开发搜集情报信息并及时捕获市场商机。市场营销人员在研发与转化过程中的创造性集中体现在市场和机会创造两个方面。因此，市场开发活动需要具有创造性的成员来承担。这就要求市场开发人员具有较强的市场调研、分析、预测和判断能力。因此，培训和造就一批富有创造精神和创造能力的市场开发人员是企业研发与转化体系建设的一项极其重要的任务。

2. 大学和研究机构

在知识经济时代，大学和研究机构在研发与转化系统建设中的作用显得越来越突出，因为企业的创新活动越来越依赖于大学和研究机构的理论研究所产生的指示。大学和研究机构是从事科学研究、知识创新、技术开发及传播知识的主体，其基本功能主要包括：

(1) 为企业研发与转化提供技术源。大学和研究机构的实力和水平决定着科技是否可以为当前的经济发展提供研究成果，以及从外部引进科技时，能否很快地加以消化、吸收和使用。大学和研究机构不仅通过科学研究和知识创新，为城市提供丰富的知识与技术资源，而且通过技术转让为企业研发与转化提供技术，通过与企业合作研究，接受企业委托研究等方式为企业创造大量的科技成果。这种现象被称之为产、学、研一体化的研发与转化合作方式，目前已成为我国很多城市仅次于技术引进的第二创新渠道。

(2) 科研成果产业化。大学和研究机构可以直接将自己的科技成果产业化，在产业化自己的研究成果时，催生了大批科技型企业，这些科技企业又成为科研成果产业化的孵化器。

(3) 为研发与转化输送人才和培训人才。在知识经济时代，科技人才在加快发展高技术产业、提高区域研发与转化能力中的作用越来越突出。在提供高素质人才方面，大学和科研机构起到了基础性的作用。大学和科研机构另一个重要作用是为创新提供新知识、新技术的培训和人才的继续教育，这是一个城市是否能保持持续创新的关键。

(4) 为企业研发与转化提供服务。大学和科研机构可以为企业研发与转化提供信息、标准、测试建设的政策建议，与企业同步推进、互相配合，使企业研发与转化产生良好的效果。

3. 中介服务体系

广义的研发与转化服务体系，包括科研支持服务体系、中试支持服务体系、生产支持服务体系等。狭义的研发与转化服务体系，则仅指科技中介服务机构。加强研发与转化服务体系的建设，重点是加强中介服务机构的建设。

科技中介服务机构，主要指在研发与转化过程中，在技术的供需双方之间起桥梁作用的机构及活动。科技中介机构应包括提供各类中介服务活动的专门中介机构，也包括从事一定中介服务活动的大学、科研院所、企业、社团及政府部门。中介服务活动的范围广泛和多样化，随研发与转化活动的需求而发展。从目前中介服务活动的发展来看，主要可分为三类：一是对科技成果作进一步修改和完善的工程化、中试和设计等方面的服务，如工程技术研究中心、技术开发中心等；二是为解决研发与转化过程中的各类问题提供信息和解决办法的各种咨询服务，如生产力促进中心、创新咨询公司等；三是为研发与转化活动提供场所、设备等硬件的服务，如高科技园区、创新中心、孵化器等。从所支持的研发与转化要素来看，研发与转化中介服务机构可以分为：提供资金支持的资金中介、提供技术支持的技术中介、提供信息支持的信息中介、提供人才支持的人才中介。

公共中介服务提供支持和服务，包括为研发与转化提供良好的环境，引导和支持某些关键技术领域；民营服务机构的作用则是通过商社、咨询机构、个人、专门的技术中介机构等为创新服务。

4. 金融机构

一个完整的研发与转化过程包括基础研究、应用研究、中间研究、样品试制、商业化和产业化等若干发展阶段。由于不同发展阶段具有不同的风险特征，因此不同的资金供给介入的阶段是有所区别的。一般而言，基础研究阶段应主要由国家投入为主体，商业化和产业化阶段应主要由企业和银行来投入，而中间试验和样品试制阶段则应通过企业自身、风险资金和国家提供一部分种子基金来解决。因此，在研发与转化的初期以及市场开拓时最需要国家的帮助，一旦进入市场，则完全是企业化和市场化的行为。

企业是研发与转化的投资主体，但由于企业的财力有限，在创新的中期和后期，资金的需求量大，仅依靠企业自身的力量显然是不够的。因此，需要采取各种有效途径积极引导各种资金进入研发与转化领域，包括吸收投资机构参股、社会集资、发行债券、股票、吸引外资、银行贷款等多种渠道的资金。因此，需要采取改革金融机构的管理体制、建立和发展研发与转化基金、培育和完善风险投资市场等一系列的积极有效措施，大力支持企业研发与转化活动，提高区域研发与转化能力。

5. 政府

在当今社会，区域研发与转化是一个在一定制度、组织和文化背景下所进行的技术活动，市场在激励研发与转化方面具有自我组织、自我加强的作用，但市场在激励研发与转化方面，也存在若干缺陷，这就要求政府从整个城市的全局角度，在协调区域研发与转化系统中发挥积极的作用。政府作为区域研发与转化系统中的行为组织者之一，在研发与转化中起到了十分重要的作用。

(1) 启动研发与转化。政府应加速法律制度的创新，建立健全有利于企业研发与转化的制度和政策体系。其中包括与研发与转化直接相关的技术标准、风险管理制度、知识产权制度、奖励制度、评价体系、科技咨询和服务体系、税收制度、政府采购制度等，以及与市场机制的健全有关的合同、人事、雇佣等制度。

(2) 引导研发与转化。通过政府的直接投资及项目、财政、税收等方面的优惠，来引导带动社会各方面对研发与转化的投入，给企业研发与转化创造各种合作机会，以增强企业研发与转化能力。此外，政府应尽快制定企业研发与转化能力的评价指标体系，使研发与转化工作系统化、规范化，从而保证研发与转化工作健康有序地向前发展。

(3) 激励研发与转化。激励政策应包括：鼓励发展高新技术产业，创办高新技术企业，开发高新技术产品；鼓励企业建立产、学、研长期稳定的合作机制，开发具有自主知识产权的核心技术和名牌产品，确定一批产、学、研开发重点建设工程，进一步探索服务模式和运行机制；鼓励科研院所从事研究开发的人才走向企业，面向市场；允许科技人员入股和参与分配，并对有重大创新成果和突出贡献的科技人员实行重奖，调动企业研发与转化工作的积极性。

(4) 推动研发与转化。政府通过给研发与转化提供税收优惠政策等手段，促使企业自发组织或由行业组织牵头，加强企业间的联系，以共同开发、共建研发机构、形成产业群等形式，促进企业之间的知识流动，刺激企业研发与转化的欲望。

(5) 保护研发与转化。政府给企业研发与转化提供应有的法律法规，以保障企业创新的权利和规范企业研发与转化的行为。

(四) 滨海新区研发与转化基地五大体系的构成

所构建的滨海新区研发与转化基地运行模式中包括研发与转化投融资体系、研发与转化制度体系、研发与转化支持体系、研发与转化科技体系以及研发与转化中介体系五大体系。

1. 投融资体系

政府可将过去财政给予企业的各种直接、间接补贴转为支持企业的技术创新，对关键性行业进行示范性高风险投入，引导创办产业孵化器。与此同时，鼓励条件成熟的创业投资公司和基金上市，多渠道吸引民间资金，逐渐形成包括企业、金融机构、各种社会保障基金、外资及个人在内的多元投资主体；探索建立符合市场经济要求的风险投资机制，设立政府专项科技风险引导资金，用于风险补贴，引导保护社会资金投资平台建设的积极性；完善科技创业投资的运作机制，扩大创业资本的退出渠道。逐步推广以有限合伙制的形式组建创业投资公司或基金的做法，加强环渤海地区核心城市的产权交易市场的建设；建立全方位、多层次的投融资社会中介机构服务体系，包括标准认证机构、知识产权估价机构、市场潜力调查机构、承担连带责任的督导机构、专业性融资担保机构、创业投资行业协会等。具体构成见图 3-6。

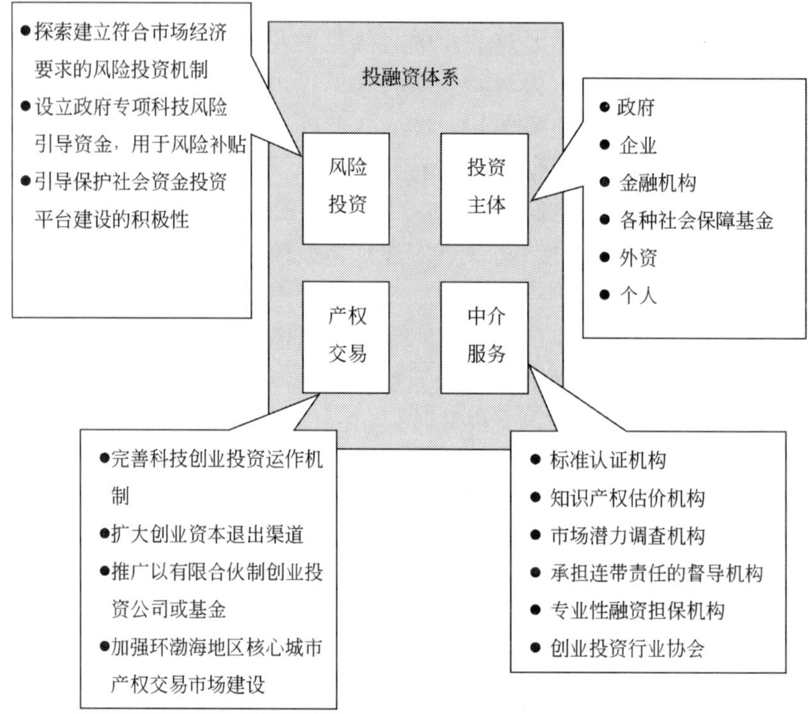

图 3-6 滨海新区研发与转化基地投融资体系构成图

投融资体系的特点是：突出由“政府投入主导型”向“政府投入推动型”的转变。政府通过开放式研发与转化科技平台的建设和政府投入的示范效应，将更多的投入主体吸引到研发与转化基地，形成多元化的投入局面。

2. 制度体系

深化科技体制改革，完善科技企业准入体系，形成宽松的科技中小企业市场准入机制，从而大力吸引不同所有制性质、不同区域、不同要素形式的资本在新区投资创办企业。

完善知识产权保护制度，强化知识产权管理，组织研究高新技术产业的知识产权策略，促进企业和科研机构形成自主知识产权。重大科技计划应以获得发明专利为立项目标和验收指标，进一步加强科技项目研究成果知识产权管理。做好发明专利的申请奖励和已授权发明专利的转化和产业化工作，处理好引进、消化、吸收及创新技术中的专利保护问题，实现与国际的接轨，推动技术发明的产业化。

建立科学、合理的政策体系，避免低端优惠政策的恶性竞争。对现有建立起的政策体系要加强落实，采取措施方便入区企业享受政策，真正从政策中受益，发挥政策应有的作用。同时，在新的法规政策制定过程中，要考虑法规政策的科学性、可操作性以及对研发与转化基地建设的促进引导作用，充分发挥法规政策的扶持引导作用。

制度体系的特点是：突出高效率和间接控制。政府在研发与转化基地运行过程中，宏观调控的重点是解决市场失效和系统失效方面的问题，主要是通过制定一系列的法律、法规与政策来引导、激励和推动研发与转化基地的运行，而不是直接参与到科技企业的生产经营当中。

3. 支持体系

国际合作体系：以政府引导、市场运作为原则，通过国际科技合作计划的实施，推动相关企业、单位与国外大企业特别是跨国公司的合作。支持企业、高等院校、科研机构引进国外高层次科技专家，联合建立开放式的重点实验室和研究开发中心。鼓励有条件的企业集团和高新技术企业在境外兴办研发机构和中试基地，培育一批国际科技合作基地。通过政策扶持和打造对外合作平台，吸引海外高水平科技中介机构到新区开展服务，鼓励创业服务中心等创新服务机构与国外企业孵化器、科学园区建立各种形式的合作关系，共建国际企业孵化器和海外孵化基地。发挥对外合作平台的作用，积极开辟新的合作渠道。抓住日本、韩国产业转移的机遇，重点建立面向日本、韩国的高新技术产业协作区。抓住欧盟第六框架对华开放的有利时机，加强与欧盟第六框架的对接，设立新区驻欧盟科技合作办事处。加强与独联体国家的科技合作，突出抓好中俄、中白、中乌科技合作基地和园区建设。进一步加强与亚太经济合作组织的合作，建设好 APEC 工业园。加强与印度在软件领域、与古巴在生物技术领域的合作。

人力资源体系：坚持以人为本，强化人才的引进、培养和使用，发展壮大科技研发、技术中介服务、科技企业家、科技管理、科技政策法规研究等几支队伍。实施各类优秀人才计划，加快培养各类科技人才。以留学生创业园、各类科技园区和基地、重点实验室为主要载体，加快引进各类科技人才，培养一批科技企业家。试行建立技术中介服务人员资格证书管理制度，加强业务培训，形成一支科技咨询、评估、风险投资家队伍。各级科技行政部门都要建立和完善科技人才信息库。进一步完善奖励分配制度，充分调动科技人员创新创业的积极性。加强思想建设、组织建设、作风建设，增强人员素质，增强服务观念，提高工作效率，建设学习型、创新型、服务型的科技管理队伍。进一步完善奖励分配制度，充分调动科技人员创新创业的积极性，形成有力的人才保障体系。

支持体系的特点是：突出多层次、分阶段和多元手段的整合和逐步推进。培养适合研发与转化体系运行的各类型人才，展开各种形式的国际合作，这是支持滨海新区研发与转化基地运行的有效保证。

4. 科技体系

鼓励研发与转化基地内的企业和科研机构积极进行“星火计划”、“火炬计划”等科学项目的研究，将研究与转化结合，使研究为转化服务，通过基地的有效运行尽快将科技成果转化为实际的应用。

科技体系的特点是：突出研发为主导、转化为目标的运行模式。

5. 中介服务体系

建立起有利于技术市场和各类科技服务机构健康发展的组织制度、运行机制和政策法规环境，培育一批服务专业化、运行规范化、发展规模化的骨干科技服务机构，培养造就一支具有较高专业素质和具备相应资质资格的科技服务从业人员队伍，初步形成结构合理、门类齐全、功能完备、开放协作、高效运行的社会化科技服务体系，满足科技研发与成果转化的服务需求，包括以下两个平台。

资源共享平台：注重体制和机制的创新，以科技条件资源整合为主线，以共享共建为核心，建立高价值大型设备共享平台、试验动植物平台、环保节能平台、联合检测平台、信息资源平台、公共安全平台六大平台。

中介平台：通过整合建立技术交易中心、专利受理机构、生产力促进机构和科技成果评价机构，打造成果转化的中介平台。

中介服务体系的特点主要表现为门类齐全、功能活跃的各种研发与转化中介服务组织（图 3-7）。

总之，滨海新区要实现可持续发展，就必须逐步改变过分依赖外资的经济发展模式，下大力气发展具有自主知识产权的高新技术产业。一方面积极进行滨海新区研发与转化基地建设，注重应用型技术创新和科技成果的产业化；另一方面抓好对适用技术的推广应用。

本书构建的滨海新区研发与转化基地系统是由若干行为组织构成的系统，这些行为组织包括：跨国公司和大型企业集团中专设的实验研究机构或技术中心；广泛分布的产业技术研究与服务机构；各具特色的工业设计院所；国家支持的科研战略工程（如国家“863”计划、“火炬计划”等）；技术经济开发区；高新技术产业开发区；产、学、研联合体；研发与转化孵化器；工业化试生产基地；新技术推广服务中心；科技信息咨询服务中心；中介服务机构等。这些行为组织在系统中相互协作、相互影响和相互协同，构成“二、五、五”体系

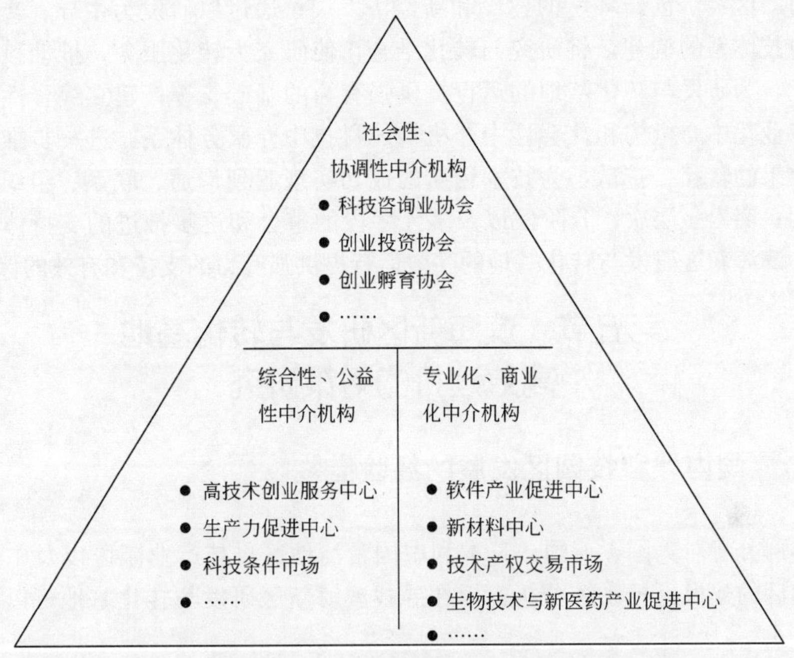

图 3-7　滨海新区研发与转化基地中介服务体系构成图

模式，即：两大基地——创新研发基地和转化基地；五大主体——企业、科研机构、金融机构、中介机构和政府；五大体系——投融资体系、制度体系、支持体系、科技体系和中介体系，共同推动区域研发与转化目标的实现。

在区域研发与转化系统中，企业是研发与转化活动的最重要的行为组织主体。它应逐步成为研发与转化、知识应用和创新投入的主体，因而也是区域研发与转化系统的核心。大学和科研机构是知识生产、应用和传播的重要基地，是区域研发与转化的知识源头。金融支持是企业开展研发与转化的重要保证，良好的金融体系不仅要具备为企业创新提供资金的能力，还要具备对创新的风险和收益的鉴别能力。中介服务机构是沟通知识流动的一个重要环节，是沟通科研机构与知识流动的纽带和桥梁。政府部门主要负责创新政策的制定、实施和创新资源的配置，为技术和知识的流动保驾护航，促使其他主体之间的协作、交流和联合，以提高整个创新系统的运作绩效。

实现滨海新区研发与转化基地的目标定位，需要五大体系的建立完善以及彼此间的协调、配合与支持。从体制和制度入手所建立的包括管理体制、科技产业政策法规制度、投资政策法规制度等内容的制度体系，为滨海新区研发与转化基地的发展构建一个完善的法治环境；通过制度创新所建立的以非公开权益资本市场为核心的，多元化、多渠道、多功能的综合性投融资体系，可架构技术与资本的桥梁，进一步推动滨海新区高新技术成果转化和产业化进程，促进滨海新区经济创新环境的建设和新经济发展；通过以研发为主导、转化为目标的科技体系的构建，将研究与转化结合，使研究为转化服务，推动科技成果的转化，为研发与转化基地的运行提供强有力的基础支撑；建立综合性中介机构、专业化中介机构和社会性中介机构的科技中介服务体系，进一步推动已有技术成果的转移、扩散，为技术创新的成功实现起到沟通、联系、组织、协调等作用；突出多层次、分阶段以及多元手段的整合和逐步推进的支持体系的构建，为滨海新区研发与转化基地的高效运行提供强有力的支持和有效的保证。

第五节　滨海新区研发与转化基地高效运行的对策研究

一　国内外科技园区发展的经验借鉴

本部分将对美国、英国、日本和中国台湾地区科技产业园区以及中国内地主要园区的建设进行系统分析，旨在寻找滨海新区研发与转化基地可以借鉴的经验。

（一）美国硅谷科技园区

从20世纪50年代开始到现在，美国已经建立了100多个科技园区，硅谷科技园区是其中的成功代表。硅谷科技园区的成功是多种因素综合作用的结果，其中法治因素是一个极重要的方面。美国政府所制定的政策、法规不仅符合本国经济的发展，还符合司法判决和约定俗成的习惯，为硅谷高新科技企业创设了良好、公平的法治环境。

（1）美国政府通过法律、政策以及其他相应措施，重视和提倡知识与产业结合，鼓励并扶持大学、科研机构和企业的合作，为实现产、学、研结合奠定了良好的外部氛围。1994年8月，克林顿总统签署的题为《为了国家利益发展科学》的文件，申明“联邦政府应创造一种共同感兴趣项目的开发，旨在刺激大学、科研机构与企业联手，促使科技成果尽快运用于企业生产和市场开发”。而创办高科技园区是实现产、学、研结合的基本模式，研究园和大学之间的依托关系是实现技术转移和技术转化的重要途径。

（2）知识产权制度是推动硅谷技术创新的重要手段。硅谷高新技术产业的持续高速发展，在很大程度上得益于其强有力的知识产权保护。美国在建国之初的1790年就颁布了它的第一部专利法，而美国现行的专利法是1952年颁布的，其间经过多次修订。1999年11月29日，克林顿总统签署了三项与知识产权有关的法令，即《美国发明人保护法》、《反域名抢注消费者保护法》、《卫星家庭电视观众改进法》。这三项法令合并形成了1999年的《知识产权和通信混合改革法》，其中《美国发明人保护法》的内容被编入美国专利法（《美国法典》第35篇）之中。修改后的专利法适应了美国硅谷高科技的发展以及世界知识产权保护形势的需要。

（3）美国政府采取政策性补助措施，以少量种子资金带动大量的资金投入到私人资本不愿涉足且风险性更大的领域。风险投资涉及的领域毕竟是有界限的，在风险更大、私人投资也更谨慎的地方，政府的补贴起到一种带头或奠基作用。美国设立了“小企业创业研究基金”（SBIR），并规定国家科学基金会与国家研究发展经费的10%要用于支撑小企业的技术开发。政府还允许养老保险基金、银行、保险公司、证券公司在进出余额及赢利中划出5%用做创业投资，允许共同基金划出10%～11%用做创业资金，允许国外创业投资机构进入国内市场。为了促进中小企业的发展，美国先后颁布了《小企业投资鼓励法（1999）》（*Small Business Investment Incentive Act of* 1999）、《小企业公平税收法(2000)》(*Small Business Tax Fairness Act of* 2000)、《小企业主孵化法(1999)》（*Small Employer Nest Egg Act of* 1999）等，这些法律法规为扶持、鼓励个人投资，保持中小企业的活力以维护公平竞争的秩序创造了良好的法治环境。

（4）美国硅谷的科技园区是市场主导，没有政府指令，没有行政干预，一切由市场来检验，人们遵守法律，维护市场规则。科技园区有着一个经济、文化、法律配套的外部环境和创新、竞争的内部环境，是一个统一分工的产业链条。在建立、完善科技园区过程中，政府没有直接干预企业运作，也没有对初创企业过度保护。政府在硅谷高科技产业的发展中承担着服务的角色，为高科技产业提供良好的制度，支持创业资本和研发，帮助科技园区经济开放，包括吸引海外的投资者和法律机构入驻。此外，硅谷值得我们借鉴的是当地政府在教育上的大力投入和对园区各大科技业的合理布局，它提倡的科技产业多元化的概念避免了科技园区因为产业兴衰而过度震荡。

（二）英国科学园

英国科学园主要是由地方政府和大学自发形成并逐步发展起来的，然后得到政府和议会的认同与支持，因此，在其发展过程中积累了很多有益的经验(表3-2)。

表3-2　英国科学园采取的典型措施

典型措施	不断拓宽融资渠道，努力增加金融支持
	不断推出成果转化计划
	制定并实施多项优惠政策措施鼓励研究与开发
	加强知识产权开发与管理
	鼓励研究人员积极参加知识转移工作

1. 不断拓宽融资渠道，努力增加金融支持

在英国科学园的创立阶段和科学园区公司的各个发展阶段，有多种资金筹集渠道，如可申请1996年开始的欧洲投资基金，1997年开始的欧洲技术促进基金（ETF）和1998年开始的欧盟资助的技术促进基金、启动资金等几种早期种子基金。而且近几年来，政府有一系列的计划、项目和基金可供科学园申请与利用，融资渠道仍在不断拓宽。同时，各地方政府、大学和各科学园区内也有部分启动资金可供小公司利用。尽管如此，技术型小公司有时仍面临获取资金的困难，所以商业银行也都在为科技型小公司拓宽新的渠道，许多商业银行设有专门为小公司提供资金服务的窗口。而科学园管理部门则行使了经纪人的职能，成为尽力沟通资金供求双方的联系渠道。

像其他园区一样，风险投资公司在科学园活动中也起了重要的作用。1999年投入到高技术公司的风险资金超过10亿英镑，在高技术公司早期发展阶段，其风险投资金额从1995年的8500万英镑增加到1999年的3.5亿英镑。但总体而言，由于英国的风险投资公司提供风险资金的最低起点很高，所以在科学园公司早期阶段得到风险投资的门槛较高。为了填补风险投资公司和个人资金间的空缺，20世纪90年代后期，英国自发形成了一个被称为“企业天使”的非正规的风险投资群体，往往以股份形式专门投资科技型小公司的创业和发展。所谓“企业天使”就是指个体投资者，其投资额从几万英镑到几十万英镑，甚至上百万英镑。据估计，“企业天使”在英国大约有1.8万个，每年的投资总额在5亿英镑左右。这部分投资在科技型小公司的早期发展阶段起到了很大的作用。

2. 出台多项政策措施，优化园区发展环境

英国政府为优化科学园区发展环境，推动园区企业发展壮大，出台了多项政策措施，使科学园区的发展有了不竭的动力。

其一是不断推出成果转化计划。1993年开始实施的预测计划，是典型的政府将大学和企业联系在一起的计划。科学企业挑战计划已提供基金在大学里建立8个企业中心，目的是鼓励部分大学要有企业化的特征，更为有效地实行成果的产业化。1998年设立的大学挑战基金的目的就是对研究成果转化为市场产品的最初阶段进行支持。高教援助基金的目的是为了加强大学与企业之间的互动，鼓励大学科研人员和学生带着计划和项目到企业去“联姻”，促进知识和技术的运用。2000年政府启动了一个数额为5000万英镑的创新产业群基金，用于支持地区发展署在产业群战略中发挥作用，包括建立科学园区和孵化器。总之，为了促进科技成果的转化，英国政府不断推出新的计划来加速完善这种转化。这些计划的推出和实施，在加强大学、科研院所成果转化的同时，也为高新技术型小公司的创办和发展提供了源泉。

其二是制定并实施多项优惠政策措施。例如，降低小企业的法人税，鼓励

研究与开发的投资，提高法定审计的起点等。其中，在鼓励研究与开发投资方面，从2000年起，对中小企业在研究与开发上的投资实行新的税务补贴，将研究开发税务补贴从100%提高到150%。此计划对已赢利的公司可减少12.5%的研究开发的税后成本，对未赢利的公司可减少24%。由于科技型小公司在研究开发上的投资比例大，所以比非科技型小公司获得更大的利润。

其三是加强知识产权开发与管理，鼓励研究人员积极参加知识转移工作。为了鼓励研究人员从事知识产权开发与知识转移工作，一般采取以下几种激励措施：一是对知识产权开发达到不同阶段的研究人员给予固定的奖金奖励，如专利申请、专利批准等；二是对知识产权与开发带来的收益，有关人员与研究机构一起按比例共享，收益越大，个人所分享比例就越大；三是对知识产权或开发工作取得好成绩的有关人员给予带薪假期奖励，对小组或部门给予增加研究经费或提高实验设备的奖励；四是允许职员在工作期间对外进行有偿咨询活动，但规定一个最大时间限制，如每星期半天或一天，并且要保证所在机构的知识产权不受侵害；五是允许职员在衍生公司拥有股份。

(三) 中国台湾地区新竹科学园区

20世纪80年代以后，在新技术革命浪潮的冲击下，世界众多国家和地区纷纷瞄准当代高尖科技发展的前沿，竞相建立起各自的科学园。在亚洲“四小龙”中具有一定科技实力的中国台湾地区也不甘寂寞，率先于1980年建立起新竹科学园。这个被誉为中国台湾硅谷的科学园迅速崛起，以其显赫的成就跻身于世界科学园先进之列，成为支撑中国台湾地区高新科技乃至经济发展最为重要的基地。其典型做法见表3-3。

表3-3　新竹科学园所采取的典型做法

典型做法	以“立法”为先导规范新竹科学园区的建立和运作
	政府部门寓管理于服务之中
	为企业发展创造较好的投资环境
	形成产、学、研密切合作的机制
	提供良好的条件吸引并留住高科技人才

1. 以“立法”为先导规范新竹科学园区的建立与运作

为改善工业结构、提升产业层次、发展以科学技术为支撑的科技工业，1978年7月27日，台湾当局公布了“科学工业园区设置管理条例”（以下简称“条例”），以“立法”为先导规范新竹科学园区的建立和运作。

以“条例”为核心，行政当局以及各级主管、管理机关相继制定了系列配套法规、规章来落实该条例。这些配套“立法”又以台湾“行政院”1981年颁布的“科学工业园区设置管理条例施行细则”为龙头展开，面面俱到，构建了一个全方位的法律体系。该体系大体上的分类达15种之多，顺序依次为基本法规、引进投资、土地监管、管理贸易、储运保税、电信管理、研究发展、安全卫生、医疗保健、实验中学入学、门禁管制、服务管理、消防民防、场地租借和工业团体法规等。

此外，还有其他14类园区配套法令规章，如“科学工业园区创新技术研究发展计划奖助实施要点”、“科学工业园区工业研究发展人才培训及建教合作奖励暨辅导办法”、“科学工业园区保税业务管理规则”、“科学工业园区土地租赁及建筑物租收管理办法”、“台湾科学工业园区科学工业同业公会章程”和“大陆地区科技人员来台从事研究许可办法”等，这些都为新竹科学园的建设提供了制度服务。

2. 政府部门寓管理于服务之中

新竹园区政府部门寓管理于服务之中的“立法”基调和原则，有力营造了吸引投资、创新的自由宽松的法律环境。

新竹园区着眼于高效组织和管理来服务园区高科技产业的行政助推独树一帜，成效明显，这很大程度上归功于一系列行政管理和组织运作方面的立法保障。“条例”规定：“‘行政院’、‘国家科学委员会’设置园区指导委员会，负监督决策政策之责。由有关部会副首长及专家组成之，‘国科会’主任委员为召集人。关于园区企划管理之决策及重大业务事项，应由园区指导委员会呈报‘行政院’核定之。”该条例赋予园区指导委员会全面监督、综合指导园区事项的职能，并且制定专门的“‘行政院’‘国家科学委员会’科学工业园区指导委员会设置办法”作为操作依据。“条例”第6条接着规定：“为执行园区管理业务，办理园区营运工作，并提供园区事业各项服务，由‘国科会’设置园区管理局；其组织另以法律定之。”该条授权园区管理局具体管理园区各项工作，这些事项都在下一条中详尽列出，共计28项，都属管理局的管理服务内容，事权集中。根据该“条例”第6条的规定，专门制定了“科学工业园区设置管理局组织条例”，明确管理局之下分支机构之权责、编制、职位。再根据“科学工业园区设置管理局组织条例”第12条的规定，制定了“科学工业园区设置管理局办事细则”，把管理局5个小组掌理的130项事项及秘书、人事、会计室掌理的77项事项一一列明，分清责任。这些分支职能部门都必须遵循“科学工业园区管理局协调联系各服务单位作业程序须知”，其目的“在促进管理局与各服务单位间协调联系，强化整体观念与团队精神，以顺利推展相关业务，提高园区服务品质”，其方针是“以发展园区为目标，以服务厂商为宗旨”。

3. 为企业发展创造较好的投资环境

高科技产业是园区的根本所在。主要通过严格的核准验放制度和优惠激励办法，使一大批技术密集型产业（特别是高技术产业）能够进得来、留得住、能发展、有利可图。对高新技术企业，不仅提供长期低息贷款，对新开办企业免税5年，还在进口高科技产业设备时减半征收关税，除在土地和建筑物租赁方面给予优惠外，还设有若干项目给予奖励，吸引大量岛内和海外学者入区创办高科技企业。入区高科技产业中，集成电路企业占50%，计算机及周边产业占35%，通信产品占6%。而且还应运而生了一大批名牌企业，诸如台湾集成电路、华邦电子、旺宏电子、国联光电等。现在，中国台湾地区信息电子业总营业额中1/3以上由该园所创，园区信息产品产值占全岛产值的50%以上，中国台湾地区IC制造业也全部由该区囊括，使中国台湾地区成为世界重要的半导体工业制造地。

资金是园区发展的一个基本条件，园区主要通过吸引大量的外资和促进对外贸易来实现。园区专门制定了“华侨投资条例”，提出鼓励政策和优惠条件，吸引华侨投资。在资本运作方面，中国台湾地区四大银行直接进入，推动资本国际化，形成官方资本、私人资本与跨国公司相结合的资金运作体系，使外资尤其是侨资占园区总投资的一半以上。为了积极推动园区的对外贸易，还制定了“贸易业务处理办法”，并采用相关的现代化手段与措施，实现贸易的高效率。如在园区建立了通关自动化系统，使出入货品的相关手续全部以计算机连线方式进行。

4. 形成产、学、研密切合作的机制

中国台湾地区将第一个高科技产业园区建在新竹，主要是因为那里有多所高等院校和科研机构，具备了为高科技产业提供知识支持的条件。新竹科学园区内有几十家半导体厂商，生产包括芯片、计算机主板、光驱、显示卡等在内的各种半导体电子组件，众多著名的国际企业都从中国台湾地区采购组件，中国台湾地区已经成为全球半导体生产的大工厂。不过，通过先进生产技术的积累，新竹在自主研发上有了新的突破。原来是按照国际厂商现成的图纸照单开料，现在，新竹的厂家已经能够把自己开发的技术和方案提供给商家，通过独立研发获得更多的利润，而且这种研发能力正使得台湾的企业向通信和软件领域渗透。

5. 提供良好的条件，吸引并留住高科技人才

发展高科技，人才是关键。新竹科学园区在人才方面的办法也有两个：一是引揽；二是就地培养。为了保证引进人才的质量，专门制定“科学技术及科学技术人才认定标准”，规定了人才的分类、资格、等级、评估、审定等。对于园区内科研人才的培养和科研开发，只要有利于人才的培养和高科技产业的发展，都尽量给予配合，并且制定“奖励及辅导办法”，以使之顺利进行。

在新竹科学园区20多年的发展过程中，海外留学回台人员扮演了极为重要

的角色。在新竹科学园区员工中，海外留学人员就有4000多人，由海外留学人员参与建立的园区公司有123家。“海归派”带回来的科学技术与现代化经营管理经验不仅为新竹科学园区的发展奠定了基础，同时也带动并提升了中国台湾地区高科技产业的整体发展。为吸引并留住人才，园区企业纷纷实行高薪或增加员工持股的方式。

另外，值得一提的是，新竹科学园与美国硅谷的联系非常密切。毫不夸张地说，中国台湾地区现在一片繁荣的高科技产业几乎就是美国硅谷的越洋克隆版本。新竹的崛起是因为抓住了硅谷转型的机遇。当硅谷渐渐成为寸土寸金之地、生产成本逐渐增高时，中国台湾地区有意识地吸引国际大企业，把生产制造转移过来。通过资金投入、产业引导，本地出现一大批集成电路生产企业。低廉的成本、优异的质量使美国企业纷纷把产品委托给它们代为生产加工。成千上万的台湾IT人才持有美国的技术经验和合同回到中国台湾地区，进驻新竹科学园，努力复制美国的高科技产业，使这个小岛成为世界最大的高科技部件供货商、全球最大的代工基地，也成为美国个人计算机业的制造中心，以最佳的方式延伸着美国的高科技产业。

(四) 日本筑波科学城

日本筑波科学城，是日本政府在20世纪60年代为实现“技术立国”目标而建立的科学工业园区，开创了科学工业园区建设的新模式，并且在80年代名噪全球。虽然近些年已声名日下，被世人称为“现代科技乌托邦”，但日本筑波科学城模式依然不乏参考价值。

1. 以政策促进应用研究向基础研究、技术模仿向技术创新的转向

早在20世纪60年代，日本就意识到技术竞争的趋势，开始从第二次世界大战后确定的“贸易立国”逐步转向“技术立国”的轨道，从强调应用研究逐步转向注重基础研究的方向，从技术模仿转向技术创新，并且采取了一系列政策措施。

日本有关部门为建设筑波科学城专门制定了大量法律法规（表3-4）。同时，还制定了有关的国家法律，如《私人部门资源利用法》、《科学技术厅设置法》、《外资法》、《小企业新技术振兴法》等。这是世界上最完善的高新技术园区法律体系。

表3-4　日本有关部门为建设筑波科学城专门制定的法律法规

法律名称	颁布时间
筑波研究学院都市建设法	1970年5月
筑波研究学院都市建设法施行令	1970年8月
筑波研究学院都市建设计划大纲	1971年
高级技术工业集约地区开发促进法	1983年
技术城促进税制	1985年

2. 依靠政府财政拨款，由政府提供各项支出所需的资金

在筑波科学城的发展历史上，到1993年，日本政府在筑波科学城花费的预算经费就超过20 000亿日元，而到1998年，累计财政预算达到23 868亿日元。由于政府每年给筑波科学城大量拨款，各个科研机构不需要靠竞争和出卖研究成果来生存，所以冒风险自然就成为多余的事。因此，日本的风险投资机制也不如美国完善。由于政府作为投资主体，筑波有国立研究与教育机构46个，分别隶属不同的政府部门。它们的研究活动涉及教育、建筑、科学工程、生物学及公用设施等领域。接近日本全国40%的财政预算经费和国家级研究机构集中在筑波科学城。

3. 采取国家统一领导、各部门分工协作的管理体制

1965年在首相办公室下设立“科学城推进本部”，由国土厅长官担任主席，成员包括科技厅、环境厅、厚生省、文部省、农林渔业部以及邮电、劳工、通产、建设等有关中央政府各部门的副部长，这是世界上层次最高的新技术园区管理机构。筑波科学城的各类研究机构和教育设施以及其他的公司，都有相应的主管部门，垂直领导，垂直指挥。开发和公用设施建设项目由住宅和城市开发集团负责；科研和教育机构的建设由建设部负责；建造和管理道路、公园和商业服务设施则由筑波新城开发公司负责。由于规划和主管部门都是国家最权威的机构，又加上有统一协调，科学城建设得以顺利进行。

（五）上海张江高科技园区

上海市张江高科技园区成立于1992年7月，是国家级的高新技术园区，也是浦东新区四个重点开发区之一。2000年1月，上海组建了张江高科技园区领导小组和办公室，出台了《上海市促进张江高科技园区发展的若干规定》（以下简称《规定》），并于2001年7月重新修改并由上海市政府发布，成为张江高科技园区建设发展所依据的基本法规，为张江高科技园区的新发展提供了难得的机遇和强有力的保证。

1. 明确定位，科学规划

1999年6月中旬，上海市委、市政府决定集中力量，加快张江高科技园区的开发和建设。浦东新区综规局、市规划设计研究院和张江开发公司共同对张江园区的原有规划作了调整，以便更加突出科技园区研发创新、孵化创业、机制创新和转化辐射的主体功能。

《规定》第4条规定，园区重点扶持下列高新技术产业：列入《国家高新技术产品目录》的产业、生物医药产业、信息产业、市人民政府规定的其他产业。该项规定首先对于园区在发展高新技术产业的发展方向上作出了准确的定位。为了鼓励外来资本投资高新技术企业建设，《规定》中又分别制定了优惠措施和

对知识产权的保护措施，保障投资者和科技工作人员的积极性和合法权益。

其中，《规定》第5条规定需要在园区从事技术创新和产业化的项目和企业，应当经上海市高新技术成果转化服务中心认定，或者经项目评审委员会评估。评估合格者可以享受下列优惠政策：国家和上海市有关鼓励技术创新的各项优惠政策、国家和上海市有关鼓励科技成果转化和产业化的各项优惠政策、上海市促进小企业发展的有关优惠政策。

《规定》第14条鼓励企业开发具有自主知识产权的技术。鼓励企业对于知识产权的职务发明者、设计者、作者和主要实施者，给予与其实际贡献相当的报酬或者股权收益。园区内的技术创新及科技成果转化和产业化活动，应当遵守保护知识产权的法律、法规以及我国加入或者签订的国际条约、协议。在园区内设立专项奖励基金，鼓励企业积极申请专利、扶持专利项目专业化。

2. 在市场化进程中，摸索出了适合自身发展的管理体制

浦东新区在计划经济时代没有设立行政机构，计划体制的痕迹较小，管理体制主要是按市场经济体制的要求进行设置和运作，政府和企业之间没有血缘关系，也没有行政关系，企业不由政府领导，整个发展环境良好。由于市场环境好，设在浦东的张江高科技园区一开始没有设立相对独立的政府管理机构，主要由张江高科总公司进行开发经营，主要采用市场化的运作机制。但是在发展过程中，张江高新区的这种管理机制也存在一些问题，特别是在高新区产业项目的城市规划和用地方面，单凭公司很难对有关部门进行协调。因此，上海市政府制定了“聚焦张江”的战略决策后，组建了张江高科技园区领导小组和办公室，为张江的新发展提供强有力的保证。新的管理机构对管理体制进行了改革：一是改革审批制度，对各类企业都实行登记制度；二是各类政策和办事程序全面公开，杜绝暗箱操作，提高政府的办事效率。这两项改革已产生较大的影响，这种与国际接轨的做法将有效地增强浦东在发展高新技术产业上的竞争力。

3. 致力于招“智”引“资”新模式的探索

利用创新观念、专业技术、海外资金及国际管理的优势，通过创业风险投资与科技产业孵化器管理相结合，致力于招“智”引“资”新模式的探索。

2002年7月29日成立的海外科技创新园，自设立起就以面向国内科技创新提供全新管理机制、把张江科技园直接与国际接轨为目标，致力于招“智”引“资”新模式的探索，积极为海外留学人员、专业人士回国创业和促进中国“自主创新、以我为主”的高科技产业发展开辟一条新路。

海外科技创新园形成了与国内其他留学生园不同的三个特点：一是风险投资与孵化器管理结合为一体，解决了目前国内孵化器由于没有创投资金不能从软环境着手参与企业管理与孵化的瓶颈；二是政府的种子基金与境外风险投资

通过项目捆绑在一起，解决了科技项目公司找种子期、早期投资难与境外投资机构找不到好的中晚期项目投资的对接困难；三是由一个专业化、国际化的留学生团队托管政府基金、留学生园，解决了目前国内孵化器与海外接轨在管理理念和国外同行联系交流上的障碍。这些留学生高科技企业的创业者来自美国、日本、加拿大、法国、澳大利亚等国，行业分布于集成电路设计、信息安全、生物医药等领域，投资总额折合人民币1.43亿元，人均投资资本为人民币50万元。开园第一年（2003年）实现销售收入5600万元人民币（据不完全统计），人均年产值逾20万元。

为了鼓励园内企业保护自身的知识产权，海外科技园注重“软”环境服务，推出多项服务举措，如设立专项基金支持企业申请专利，与美国专利律师事务所达成合作意向，创新园从设立到2004年的两年内已申请发明专利及软件著作权及商标专利共计70项，平均每人申请知识产权保护0.24项，每家公司3.5项。创新园对每项专利申请提供3000元专利基金予以支持，对申请国际专利支持12 000元。迄今，孵化器的企业承担了科技部的“863”项目7项、上海市各类攻关项目15项。

（六）深圳高新技术产业园区

深圳市高新技术产业园区是国家重点支持的五大科技园区之一。2001年3月22日，深圳市第三届人民代表大会常务委员会第六次会议审议通过了《深圳经济特区高新技术产业园区条例》，自2001年5月1日起实行。《深圳经济特区高新技术产业园区条例》为规范高新区管理，为高新区企业具有良好的法制环境和优质高效服务提供法律依据，为促进和保障深圳经济特区高新技术产业园区的可持续发展，进行了一系列与国际接轨的制度性设置。

1. 采取一系列政策、法律措施，促进高新技术发展

《深圳经济特区高新技术产业园区条例》首先参照《中关村科技园区条例》，提出了“组织和个人在高新区可以从事法律、法规和规章没有明文禁止的活动，但损害社会公共利益、违反社会公德的行为除外”的法治原则，注重对技术成果予以法律上的保护。结合深圳实际情况，《深圳经济特区高新技术产业园区条例》提出在深圳设立“深圳虚拟大学园”，为各入园大学提供办公设施及优惠的科研、教学、生活条件，鼓励企业、高等院校、科研机构从事研发活动，并对其创新活动给予资金支持；《深圳经济特区高新技术产业园区条例》在第一章“总则”部分的第7条规定“高新区的组织和个人的知识产权受法律保护，任何组织和个人不得侵犯”。鼓励高新区的企业、高等院校、科研机构及相关人员进行专利申请、商标注册、软件著作权登记，取得自主知识产权，并对自主知识产权采取保护措施。在良好的制度环境下，深圳高新区拥有了强大的技术力量，

形成了产业优势，占有了相当的市场份额。深圳高新区的高新技术产品产值中，约有50%是具有自主知识产权的产值，体现出技术创新的高水平。

2. 市政府更新观念，设立专管机构，充分发挥政府主导作用

深圳市政府设立高新区领导机构和高新区行政管理机构，管理高新区的相关事务。提出了“为高新区的企业提供优质、高效、便捷的服务，高新技术企业业务优先办理”的理念，以此为中心，分别作出了政务公开、简化行政审批、重大决策听政的规定。

深圳的经验以及其他高新区发展的经验均表明，在中国目前的条件下，政府的作用至关重要，政府在高新区的建设和发展中起着主导作用。即使在深圳特区这样的市场经济的条件下，政府仍然起着主导作用。深圳高新区科技工业园在前10年发展之所以缓慢，就是因为政府的作用太弱，虽然管委会可以对园区的一些重大问题作出决定，但不是一级政府，没有政府职能。而园区的发展必然会涉及方方面面，涉及许多政府部门，没有政府职能是难以推动的。园区总公司作为一个企业无法起到协调作用，无法使生产力要素实现优化配置，而只能在企业内部流动。1996年以后深圳高新区强化了政府的作用，由市长担任领导小组组长，两位副市长和副秘书长任副组长，副秘书长还兼任高新区领导小组办公室主任，并且明确规定高新区领导小组办公室是市政府的派出机构，对高新区内的各园区实行四统一，即统一规划、统一领导、统一政策、统一管理。

目前，深圳市政府的主导作用通过领导小组、领导小组办公室和园区服务中心这三个层次的管理形式来体现。几年来，深圳园区的高速发展充分说明了这种形式适合深圳生产力的发展。虽然各地的情况不同，但本书认为有一条是共同的，即必须发挥政府的主导作用，特别是在园区的发展初期。

3. 建立和完善知识产权的行政保护体系

深圳市加强对知识产权工作的领导，建立和完善知识产权的行政保护体系，形成了司法与行政执法两个保护层次。

深圳市科技局专利管理处负责制定全市专利工作规划及实施计划，组织、协调、指导全市专利工作，并根据实际情况，建立了保护知识产权的联络员制度，由专利、商标、版权、公安、海关以及法制、经济、贸易、技术监督、外事、卫生等部门的业务负责人作为联络员，以简化协调程序，提高工作效率。目前，深圳市的知识产权保护工作分为两个层次：一是行政保护。由科技局、工商局、版权局、海关等知识产权行政管理部门分别按照有关法律、法规的规定，对知识产权各个领域进行行政管理和行政执法。二是司法保护。深圳市中级人民法院于1994年2月19日成立了独立运作的知识产权审判庭，这在全国法院系统中是为数不多的。

（七）中关村科技园区

自1988年直至现在，北京市本着“小政府、大社会”的建设原则，颁布了一系列的专门法规和政策，为推动产、学、研结合活动的开展提供了许多优惠措施和便利条件。在这些法规中，《中关村科技园区条例》起着基本法的作用。

《中关村科技园区条例》涉及行政、民商、经济、科技、教育、文化、社区、涉外、人事、执法和其他方面的事项，为中关村这一中国硅谷的健康全面的法治环境奠定了基石。该条例的创新性精神品格，首先突出体现在其完整地构建了中关村法治环境的原则框架，特别是在国内首次以立法的形式确立了“法无明文规定不为过”的原则。《中关村科技园区条例》在坚持促进创新、保障创新、服务创新的基本原则的基础上，系统、集中、深入地制定出了一系列支持创新的制度。

中关村科技园区的建设以企业为中心，实施“小政府、大社会”的管理体制，强调统筹兼顾、以人为本、面向市场、坚持服务。北京市政府承诺“把改革行政审批作为突破口，最大限度地减少政府的具体审批事项”。

《中关村科技园区条例》单设第五章规范政府的行政行为，为园区高新科技的发展提供优质服务。《中关村科技园区条例》规定实行重大决策听证制度，涉及园区市场主体的行政审批、发证、收费、行政处罚、强制措施等事项必须听证；《中关村科技园区条例》还开辟受行政侵害时的救济渠道，允许市场主体投诉、复议甚至起诉。听证和救济的规定是对新竹园区立法的后发超越。《中关村科技园区条例》还专设“管理体制”一章，以期积极高效地服务园区经济和市场主体，其中第68条突出强调：“中关村科技园应当按照体制创新和精干、高效、减少层次的原则，建立符合生产力发展要求，适应市场经济需要，有利于服务高新技术企业和其他市场主体，有利于发挥中关村科技园区核心区智力密集优势的管理体制。”此外，《中关村科技园区条例》第68条、69条为适应社会变化发展，具体授权北京市人民政府以立法确定和调整中关村科技园区的管理体制。以上规定对政府在园区管理中的职责范围、工作作风作出了细化规定，管理部门在实际工作中能够做到有法可依、依法行政，切实服务于园区中的各种主体。

二 滨海新区研发与转化基地高效运行的对策

在借鉴国内外区域科技创新建设经验的基础上，本部分提出滨海新区研发与转化基地高效运行的对策体系（图3-8），该体系由五大对策体系构成。

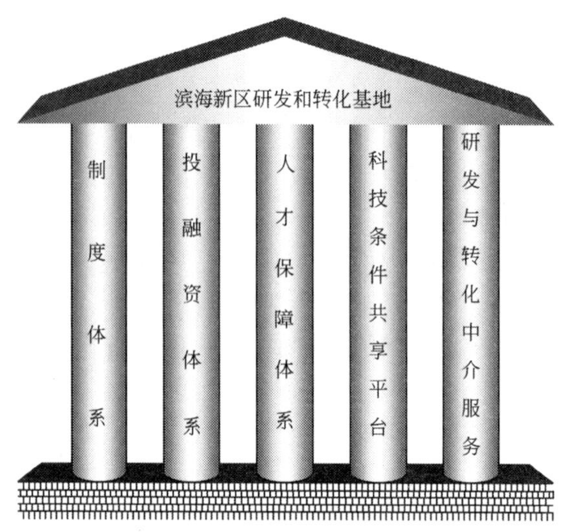

图 3-8　滨海新区研发与转化基地高效运行对策

（一）完善研发与转化制度体系

尽管当前国家提出滨海新区作为环渤海经济发展龙头的经济发展战略和以技术创新为主的滨海新区科技发展战略，但滨海新区研发与转化基地能否为环渤海地区的发展发挥积极的作用，必须结合滨海新区在国内大环境中所处的经济地位和可能占据优势的产业发展空间来思考滨海新区研发与转化基地。借鉴国内外科技园区的成功经验，目前滨海新区研发与转化基地的高效运行首要还是从体制、制度入手，在国家相关政策法律、规章指导之下，各级政府部门同心协力，为滨海新区研发与转化基地的发展构建一个完善的法治环境。这一法律环境应该从以下几个方面进行体制创新（图 3-9）。

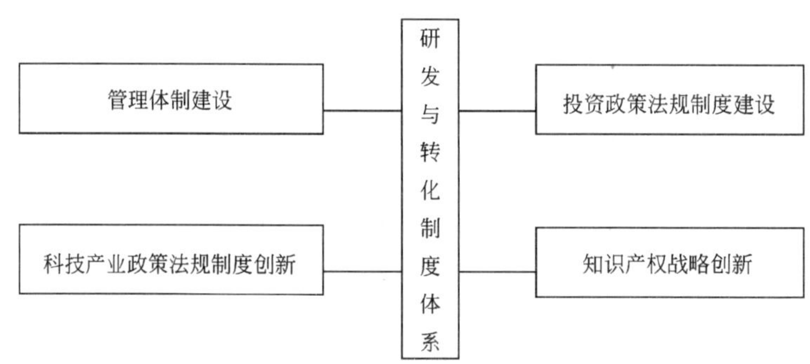

图 3-9　滨海新区研发与转化制度体系

1. 滨海新区研发与转化基地的科技产业政策法规制度建设

滨海新区研发与转化基地建设当务之急，是在天津现有的法规制度基础之上，综合其他法规、规章，结合滨海新区研发与转化基地实际，制定一部属于滨海新区研发与转化基地自己的发展高新科技产业、建设研发与转化基地的"基本法"。该法可以以条例形式出现，该条例应对滨海新区研发与转化基地建设所有可能涉及的各种事项都予以原则性规定，诸如市场主体、竞争秩序、风险投资、资金支持、人才引进、知识产权保护、规划和环境建设、国际经济技术合作、政府行为规范、管理体制等方面，同时根据需要不断出台一些有关方面的实施细则或专项办法，使滨海新区研发与转化基地中各个主体的行为都能做到有法可依，当主体权利受到侵犯时也能够找到维护自身权益的根据。

2. 滨海新区研发与转化基地的管理体制建设

滨海新区研发与转化基地管理体制的模式和地位是研发与转化基地建设中必须解决的一个重要问题。市场决定型的管理体制和权利重心向下型的管理体制，多存在于市场经济发达、制度民主比较成熟的国家或地区。欧美国家和地区的科技园区管理体制，多为这样的管理体制。政府决定型的管理体制和权利重心向上型的管理体制，多存在于市场经济不够发达、制度民主不够成熟的国家或地区。

滨海新区研发与转化基地作为天津市新的科技亮点，建议参照中关村的做法，从大方向上说，研发与转化基地今后的建设当以基地内的各种主体为中心，实施"小政府、大社会"的管理体制，强调统筹兼顾、以人为本、面向市场、坚持服务。采取淡化管理但又需要管理，即一种融合型的管理体制，一方面是融合市场决定型与政府决定型，以市场决定型为主要趋向；另一方面是融合权利重心向上型与权利重心向下型，以权力重心向下型为主要趋向。

滨海新区研发与转化基地的主管及其职能部门应该实现管理重心下移，权力下放，提高行政效率，以服务为导向，方便企业和其他市场主体。滨海新区研发与转化基地管理部门应当在实质上拥有经济事务管理权限，并有行使这些权利所需的人、财、物权，同时大幅度减少现有的行政审批、行政检查和行政收费项目，对确实需要保留的行政审批、行政检查和行政收费项目，实行"一站式"管理，限时审查，使企业、投资人、创业者不出滨海新区研发与转化基地就能办完绝大多数审批事项。

3. 滨海新区研发与转化基地的投资政策法规制度建设

从宏观环境来看，滨海新区研发与转化基地可以借鉴欧美国家和国内其他园区的先进做法，进一步制定和完善相关的法律法规，创造适宜创业投资发展的政治法律环境，制定合理的税收政策，吸引更多的外来资金投入到滨海新区研发与转化基地建设上来。作为滨海新区研发与转化基地的管理机构，应立足市场导向，多渠道、全方位引进创业资本，不仅利用国有资本，更要调动大量的海外资本、民间资本为发展高科技产业服务。具体来说，相关管理部门要制定政策给予各种优惠待遇，扩大滨海新区研发与转化基地投资主体的准入范围，允许国外个人、公司、法人投资或者与国内公司、法人合作共同投资滨海新区研发与转化基地的高新技术企业，设立“种子资金”，扶植创业企业。创业投资的发展离不开创业企业的发展，而孵化器作为创业企业成长的“摇篮”理应得到政府的大力支持。因此，应通过政府直接出资并引导社会各方力量出资，在滨海新区研发与转化基地设立孵化器，同时完善中小企业贷款担保体系，拓宽中小企业正规金融渠道。按照创业投资活动的一般规律，创业投资的对象多为规模较小、尚处于成长阶段的高科技中小企业。由于高技术企业的核心是知识和技术，不具备大量的固定资产，且其发展具有很强的不确定性，因此，这类企业很难按传统的信贷标准直接从银行获得贷款，因而它们需要创业投资的支持。但为了让这些高科技企业获得更好的发展，往往在一定程度上需要商业银行短期融资的支持。因此，在滨海新区研发与转化基地，有必要成立若干家为创业投资机构和风险企业提供融资担保服务的中介机构，或是由政府直接提供担保。这也是政府对高科技企业和风险企业进行扶持的一个方面。

4. 滨海新区研发与转化基地的知识产权战略创新建设

滨海新区研发与转化基地设置的目的就是通过各种优惠政策来鼓励科技创新，提高企业整体科技创新能力，实现以科技拉动经济增长，从而真正融入知识经济的时代潮流。滨海新区研发与转化基地作为以高科技为特征的基地，更应该重视知识产权战略，以鼓励科技企业的技术创新。其知识产权战略的制定应把握以下几点原则：

(1) 采取区分管理原则。滨海新区研发与转化基地不应对基地内所有企业实行同一标准，而应在不违背国民待遇原则的前提下，对不同企业采取不同的管理政策。建议将研发与转化基地政策细化为两种：

一是采取鼓励自主知识产权，扶持国有、民营企业的原则。研发与转化基地政策必须围绕这一原则来规划和制定，应着重扶持我国企业自己的科技研发创新能力，给予国有、民营企业更多的政策支持。

二是对于外资控股的合资企业，要把好准入关。应以有利于自主知识产权的创造为合作基础，不鼓励简单的来料加工合作方式，以便更好地吸收外国高新的科学技术和研究方法，将其知识产权转变为自己的知识产权。即使在以加工为基础的合作方式中，也应要求掌握一部分核心的技术指标来充分实现借助外资提高自己的目的。

(2) 加强与科技有关的知识产权的保护和管理，强化科技政策对专利的导向作用。第一，建立有效的知识产权管理制度，健全、完善工作体系和机制，营造良好的知识产权保护环境；实施政策聚焦和服务聚焦，提高研发与转化基地企业知识产权创造、管理、应用和保护水平；通过制定和实施研发与转化基地知识产权战略，提升自主创新能力和综合竞争力。

第二，在贯彻和落实科技政策过程中，将知识产权的拥有、运用、管理和保护作为认定和复审高新技术企业、企业技术开发机构和高新技术成果转化项目的必要条件之一。

第三，对申请研发与转化基地科技发展基金资助的企事业单位，科技项目管理部门在受理时要考核项目申请单位知识产权工作情况，给予不同力度的支持和资金资助。对研发与转化基地科技发展基金立项的技术研发项目，项目管理部门应将专利管理纳入项目管理的全过程：要求项目申请单位在申请立项时提供专利检索报告，项目研究开发过程中进行信息跟踪和分析，项目验收时申请专利，特别是将发明专利列入评价内容。

第四，通过政府部门与重点企业、行业协会、研发与转化基地等机构构建知识产权保护工作网络，提高行政协调和管理效率。对发生的专利侵权纠纷等问题，有关部门和单位应当积极迅速协调解决，切实维护研发与转化基地知识产权保护的法制环境。

（二）构建研发与转化投融资体系

高科技企业发展的关键要素来自两个方面：一是强大的研究开发能力，需要有一流的高等院校和研究机构作为产业技术支撑；二是研究开发成果商业化的能力，这取决于资金募集能力。资金匮乏将会严重制约高技术产品的研发和商业化，影响高新技术企业的成长。因此，构建符合滨海新区高科技企业特征的投融资体系，对于把握滨海新区产业变革的战略机遇，确立滨海新区研发与转化基地高科技产业的优势地位，提升滨海新区的核心竞争力，显得极为重要和迫切。这不仅是滨海新区区域经济发展的内在需要和必然趋势，也是提升环渤海地区整体综合实力和国际竞争力的现实选择。

1. 搭建区域性投融资平台

滨海新区研发与转化基地区域性投融资平台是将高新技术成果的转化、技术成果交易、融资功能与产权交易相结合的平台，架构技术与资本的桥梁，进一步推动滨海新区高新技术成果转化和产业化进程，促进滨海新区经济创新环境的建设和新经济发展。

(1) 区域性投融资平台的目标定位。通过制度创新，建立区域性的、以非公开权益资本市场为核心的高效、开放、竞争、有序的多元化、多渠道、多功能综合性投融资平台（图 3-10)，从而推动高新技术产业的发展。多元化（即多元化的投资）是指投资主体除政府外，还包括风险投资基金、内资金融机构、外资金融机构、跨国企业和民营企业等；多渠道主要指融资渠道的多元化，既包括财政拨款、直接融资、间接融资、风险投资基金、银行贷款等传统的融资渠道，也包括资产回购、资产负债表外融资、BOT、金融租赁等其他的融资手段；多功能指该平台不仅能为企业提供投融资服务，还能够提供如交易、监督、托管、信息和其他服务。

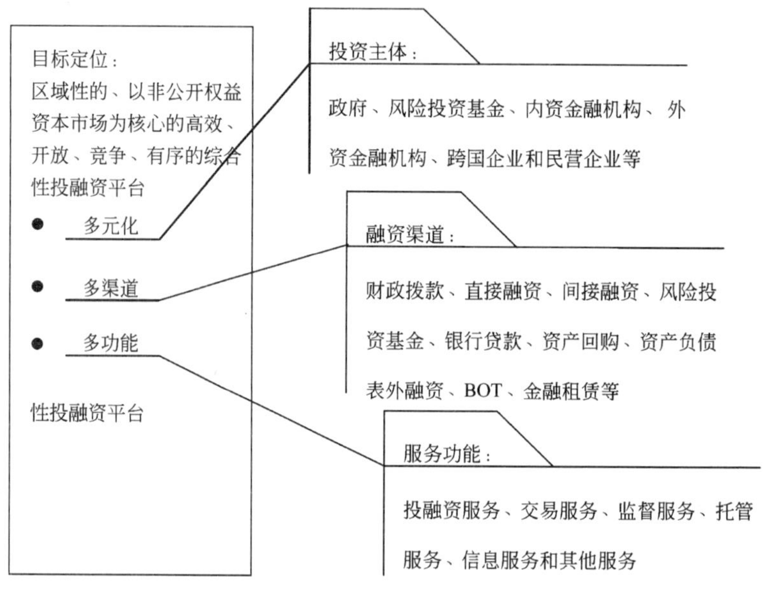

图 3-10　滨海新区研发与转化基地投融资平台的目标定位

(2) 区域性投融资平台的市场功能。该平台的市场功能应包括：为科技初创型企业、成长型企业以及科技成果转化项目提供融资市场，促进技术与资本的高效融合；为风险资本提供市场进入与退出平台；为非上市股份公司股权登记、托管和交易提供服务；为国内创业板市场以及境外创业板市场输送经过市场净化的优质上市资源，构造国内创业板支撑体系；为企业的并购、重组提供集中场所，促进国有企业的改革和发展。

(3) 区域性投融资平台的构建。第一，实现体制与制度的突破。由于滨海新区研发与转化基地是在天津市原有经济基础上提出来的，有一定的工业基础和不同的历史和经济背景，因此滨海新区研发与转化基地的投资过程必须伴随着体制的同步改革。

滨海新区研发与转化基地的投融资体制改革所涉及的不仅是金融体制，还与整个滨海新区的行政管理体制、财政体制、税收体制等密切相关。但这些体制与制度改革突破的关键是政府职能的转变，政府的金融行政的职能要由过去的政府行使投资人角色，转变为在滨海新区范围内创造出适宜于融资的大环境——不是具体地为每个项目去考虑筹资方案，而是使好的项目、合格的投资者能够得到资金，使坏的项目、不称职的投资者难以筹资。所以，天津市政府是投融资管理领域的重点。要从项目管理转向资本市场管理，放弃具体项目的行政审批，促使在滨海新区内形成投资决策、资本决策、信贷决策三权鼎立，相互制约，各负其责的投融资格局。

在具体措施上，建议政府在行使金融行政的职能上采用“两严格、两放松”的原则，即：严格金融监管，放松金融准入；严格市场清除，放松资本管制。严格金融监管是为了提高滨海新区内金融系统的安全性，也是放松金融准入的前提；而放松金融准入，是为了解决因政府长期垄断金融而导致的缺少基层金融服务（包括机构和市场）的问题。严格市场清除是为了严守信用，确保在滨海新区内各种契约关系的如期履行，对信用差的企业严格履行市场退出机制，保证整个滨海新区投融资体系正常运行；而放松资本管制，是为了使社会资金更多地通过私募权益资本方式转向实业投资。这样才能逐步培育财务投资者与战略投资者之间良性互动的资金供求机制，才能避免使金融风险过多地集中于行政领域。

第二，培育和完善大资本市场体系。由于受行政区划分割的影响，滨海新区内信息流、资金流、人才流等的输入输出面临很多障碍，这给滨海新区的快速发展带来负面影响。例如，目前区域内没有形成开放性的、全区域性的、信息充分发达的金融市场体系，这样，资金的流动和增值过程就会受阻，远远没有发挥区域的整体能量，降低了区域的整体金融实力和竞争力。而一个完善的资本市场体系包括政府、企业、国内外金融机构和中介机构等。滨海新区也只有在这些要素市场真正达到了整合和优化后，整个区域的投融资活动才会在一个较高水平层次上联动发展，其他区域优势也才能得以充分发挥和展示，它是投融资平台建设的核心所在。

大资本市场体系的培育和完善的主线是尽快形成金融市场的分层化。

首先，要尽快建立以风险投资市场为主导、覆盖商业银行信贷、公司债券市场的多层次的中小企业直接融资体系。支持具备条件的滨海新区内的高科技企业，通过风险投资基金、发行企业债券、股票上市直接融资等手段融通资金。同时，在加强监管的前提下，将现有的滨海新区产权交易中心以及技术产权交易市场改造成滨海新区区域性小型资本市场。

其次，打破滨海新区内国有独资商业银行高度垄断的局面，在合理布局和适度竞争原则下，规范发展地方性金融机构，如发展渤海银行和天津市商业银行等。积极开展滨海新区内的高科技企业项目利用国际金融机构贷款的试点工作，鼓励和帮助高科技企业利用国外政府和商业贷款，如国际金融公司的投资项目，组织滨海新区范围内的高科技企业集体进行项目招商引资。

再次，制定并完善鼓励滨海新区高科技企业的信贷政策。滨海新区内的国有商业银行和地方性金融机构要把支持高科技企业作为信贷工作的重要内容，制定针对高科技企业特点的贷款政策和管理办法。如在规范企业财务制度的基础上，滨海新区内的金融机构接受高科技企业以有形财产或无形资产抵押、以上市公司市值抵押等方法贷款，并适当提高现有资产抵押率。

最后，建议积极发展滨海新区内的信用评级、贷款担保等中介机构。建议设立滨海新区研发与转化基地贷款担保基金，该担保机构实行商业化运作，吸收社会力量、企业群体和其他资金入股，主要负责为滨海新区内处于市场导入期的高科技企业提供担保，可以适当扩大担保的覆盖面。建立滨海新区研发与转化基地贷款担保基金的再保险机构，分散担保风险。建议天津市政府对建立贷款担保和再担保机构给予必要的财力支持，有关部门也应该加强对担保行为的监管，防范和化解风险。建立滨海新区研发与转化基地内高科技企业的信用评级机构，建立有效的信用征集、评价、发布系统和严格的违信惩罚制度，强化整个滨海新区内的信用基础。

第三，建立统一的协调管理机构。滨海新区研发与转化基地的投融资活动是一个有机的系统，包括区域内企业信息的采集、投融资决策、资金的使用监管和项目的追踪问效等方面，这些问题单靠政府、企业或是金融机构是解决不了或解决不好的，需要一个统一的协调管理机构来协调运作（图 3-11）。

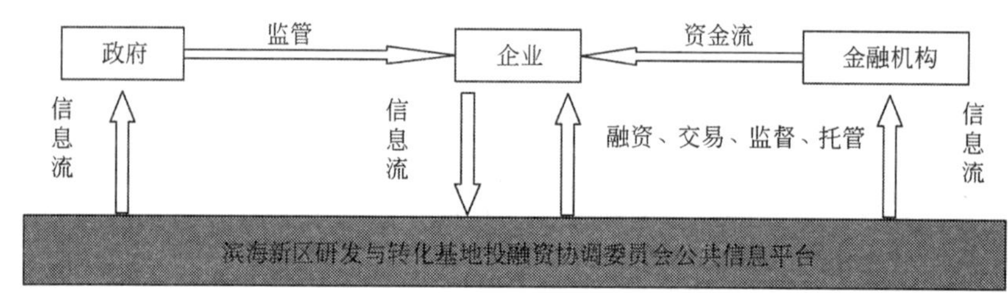

图 3-11　滨海新区研发与转化基地投融资协调委员会运行示意图

本书建议成立滨海新区研发与转化基地投融资协调委员会，可由政府出面组建，由企业、金融机构和中介机构参加，这个委员会应是非营利机构。滨海新区研发与转化基地投融资协调委员会之所以是一个非营利组织，而不是政府行政部门或企业，是由于非营利组织的位置处于政府与企业之间，并结合了两者的优点，不仅具有企业的活力，也能承担起为高科技企业的创业者提供融资方面的信息和支持的责任和使命，降低创业企业的创业风险和创业成本，提高企业的成活率和成功率，降低投资过程中的逆向选择问题。它将成为为滨海新区内的高新技术成果商业化转化、科技孵化企业的培育、科技成长企业的投融资服务以及为风险投资退出提供保证的常设性机构。

2. 实现投资主体多元化

政府以财政资金和国有商业银行贷款作为唯一的投资资金来源的单一性投资，一方面，不但增加了内部运行成本，而且还容易滋生公共腐败行为，同时造成财政资金的低效投入；另一方面，银行由于业务发展需要得到地方政府的支持，也往往会满足政府方面的资金要求，由此形成较大的银行信贷资金风险。

多元化的投资体系主体应包括政府、风险投资基金、内资金融机构、外资金融机构、跨国企业和民营企业等，各投资主体对投资资金的竞争性需求会大大提高资金的使用效率。在促进投资主体多元化的过程中，建议采用的可行方法是开展离岸金融业务，吸引国际资金。

离岸金融业务是指专门从事非居民资金筹措和资金运用，并且不受所在国金融政策管制的金融自由交易市场，也被称为“境外市场”。建立离岸金融市场可以畅通国际融资渠道，缩小各国金融市场之间时间与空间的距离，促进生产国际化、贸易国际化和资本国际化的发展。

通过离岸金融业务间接利用外资时，建议考虑由境外企业介绍国外财团或基金公司在离岸部存款，解决资金来源，然后境外企业以其在国内的财产作抵押向离岸部申请贷款，再将此贷款引入国内进行投资。目前，滨海新区一大批重点项目在建、待建，资金需求量大，需要广开利用外资的渠道，相信离岸金融业务的发展将为此作出贡献。

3. 实现融资的多渠道性

除了传统的直接融资、间接融资外，本书建议在搭建的投融资平台上尽量开辟更多的渠道。例如，设立政府的创业投资基金；针对高新技术成果的转化、技术成果交易，开设高科技企业的产权交易中心；设立柜台交易市场；允许并鼓励高科技企业在滨海新区范围内发行一定量的企业债券；鼓励高科技企业到中国香港地区及海外创业板市场上市；积极运用如资产回购、资产负债表外融资、BOT、金融租赁等其他的融资手段等。

在上述各种融资手段中，资产回购和资产负债表外融资适用于固定资产相对较少、信用记录少的企业，非常适合科技型中小企业，而且操作简单，可以考虑在滨海新区内进行推广。资产回购强调高科技企业与政策性银行、商业银行、财务公司、信托投资公司等金融机构以企业拥有的某种资产为交易对象，将资产出售给金融机构，同时签订资产回购合同，以约定的价格，在约定的期限内购回资产的行为。通过交易，双方可以临时或持续调整资产结构，实现资产收益性与流动性的最优化。

资产负债表外融资是指不需列入资产负债表的融资方式，即该项融资既不在资产负债表的资产方表现为某项资产的增加，也不在负债及所有者权益方表现为负债的增加。表外融资可考虑采取长期租赁、资产证券化、应收票据贴现、出售有追索权的应收账款等主要方式。通过将债务置于资产负债表外，可以明显地改善财务报表的质量。这时，根据财务报表计算的有关财务比率，将会使借款人处于有利的地位，如负债总额降低、资产负债率和净权益负债率下降等。

（三）优化人才保障体系

在滨海新区研发与转化基地的建设中，能将其区域优势、资本优势、技术优势等转化为新区持续稳健发展的核心因素是人力资源的有效开发和利用。因此，在滨海新区研发与转化基地建设中，人力资源的建设，特别是其风险的规避是不容忽视的。

本书认为，滨海新区研发与转化基地建设存在的人力资源风险主要来自三个方面：一是新区研发与转化基地不同于生产加工型的产业聚集区，人力资源需求结构将发生较大变化，必然带来科研型人才的有效供给不足的风险，以及某些产业人力资源过剩的风险；二是对制造业相关产业引进人才的质量保证的风险；三是研发与转化基地的人力资源获得可持续开发的风险。这也是研发与转化基地得以真正长远发展和成为北方制造业研发中心的关键因素。这一风险主要有来自人力资源自身的能动力性和流动性风险、研发与转化基地内部环境和外部环境的风险。因此，滨海新区研发与转化基地存在的人力资源风险是由众多方面构成的（图 3-12）。

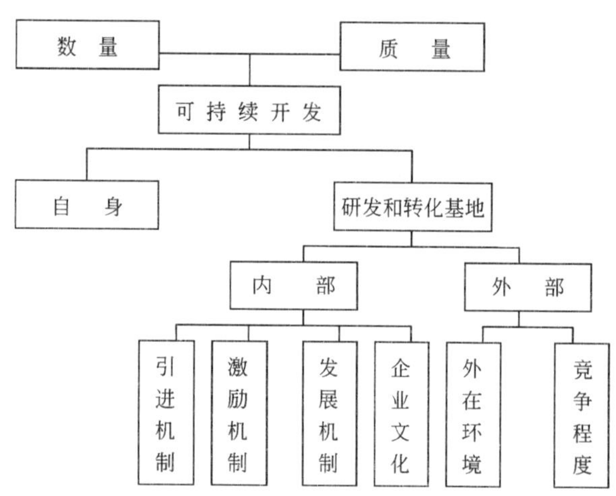

图 3-12 滨海新区研发与转化基地人力资源风险的结构构成

针对这些风险，在基地建设过程中应进行科学的规划，采取相应的对策，最大程度地降低人力资源风险对基地建设和运作的影响。以下就存在的三个方面风险的解决对策进行详细的阐述。

1. 引进所需人才，输送优势人才

由于基地有研发与转化两个基本功能，在人才引进和输出方面存在不同的要求，必须分别对待。

1）研发人才

研发人才是产业升级的引领者。老区在基础研究上具有传统的人才聚集优势，而滨海新区将是天津市重点发展的支柱产业的聚集地，其研发领域决定其应用研究的性质，因此，研发与转化基地需要的是制造业应用型研究人才。由于其稀缺性的原因，完全依赖直接引进必然存在成本较高的问题，所以获得这种智力支持应是一种多样化的、灵活的机制。鉴于此，对此提出以下建议：

第一，引进人才层次和专业方向应有明确的定位，即应定位在滨海新区研发与转化基地重点培植的行业：电子信息、化学工业、汽车和装备制造、现代冶金、生物技术和现代医药、新能源和新材料等领域中具有较高专业水平的人才，如博士、博士后、高等院校和科研院所的研发人才及海归人才。

第二，承接环渤海、“珠三角”、“长三角”地区产业迁移带来的人才聚集效应。作为环渤海地区内部、汇聚全国 1/3 人才的北京，是全国科技和研发能力最强的地区，其目前和下一阶段重点发展的现代制造业是汽车、微电子、光机电一体化、生物工程与新医药，这些领域与天津未来的支柱产业结构相似，因此，其研发力量必将对滨海新区产生相当的辐射作用。所以，可以考虑在北京设立研发机构，在滨海新区生产。

第三，在引进模式上应更具灵活性。可以采用以项目为中心、以成果为标准的原则，或采用“柔性人才引进机制”，即打破传统的人事调动的条条框框和现在工资制度和工资标准的限制。如直接采用目前新的人才引进方式——人才租赁，即用人单位通过人才中介机构选聘急需的人才，并通过该机构为所聘人才发放薪酬以及代办养老保险、档案托管等人事代理业务的一种“人才共享”的用人方式，它的特征是用人不养人，与被聘人才不存在隶属关系。这样，研发机构可以为一个项目或课题，以虚拟机构的形式组织相关的专业技术人才进行共同研发和合作。

第四，可以借鉴一些行业合资企业人才储备的做法，尤其在滨海新区有较强实力的研发中心和科研院所建立技术创新人才储备制度，甄选高校理工科专业潜在科研能力强的学生进入企业研发部门实习，最终企业可留住可培养的技术人才。

第五，企业委托科研院校培养专业技术人才和技术创新带头人，合作创办科研工作站。

第六，还可以充分结合天津和北京教育资源的优势，直接聘请高等院校导师、博士、博士后等人才为研发工作提供智力支持。

2）转化人才

由于研发与转化基地是知识型企业的聚集地，在研发环节后，其转化工作还要有大量的专业技术人员和经营管理人员才能保证正常运作。这类人才的培养是研发与转化基地智力支持的重要部分，其转化人才保证模式可以考虑以下两种：

方式一，建立大学生实习基地，针对基地研发与转化企业需求，定向培养技术型、管理型人才。

方式二，加强基地研发企业与科技成果转化中心等机构的结合，充分利用中介机构人才完成科技成果的转化工作。

3）充分发挥对环渤海地区的人才外溢作用

首先，天津对环渤海地区的人才外溢作用从数量上表现为天津高等院校中理工类院校多，共6所，工科类在校生的人数也多，能在很大程度上体现天津制造业人才储备和人才外溢的优势。

其次，在人才培养层次上，天津硕士生和博士生的培养近年来有很大程度的提高，硕士生和博士生的增长率相近，且高于本科、专科学生的增长率。这不仅能为滨海新区提供高层次的人才，也能在一定程度上为环渤海地区的发展提供智力支持。

北京发展的微电子产业在其现代制造业中占有重要地位，天津在电子信息产业中有相当的优势，天津拥有目前我国最完整的手机生产及配套厂商和设施基础，并将成为全球最具竞争力的配套厂家群聚地，也是电子信息人才聚集的地方。因此，可以与北京形成人才优势互补和共同开发的模式。另外，天津与北京相比更具有职业教育的比较优势，因此，天津可以在满足研发与转化基地人才培养需要的基础上，向北京制造业输送各类专业的人才。

河北省是环渤海地区重化工业的腹地，其重化工业增加值占全部工业增加值的比重在80%左右，其主导产业为钢铁、医药、石化、装备制造、建筑建材、食品、纺织等。而天津在理工科人才培养上的优势可以为这些领域输送工程和技术人才。

2. 确保人力资源质量

滨海新区人力资源质量保证应抓住搭建信息平台、招聘和甄选及综合绩效评定等环节。

1）招聘和甄选

针对基地建设中人力资源的质量保证风险，在招聘和甄选过程中，应形成一种切实有效的评估机制。如积极利用先进的人才素质、能力、心理测评技术等，可以增加企业和被测试者对自身的了解，从而减少以后在共同工作中的不协调、不适应的风险。人才素质与能力测评须对通用人才和特定职位人才采取不同的测评方法和内容。针对研发与转化性质的机构所需人才的特点，这两部分应分别包括的内容见表 3-5。

表 3-5　滨海新区研发与转化基地人才测评构成

测评名称	测评内容
通用人才测评	职业观测评、综合素质测评、心理素质测评、性格倾向测评、EQ 测评、IQ 测评、创造能力测评、人际交往能力测评、应变能力测评等
特定职位人才测评	高级管理人才测评、高级技术人才测评、高级市场营销人才测评、人力资源管理人才测评等

2）绩效综合评定

在研发与转化基地的运作过程中，人力资源的质量保证应体现在各类研发和专业技术人员的工作绩效的考核上。他们的技术创新能力、新产品开发能力和科技成果转化能力的评价是其人力资源质量保证的重要组成部分。在具体实施上，建议以一段时间为单位，将其从事的各项课题、项目的进度及成果进行动态更新，从而评价其科研能力和工作效率、成绩等。

3）搭建人力资源综合信息平台

广泛地获取和有效持续地把握人力资源是研发与转化基地成为带动环渤海地区经济发展引擎的重要保证，因此，可以考虑构建研发与转化基地人力资源综合信息平台。通过这个平台，可以保证从全国乃至世界范围内，以灵活的形式引进和利用所需人才。人力资源综合信息平台应实现的功能见表 3-6。

表 3-6　滨海新区人力资源综合信息平台的功能

功能	表现
人才甄选区	实现以上提及的针对各类研发人才、技术人才和管理人才等的测评，建立引进的和以多种形式参与研发与转化工作的人才综合信息档案，包括其科研能力、专利成果、工作经历及诚信评级方面的综合性个人信息
人才中介服务	研发与转化基地的人才供求信息的收集、整理、储存、发布和咨询服务、人才信息网络服务、人才推荐、人才招聘等
绩效综合评定	实现在引进所需人才后，基地内各科研机构或企业都可对其各类研发与转化人才在一定时期内的技术创新能力、新产品开发能力和科技成果转化能力进行综合分级分类

以上三个方面是基地人力资源质量保证评估机制的主要内容，前两项内容的实现是以构建研发与转化基地人力资源综合信息平台为基础的，这样就可以为动态管理人力资源提供质量保证和保障。

3. 规避人力资源可持续开发的风险

人力资源本身的特殊性（能动性和流动性风险）对于研发与转化基地来说具有不可控制性。但从另一角度来说，基地的长期建设和人力资源可持续开发是互利共赢的合作。因此，在基地建设过程中，如果能对人力资源可持续开发作出合理流动的规划和设计，就能减少人力资源本身的特殊性和复杂性带来的风险。

引进机制的解决对策已在第一部分进行了分析，以下就激励机制、成长机制和企业文化的解决对策作探讨。

1）激励机制的建设和完善

激励机制是由各种激励手段、激励措施及其有机组合构成的。通过这一机制所产生的持久推动力和吸引力，组织成员萌发实现组织目标的持久动机，产生实现目标的持久动力，引起并维持实现组织目标的行为。激励机制在知识型企业聚集的基地中，更应有多层次、多样化的特点。在传统的薪酬激励基础上，建议针对不同类型的企业运用多样化的激励机制，在研发与转化型企业中，传统的有效激励机制是必不可少的，如薪酬激励、精神激励、目标奖励机制、职业生涯规划。各机制描述见表 3-7。

表 3-7 研发与转化基地企业可选用的传统激励机制

激励机制	机制描述
薪酬激励	用高额的报酬来吸引人才，同时提供保险、福利等待遇也比其他同行具有明显的优惠条件，从而产生巨大的诱惑力。研发与转化基地是以新产品研发和科技成果转化的数量作为工作绩效的依据，因此，还可以采取减时提薪、利润分享和带薪休假等多样化的薪酬激励机制
精神激励	是人们在追求精神上、心理上和事业上的满足而产生的内在动力，它是发自内心、主动的力量。根据“双因素理论”，物质激励在令人达到一定满意程度之后，精神激励就会发挥更主要的作用。文化层次越高、个体素质越高的人往往有更大的抱负和理想，这种激励作用也就会越强。因此，对于聚集着众多行业的研发人才和高级专业技术人才的研发基地，精神激励是必不可少的激励内容
目标奖励机制	在确定具体的和量化的实现目标后，针对不同目标设立不同奖励制度。这种以最终目标完成为奖励的依据体现了“效率第一”的原则
职业生涯规划	对于知识型工作为主的研发基地，企业为各层次的技术人员进行职业生涯规划是帮助其树立起与企业共同发展意识的重要途径。通过规划职业生涯，可以使各类科研人员清楚地看到自己在组织中的发展道路，而不至于为自己目前所处的地位和未来的发展感到迷茫，从而有助于对企业、对事业形成一个积极的认同感

资料来源：Judith Harris，Review of the validity and reliability of measures of human resource management. http://www. pcpoh. bham. ac. uk/publichealth/methodology/docs/invitations/JH10_HRM_CB. pdf

除以上传统激励机制外，本书认为还有特别适合于研发型机构和组织的激励机制，如授权激励、自由转岗制度和成果、专利补偿制度等。

第一，授权激励。根据知识型人才从事创造性工作注重独立性、自主性的特点，一方面，企业要根据任务要求进行充分的授权，允许其自主制定其认为是最好的工作方法，而不宜进行过细的指导和监督；另一方面，为各类技术工作的人才提供独立承担创造性工作所需的资金、物资及人力支持，保证其创新活动的顺利进行。

第二，自由转岗制度。研发与转化基地汇聚的是更加看重实现自我价值的高科技人才。因此，要允许他们在相关领域进行自由转岗。例如，从事实验室研发工作的人员能在转化基地参与或指导转化的实际运作，并能解决转化过程的技术问题，也将成为一种有效的激励，以使其更全面地展示和发挥才能。

第三，成果、专利补偿制度。在研发与转化基地，研发人员的工作成果，以各类科技成果、专利、发明的形式表现出来，因此，满足研发人才成就感的成果、专利补偿制度将是直接有效的激励手段。在实施对象上，可以对个人或整个研发机构或组织进行补偿。

2）发展机制

发展机制是指滨海新区研发与转化基地的各类研发人员、技术人才和管理人才在专业领域内不断获得知识、技术的更新信息，并能提高其专业技术水平和科研能力的措施和手段的有机组合。从实施主体角度看，发展机制可分为基地内部的和外部的发展机制两种形式。

第一，内部的发展机制。滨海新区制造业研发与转化基地将是天津支柱产业的研发机构和组织的聚集地，其科研实力、产品研发和科技成果将辐射到整个北方地区。这个作用的发挥可以通过建设一个知识、信息、技术的交流平台来实现，其主要参与者就是各类科研人员和专业技术人才。这个平台的建立模式是多样化的，可以通过网络媒介来构建，在新产品研发、科研成果转化、新技术、新工艺、新材料等领域进行更新和交流，为基地各行业研发和技术人员提供即时的、前沿的信息以及知识的传递和交流。另外，这个平台还可以是宣传性的，同时以扩大影响和提高知名度为目的，如凭借天津良好的区域优势和聚集效应，在区内不定期举办新产品、新技术展示会、说明会等，为基地研发和技术人才提供零阻碍的交流和沟通机会，为其研发工作开阔思路和拓展思维创造良好的内部环境。

第二，外部的发展机制。制造业的研发与转化基地不仅应立足于内部发展机制的建立，而且还应着眼于全球研发现状和发展趋势。因此，作为各类研发人才，也应以国际化的眼光来看待自己的研发事业。位于天津这一国际化的港口城市的研发与转化基地也应充分利用其经济资源和社会资源，给各类研发人才成长为外向型、国际化人才提供更大的发展空间。其实现方式可以考虑在适当的时机提供研修机会，定期或不定期参加国际学术交流会议，或以访问学者的身份到国外学习和考察等形式。多样化的人才成长机制是天津滨海新区研发与转化基地良好运作的重要保证之一。

3）企业文化

对于滨海新区研发与转化基地的人力资源建设来说，企业文化的确切含义应是，基于基地研发与转化企业或机构的共性的文化氛围和文化特质的总称。因为基地内以各类研发性的机构和转化科技成果的企业为主，具有相似的组织形式和运作模式。在这里，企业文化不仅是激励机制的一部分，也是基地各类研发企业精神层次上应共同拥有的积极的思想，是一种与基地共同成长和发展的观念。它是形成基地内各种研发中心的人力资源、技术资源和管理资源等进行交流协作、整合优化的背景和前提。滨海新区研发与转化基地的企业文化建设应从以下两方面着手：一是强化科研人员和技术人员沟通机制，在技术创新、科研成果转化的过程中，很少有完全依靠个人能力进行的，团队合作是普遍的模式，因此，基地应允许并鼓励基地内相关行业和领域进行积极广泛地协作。二是强调共同发展观，基地内各研发和科研机构的技术人才应形成与基地提高科研辐射能力相互依托、相互依存的共同发展观和共同的荣誉感。这是提高基地内各类人才事业凝聚力和从思想意识的层面上减少人力资源风险的对策。

4）风险量化和控制机制

作为风险管理的重要组成部分——风险量化和风险控制是基地建设中降低人力资源风险的必要手段。因此，基地应建立风险量化和控制机制，其风险量化过程主要从主体风险——可持续开发方面着手，将风险细化成各评价指标体系，通过调查将评价结果汇总，运用定量方法进行分析。这里介绍比较容易操作的加权平均方法，从而辨别出主要风险，进而采取对策和措施进行控制。具体控制流程见图 3-13。

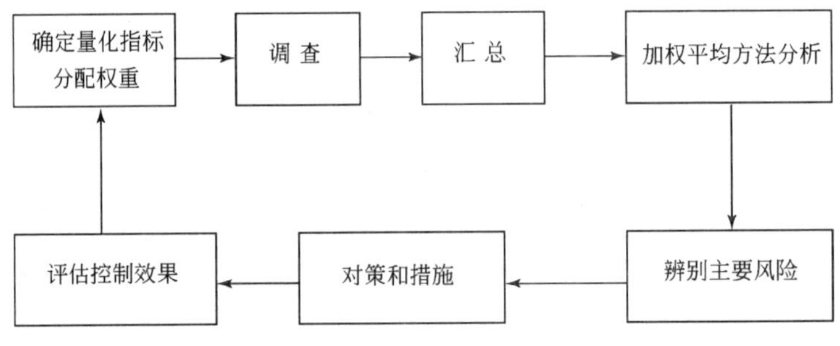

图 3-13　人力资源风险量化和控制机制流程图

第一，指标体系。实现风险量化和控制机制首先要确定量化指标体系，根据具体情况分配各指标权重。其量化指标体系应包括满意度、业绩衡量和人力资源成本三部分，分别从被测评人本身和相关人角度及人力资源成本等方面确定指标（表 3-8）。

表 3-8　风险量化指标体系构成简表

满意度（本人）	工作环境（职位、工作压力、合作模式、内部沟通、外部沟通、企业文化、成就感等）
	个人回报（工资、福利、培训、研修、交流机会、物质奖励、精神激励等）
业绩（相关人）	完成工作质量
	完成工作数量
	工作表现
成本	薪酬支付
	培养费用
	培养时间

第二，计算方法。根据选择的指标体系给各项赋予权重，然后确立可能评价级别，如七级评价方法，分为好、较好、稍好、一般、稍差、较差、差。并以问卷的形式分别对被评测人、其相关人和人力资源部门进行调查，而后进行汇总。在量化分析时，将评价级别好、较好、稍好、一般、稍差、较差和差分别赋值 3、2、1、0、－1、－2、－3。将权重和各自指标评价分值相乘，得出每个被评测人的三大指标的平均分值，然后进行横向比较，将所有被评测人的三项指标进行综合汇总，分析出组织或部门中存在的主要人力资源风险。

第三，控制对策。在定量分析后，根据存在风险采取措施，实施一段时间后，评估其对策或措施的效果，从而可以循环风险量化和控制过程。

综上所述，滨海新区研发与转化基地的建设和运作是以高级技术人才、研发人才等为支撑，而这类人才的稀缺性从客观上导致其风险的必然性。因此，希望通过以上解决对策的实施，达到最大程度控制和防范人力资源建设的风险，促进研发与转化基地人力资源的可持续发展。

（四）打造科技条件共享平台

科技条件是保障科技发展和社会进步的重要支撑系统和技术平台，是支撑科技活动的重要基础。现代科技条件已成为促进高新技术发展的重要环节和科技创新的一部分。

滨海新区制造业研发与转化基地的建设中，科技条件平台的建设是整个基地建设的重要组成部分。滨海新区作为中国经济增长的“第三极”，可以充分利用“后发优势”，将自身和周边已经具备的科技条件进行整合，同时与全国和世界范围内的科技条件资源进行协作来增强自身的研发与转化实力。科技条件平台建设的重点在于改革僵化的机制，打破条块分割，建立科研机构之间资源的共享激励机制，鼓励各类科技资源充分与企业结合，为企业提供创新支持的动力。滨海新区科技条件平台应围绕企业这一创新主体，充分体现区域科技发展特色，形成具有国际竞争力的区域科技发展格局，在更大范围内促进科技资源的流动和优化配置，适应企业自主创新和集成创新的要求，全面提高滨海新区的创新能力和竞争力，促进科技与经济、社会的和谐发展。最终建成以面向企业创新为主，以开放和低成本为特点，以共享为核心，能促进创新要素自由流动和优化配置的共享平台。

1. 科技条件平台的结构设计

国家科技基础条件平台是国家创新体系的重要组成部分，是服务于全社会科技进步与创新的基础支撑体系，主要由大型科学仪器设备和研究实验基地、自然科技资源保存和利用体系、科学数据和文献资源共享服务网络、科技成果转化公共服务平台、网络科技环境等物质与信息保障系统，以及以共享为核心的制度体系和专业化技术人才队伍等方面组成。滨海新区的科技条件平台也应该按照这个国家级建设纲要的方向进行构建。

以滨海新区制造业的规划来看，为了有效服务六大产业园区的科技创新和转化，滨海新区科技条件平台应当包括以下六大组成部分：①大型科学仪器设备和研究试验室协作共享；②化学试剂、仪器耗材提供；③生物种质资源，标本、实验动物资源；④科技文献、科技基础数据、科技规范和标准共享服务；⑤设备维修、升级和维护，实验室人员培训等专业服务；⑥科技人才与咨询服务。

这六大部分在网络信息系统和网络数据库的支持下，对于本地区或国内已有且不适宜重复建设、购置的大型仪器设备、实验基地、科技数据库等进行虚拟；对于本地区和周边没有的或可以通过重新购置、建设大幅提高研发或服务能力的，如实验动物、化学试剂、仪器耗材和部分数据库进行购置或建设。这样既保证了低成本、短周期，又能最大限度地提升滨海新区科技条件平台的功能（图 3-14）。

1）大型科学仪器设备和研究试验室协作共享

科学仪器设备和实验室是发展科学技术的基础，它不仅是科学活动必需的物质条件，而且也是实现知识创新、技术创新，提高竞争力的重要技术平台。

滨海新区的制造业高科技产业园从技术开发、产品研制直到成品检测，都需要先进的仪器设备和实验室。如果企业自己购买或建设，其投入太大，中小型企业则根本负担不起高昂的费用；如果园区或政府进行购置，则会重复建设，造成浪费。科技条件平台可以收录天津市内和周边大型精密仪器设备和实验室

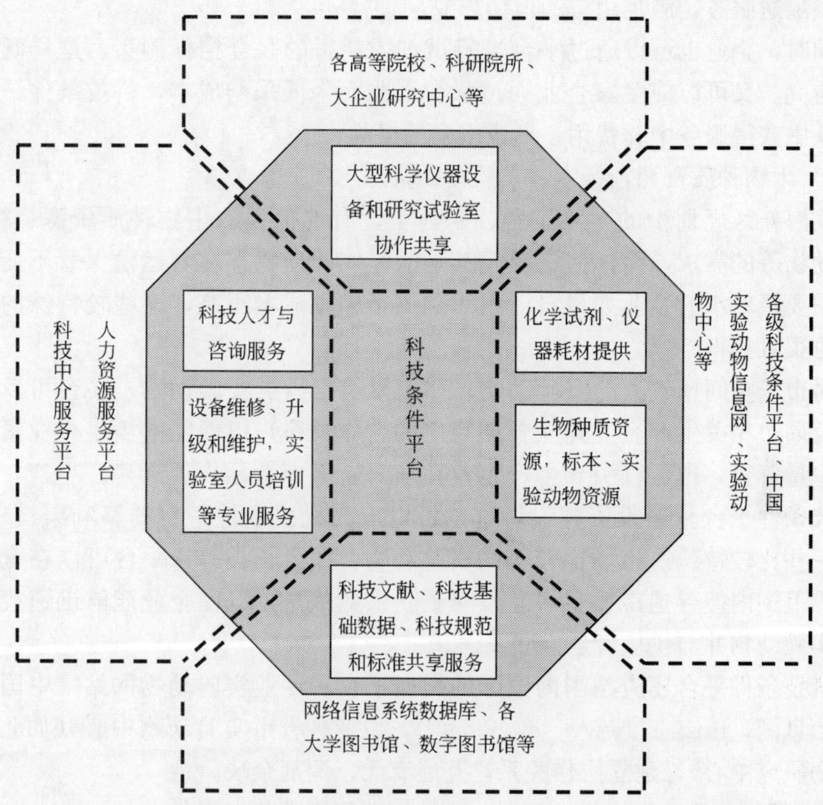

图 3-14 滨海新区研发与转化基地科技条件平台及相关系统结构图

的相关信息。通过数字化网上实验室实现共享仪器、共享技术、共享专家、共享方法、共享数据，逐渐摆脱地域、时间和空间的限制，科技条件资源信息顺畅地流动起来。能够联机操作的仪器设备在协调好之后可以直接通过网络进行远程使用；而只能现场操作的仪器设备可以由租用企业携带实验样品等相关物品、资料到仪器设备或实验室所在地现场租用，对于使用企业来说，在天津市范围内的少量物资和人员流动费用加上设备租用费用要远远低于购买一台新设备的费用；企业还可以要求实验室或仪器设备所有者提供“交钥匙”式的服务，即企业只提出要求和意向，对方完全负责试验的设计、材料、操作、数据处理，最后交付企业用户的只是结论或最终数据，当然企业要比前面仅仅租用设备的方式支付更多。

2）化学试剂、仪器耗材提供

滨海新区的化工企业所需要的化学试剂、标准样品或特有的仪器耗材不容易买到，或者因为一次性用量较少，试剂供应方不愿提供。针对这种需求，科技条件平台发挥网络信息畅通的优势，积极为用户联系试剂标样和仪器耗材，并提供配送服务，满足用户的迫切需要。

同时，企业也可以通过平台进行试剂或耗材的联合招标购买，这样既方便了供应商，又可以使多家企业通过联合采购而降低采购成本，科技条件平台也可以从中获得服务中介费用，形成多赢的格局。

3）生物种质资源，标本、实验动物资源

滨海新区规划中的生物工程、制药企业有着很强的生物种质资源、标本、实验动物等的需求，而这些资源尤其是活体实验动物存在着运输保管不便的问题，需要量较小的企业如果自己组织购买运输则成本很高，某些较特殊的实验动物也很难获得。

对市场空间比较大的实验动物，如小鼠等啮齿类实验动物，平台可以和本地以及周边相关生产企业建立长期稳定的合作关系，以便能够满足企业紧急订货和少量订货，也可以引导生产企业在滨海新区产业园内就近建厂生产，或者由科技条件平台直接投资建设，这也可以成为科技条件平台的赢利渠道之一。对于一些比较特殊、市场比较小的实验动物，如灵长类等，平台可以在全国甚至世界范围内搜寻追踪提供者，及时更新供应信息，以便企业能够迅速找到所需的实验动物并与供应者建立联系。

科技条件平台还应与国内国际的类似平台和专业实验动物网站（中国实验动物信息网，http：//www. lascn. net/），以及各省市实验动物中心（如北京实验动物研究中心），建立协作关系，互通有无，调剂余缺。

4）科技文献、科技基础数据、科技规范和标准共享服务

科技文献、基础数据、科技规范和标准等对高科技企业发展有着很重要的作用，有许多在塘沽开发区的企业在搞研发时经常要派人专程到天津大学、南开大学和天津市内其他大学的图书馆查找资料或通过大学校园网接入各种网上数据库查找资料，费时费力，而且还会造成一些不必要的重复开发。滨海新区科技条件平台应该改变这一现状，与天津市和周边地区的各大学图书馆、专业资料库建立联机检索和远程借阅手续办理服务，方便企业查找资料。平台还应该使用一部分经费开通新区企业经常使用的一些国内外数据库接入，如国内的万方、CNKI，国外的 SCI、IEEE 等，然后企业通过支付年费等方式有偿使用。

如果企业愿意无偿或有偿共享其拥有的或在生产、试验中得出的资料、文献、数据等资源，也可以发布在科技条件平台上，这样既可以促进企业与企业之间、企业与科研院所之间的研发合作，又可以使滨海新区同类型企业间形成竞争——合作的良性发展关系，如果能够形成行业标准则可以更大程度提升滨海新区的产业竞争力。

5）设备维修、升级和维护，实验室人员培训等专业服务

大型精密仪器设备由于其先进的技术和复杂的结构使得维护保养、升级和

维修非常依赖专业人员，而这种掌握专门技术的人员又非常稀缺。科技条件平台可以发挥其长期接触大型精密仪器设备而积累下来的大量有关信息的优势，建立专业人员信息库联系协调或者自行提供设备的维护保养、升级和维修的服务。这种专业性很强的服务可以解决设备拥有者和使用者的后顾之忧，提高设备的完好率和使用率。

例如，在"非典"期间，南京大学国家医药生物技术重点实验室一台从英国PE公司原装进口的480型PCR仪器出了故障，严重影响了实验工作的正常开展。他们了解到"江苏省大型仪器协作共用及维修网"能够提供分析仪器维修业务，就与协作网服务指导中心联系，协作网服务指导中心安排分析仪器专业维修站的工程师及时维修好了这台PCR仪器，满足了国家医药生物技术重点实验室实验工作的需要。由此可见，滨海新区科技条件平台完全可以并且应该发挥这样的作用。

大型精密仪器设备的使用需要具有很高专业素质的人才，平台应该保存资深教授、科研专家、经验丰富的仪器设备使用者等专业人才的信息，充分发挥这些高技术专业人才的专业特长，培养滨海新区的分析测试专业人才。一方面，科技条件平台可以举办技术交流或技术讲座，请专家传授经验，也可以请仪器设备生产厂商展示新产品和新技术，开阔技术人员的视野；另一方面，针对广大分析测试人员对取得相应职业资格证书的需求，科技条件中心应当申报成立职业技能鉴定所，开展化学检验工（含化学分析、理化检测、化验分析、水质分析、煤气化验、印染化验、仪器分析等）、食品检验工（含乳品检验、水产品质量检验等）、材料成分检验工、材料物理性能检验工、分析仪器维修工等国家劳动和社会保障部规定需执证上岗的分析测试工种的职业技能鉴定工作，为分析测试人员取得相关职业资格证书开辟了一条独特、专业的鉴定通道。

6）科技人才与咨询服务

虽然专业科技人才的人力资源服务和科技中介咨询服务是滨海新区研发与转化基地中人力资源服务体系和科技中介服务体系的工作内容，但是对于大型高价值仪器设备、复杂先进实验室、专业分析检测试验等领域的专业人才和专业咨询来说，科技条件平台可以起到无法替代的作用。对于上述服务项目，科技条件平台可以同人力资源服务体系、科技中介服务体系联合，发挥平台的专业优势，在专业人才流动、仪器设备采购、实验室建设、科研成果转让等方面起到"专家"的作用。

2. 科技条件平台的运作方式

1）以市场化的运作方式促进科学管理

建设科技条件平台，要抓住现代服务业发展的契机，以企业和有关机构为实施主体，以市场开发为导向，以体制和机制创新为重点，以建立和完善服务体系为主要内容，依托有条件、有活力、有服务优势的机构，从滨海新区高新技术创新发展规律和相关企业客观需要出发，充分调动各方的积极性，探索多种整合科技条件资源的新形式。

滨海新区科技条件平台建设要沿着市场化的方向展开，具体体现在：运行机制市场化——市场成为调动和配置科技资源的主要手段；平台运行企业化——平台的管理采取企业化形式；服务对象社会化——平台将不再只满足研究的需要，而是面向研究、开发、产业化等不同环节的创新主体；资源条件共享化——破除科技条件的拥有者、经营者、使用者之间的种种壁垒，降低创新成本。

在总体思路上，平台建设要按照市场经济规律，建立涉及各部门之间、资源提供者和资源利用者之间的共享和利益机制，拥有一批既懂技术又善经营，既了解传统科研组织模式又熟悉科技产业成长规律，既能充分利用本系统力量又能广泛整合社会资源的创新型人才。

2）以中小企业为主要服务对象

大型企业由于自身有着较强的研发实力和部分高价值的仪器设备、实验室、专业人员以及专业渠道，所以科技条件平台对它们的作用只是协作交流，而中小企业对科技条件平台的依赖则远远强于大企业。因此，科技条件平台应当主动为中小企业服务，适当减免费用，或者与行业协会合作，由行业协会使用会费等资金为中小企业支付费用，也可以采用联盟方式捆绑入会。例如，在加入行业协会缴纳会费之后，中小企业可以自动成为科技条件平台会员，享受部分服务，无须重复交费。

3）充分发挥政府在科技条件平台建设中的作用

虽然滨海新区科技条件平台采用市场化的运行方式，但是政府的支持也是必不可少的，正像市场经济中宏观调控的重要作用无法忽视一样。政府部门应当鼓励仪器设备的所有者进行共享，相关产品和服务的提供者积极参与到科技条件平台的运作之中，并给予科技条件平台政策引导和支持。

我国的高校、科研院所等都受政府领导，实际上大量的仪器设备、人员、实验室等都属于政府。因此，政府也是重要的共享提供者。政府可以通过控制仪器设备的重复引进，实行经费与共享程度挂钩，人员考评与科技条件平台合作程度挂钩等方式，促进设备、人员与科技条件平台的合作。

4）外引内联，加强合作，降低成本，加快建设

被誉为科技界“三峡工程”的国家科技基础条件平台、天津市大型科学仪器协作共用网，对于滨海新区的科技条件平台建设有着很好的指导作用。特别是天津市大型科学仪器协作共用网，由于同属天津市，滨海新区的科技条件平台应该与天津市的“天津市大型科学仪器协作共用网”、“天津科技网”、天津实验动物中心相整合，而不必重复建设。这样可以加快建设速度和效果，降低建

设费用和风险。此外，"首都科研条件平台"、"河北科技信息网"、"河北大型科研仪器协作共用网"、"河北实验动物信息网"和"京津冀科研条件协作网"都应该成为滨海新区科研条件平台的重要协作单位。

(五) 强化研发与转化中介服务

对于研发与转化基地的建设，中介服务尤其是科技中介服务是必不可少的部分。它能够通过特殊的技术服务推动已有技术成果的转移、扩散，或根据技术需求联系可能的提供者，为技术创新的成功实现起到沟通、联系、组织、协调等作用。

1. 科技中介服务体系的目标定位

基于滨海新区研发与转化基地的目标定位，并结合滨海新区的实际，本书对其中介服务体系作出如下定位：

(1) 发展外向型的科技中介服务体系。滨海新区研发与转化基地的中介服务体系的建设应着眼于开发和利用国内外两种资源和两个市场，在充分利用国内科研资源的同时，扬长避短，抓住机遇，积极发展外向型科技中介服务体系。

(2) 科技中介服务体系建设与政府管理体制改革同步推进。借鉴国外科技中介服务体系的建设经验，建立和完善政府与中介机构的合作机制，营造良好的科技中介发展环境，加强科技中介在科技战略决策咨询、重大项目论证以及产业化项目的市场化管理等方面的能力建设，是当前发展滨海新区研发与转化基地必须要做好的工作。

(3) 建立多层网状的科技中介服务体系。针对不同的需求建立不同层次的科技中介服务机构，有的放矢，各取所需；同层次的各个科技中介服务机构形成网络，互通有无，联结互助；各个层次之间相互制衡，协调发展。通过这种多层网状的立体结构能够很好地适应和满足滨海新区研发与转化基地各种类型、各种规模企业个性化的服务需求。

2. 科技中介服务体系的结构设计

根据科技中介服务体系的目标定位，本书建议将其结构设计成如图 3-15 所示的结构，以强化服务、整合资源，通过提供各种专业化服务，促进不同创新组织和服务组织之间的联系和互动，形成市场化、产业化、规范化的科技服务体系，从而提高研发与转化基地的可持续发展能力。

为此，建议滨海新区研发与转化基地的科技中介服务体系按照两个网络和三个层面的架构加紧建设。两个网络是指逐步建立起区域性科技中介服务网络和领域性科技中介服务网络。三个层面的第一个层面是培育综合性的、承担一定政府职能的科技中介服务机构，包括滨海新区高技术创业服务中心、滨海新

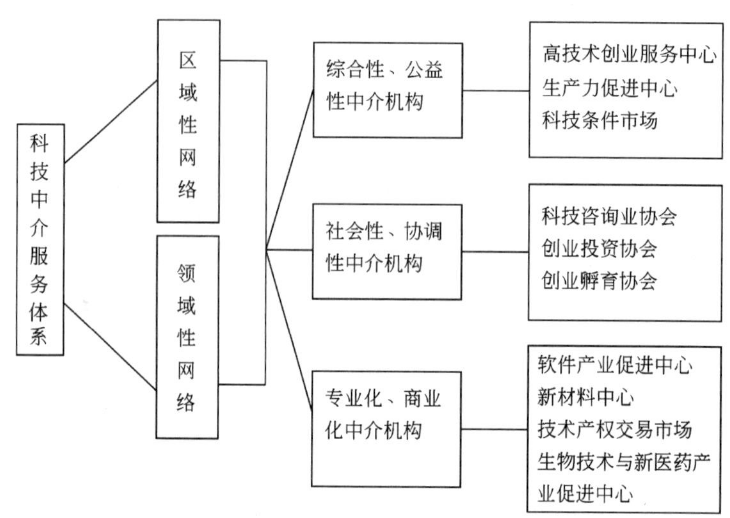

图 3-15 滨海新区研发与转化基地科技中介服务体系结构图

区生产力促进中心、滨海新区科技条件市场等；第二个层面是培育专业化、商业化的科技中介服务机构，包括滨海新区软件产业促进中心、滨海新区生物技术与新医药产业促进中心、滨海新区新材料中心等；第三个层面是整合和协调社会性的科技中介服务机构，包括滨海新区科技咨询业协会、滨海新区创业投资协会、滨海新区创业孵育协会等。

3. 科技中介服务体系高效运行的保障措施

1）提高科技中介的诚信及服务水平

良好的信誉是科技中介机构生存发展的基础。由于进入科技中介行业的财务成本很低，势必会吸引一些不合格的机构和人员进入科技中介服务业，导致行业产生不适当的竞争和低劣的服务质量，从而危害行业的发展，祸及基地的建设和运转。

鉴于此，本书建议：第一，市政府和新区管委会大力支持有关的行业协会和机构，制定和实施科技中介组织的认证、投诉、评估、排名以及信誉评价信息发布和查询制度，从而实现对社会中介服务的监督和管理。第二，借鉴发达国家的经验，建立基地的科技中介行业协会，加强行业自律。要求行业协会要不断加强自身建设，以服务质量和职业道德为核心，做好中介机构和从业人员的资格认定、业务培训、质量考核、同业交流、行业自律和信誉监察等工作，以提高基地科技中介服务行业的整体服务水平。如德国的咨询业协会，实际上起到了行业优质企业的间接评审作用。第三，对于从业人员素质问题，虽然可以通过政府资格认证、行业协会“过滤”等办法保证从业人员的较高水平，但是鉴于目前符合此要求的中介服务专业人才还很缺乏，在滨海新区研发与转化基地建设之初，可以通过派人到发达国家参加专业培训课程，以弥补专业人员不足；同时学习外国经验，在此基础上建立自身的科技中介人员培训系统，保证日后发展需要。第四，政府还应引导并鼓励具有互补性的科技中介机构与创新支持服务机构之间形成策略联盟。但要注意这种策略联盟应该由行业协会组织，而不是由政府牵头。对于需要科技中介服务的客户，如果无法找到单一的中介组织满足其需求，则可以同行业协会联系，由协会推荐或组建策略联盟来为客户提供全方位服务。这样既可保证参与成员的资质水平，也可由协会通过政策法规和行业规范协调监督各成员工作，以保证合作所提供的中介服务水平。

2）正确处理科技中介市场化和政府的作用

科技中介服务机构的性质和职能要求其必须具有很强的独立性、公正性、权威性和严肃性。然而，由于其背景各异，在市场不规范的环境中，存在着不平等竞争，使中介机构的发展不能实现优胜劣汰，并有可能连锁产生两种负面影响：一是如果科技中介机构偏向于科研机构，可能会误导企业造成技术引进失误，直接导致企业破产；二是如果中介机构偏向于某特定企业或投资主体，则可能将新技术引入不适合其产业化的企业，导致新技术错过产业化的宝贵机会而过时。这两种情况都会使研发与转化基地无法运转，导致科研与产业脱节，科研无法按照市场需求的方向进行，转化也找不到合适的企业作为载体。

因此，借鉴发达国家发展科技中介业的共同做法，建议在滨海新区研发与转化基地的建设中，政府中介应当成为其他科技中介机构的孵化器，应当成为中介的中介，而不是竞争者。应将主要工作转到社会和公共事务方面，凡是通过市场机制能够解决的问题，应当由市场机制解决；市场机制难以解决，但通过规范、公正的中介机构能够解决的问题，也应当由中介组织解决。政府中介应当利用自己的公信力和资源，促进中介机构建立行业协会等自律性组织，净化中介市场，为公平、公正、公开的竞争创造良好的市场氛围。具体有以下几个方面：

第一，建立和完善有利于科技中介发展的制度环境。如在科技方面，建议政府通过制定促进技术转让和商业化的政策和法规，理顺大学和政府研究机构在技术转让方面的责、权、利关系，加速大学和政府研究机构的研究成果向企业转移；在风险投资方面，政府可以通过建立风险资本的退出机制，允许建立有限合伙制公司，放宽资金准入，对投资者进行税收激励等政策，为风险投资业创造宽松的环境；在知识产权保护方面，政府通过完善知识产权保护法规和解决影响其实施的一系列问题，以确保知识产权保护得到有效实施等。这些制度的设计应是动态的，应随着科技经济环境的变化不断地适时进行检讨与修订，以利于科技中介服务的顺利发展。

第二，适度扶持发展公共科技中介服务体系。目前，即使是在发达国家，由于科技中介服务整体上还是相对新兴的行业，获利性不大，致使民间营利性中介机构服务不能迅速发展起来，为此，各国政府都扶持发展了一些公共科技中介机构，作为国家科技中介服务体系的基础力量。考虑滨海新区的实际，建议政府适度扶持发展公共科技中介服务体系。如大力扶持在滨海新区建立依托于全国各区域的政府研究机构和大学的国家范围的多学科的公共技术转让网络，鼓励大学、研究机构通过与企业进行合作研究和工业咨询等为企业提供技术创新支持，或以计划为载体推进先进技术在环渤海乃至全国企业的及时推广应用。不过，需要注意的是，政府的支持必须与各种科技中介服务发展的内在要求相适应，因市场条件的变化而变化。

第三，支持有助于科技中介服务发展的行业组织、网络联结和数据库的建设。为了促进整个行业的良性竞争和快速发展，建议除了支持行业协会及有关组织的建设，政府还应支持有关机构开发技术和商业信息数据库、技术成果数据库和专利数据库，特别是要加强专业数据库的建设。政府可以以行政命令规定大学和研究机构尽可能公开政府资助的研发项目的成果信息，并通过专门的技术信息服务机构整合这些信息，以便科技中介机构获取和使用。数据库的建设要重质量和使用效果，要深化数据库的内容分析服务，以期这些数据库能为科技中介机构提供高品质的可利用信息。

3）实现科技中介服务的专业化和规模化

第一，专业化发展。随着社会分工的不断细化，各行业对中介服务的特定需求不断增加，使有针对性地建立为特定行业企业提供多功能服务，突出行业特色和技术优势的中介服务体系成为科技中介机构的发展趋势之一。滨海新区在其研发与转化基地的建设中，由于其大力发展的电子通信、石油开采和石油化工、海洋化工、现代冶金、机械制造、生物制药、食品加工等主要产业的科技含量非常高，一般的科技中介机构无法满足其需求，因此，建议滨海新区的科技中介服务机构应按上述产业向专业化方向发展，即根据行业发展要求，适时建立一批为特定行业服务的科技中介服务机构。

第二，规模化发展。规模化的科技中介机构不仅可以为客户提供新技术信息、技术价值的评估、技术的转化、企业管理，还可以提供人员培训的全程服务，满足客户的所有需求，增加科技中介机构的业务量和收益。而且，由于企业内部或松散的企业联盟之间的资源可以共享，从而降低了科技中介机构的经营成本，使利润达到最大化，竞争能力进一步提高。因此，建议在滨海新区积极推动科技中介机构，通过并购或外包的方式组成更大规模的中介机构或中介机构联盟，从而实现科技中介服务规模化发展。

4）完善科技中介服务信用体系

信用体系建设是科技中介活动中确保诚信的重要手段，也是滨海新区研发与转化基地能否有效发挥其辐射与带动作用，实现可持续发展的重要保证。作为社会信用体系的一部分，中介服务企业和个人的信用体系无法自己建立并发挥效力，但是在滨海新区可以建立本区域内的信用体系，发挥一定的规范市场运作的作用，并为今后融入即将建立的国家社会信用体系奠定制度和数据基础，同时也为研发与转化基地得以高效运行和快速发展提供有效保障。因此，建议滨海新区加快科技中介服务信用体系建设。

（六）运行效果追踪评价

追踪调查方法

采用以下问卷，追踪调查研发与转化基地建设的运行效果。调查对象应包括滨海新区不同类型企业、主管和相关部门、区外典型企业等。调查所采用的问卷如下：

QUESTIONNAIRE

滨海新区研发与转化基地运行效果满意度调查问卷

[督导填写] 问卷编号：__________

[访问员填写] 访问员姓名__________　访问员编号__________

[访问员填写] 访问日期　2004年[ ] [ ] 月[ ] [ ] 日

被访者姓名__________　隶属行政区域__________　区域号码__________

被访者所在公司__________　单位电话__________

[一审填写] 问卷验收签名__________

验收情况：1——一次合格　2——补问合格　3——不合格

[二审填写] 问卷复核签名__________　审核意见：1——合格　0——不合格

[编码员填写] 编码员签名__________　编码情况：1——部分　2——全部

[录入员填写] 录入员签名__________　录入员编号__________

访问员承诺：

我清楚本人的访问态度对研究结果的影响；

我保证本问卷所填各项资料都由我按照访问程序规定记录，绝对真实无欺；

若发现一份作假，本人访问的所有问卷全部作废，并赔偿公司损失。

访问员签名：__________

[问卷复核员注意：若无访问员签名的问卷，视作废卷]

导　语

女士/小姐/先生：

您好！我叫________，是天津工业大学滨海新区课题组的访问员。我们正在进行一项有关滨海新区研发与转化基地运行效果满意度的研究，我想请教您几个问题，可以吗？谢谢！

[在必要时读出：依照《统计法》，有关您个人或家庭的资料我们将严格保密。]

[访问员请记录开始正式询问时间，24 小时制][　][　]时[　][　]分

请调查员出示滨海新区研发与转化基地系统图，并进行适当解释。

A 部分　滨海新区研发与转化基地运行模式调查

A1. 请问您认为滨海新区研发与转化基地应包括哪些组织？

1. 企业　2. 大学和研究机构　3. 中介服务体系　4. 金融机构　5. 政府

A2. 请问以上五个方面，哪方面是您认为最核心的组织？

1	2	3	4	5

A3. 请问您认为下列滨海新区研发与转化基地的管理机制中哪个更合理？

1. 行政主导型管理模式　2. “公司制”管理模式　3. 政企合一型管理模式　4. 政企分开型管理模式

A4. 请问您认为研发与转化基地运行的系统模型中哪一种特质更重要？

1. 持续性——主要是指作为研发与转化活动核心主体的科技企业在实施研发过程中的稳定性和持久性。
2. 协调性——是指在研发与转化过程中组成系统的各主体之间、系统运行的各阶段之间及创新过程中的资源配置等方面的协调程度。
3. 有效性——是指构成研发与转化系统运行的宏观环境对此系统运行的适宜和支持程度。

除上述特质外，您认为这一系统还应当具备些什么特质__________？

A5. 请问您认为滨海新区研发与转化基地的五大体系的构成：投融资体系、制度体系、支持体系、中介体系、组织体系是否合理？

完全合理——1	比较合理——2	不一定——3	比较不合理——4	完全不合理——5

A6. 如果您构建上述体系的话，您认为应当由哪些体系构成：

建议 1 ____。

建议 2 ____。

此外____。

B部分 滨海新区可持续发展研究调查

B1. 请问您认为滨海新区建立技术创新联盟的重要程度如何?

很重要——1	比较重要——2	一般——3	比较满意——4	很满意——5

B2. 请问您认为人力资源风险的主要来源是什么?

1. 人力资源需求结构将发生较大变化
2. 对制造业相关产业引进人才的质量保证的风险
3. 研发与转化基地的人力资源获得可持续开发的风险

此外还有________________________________。

B3. 请您对影响研发与转化基地的人力资源可持续开发四方面的风险排序:

引进机制(　　)

激励机制(　　)

培养机制(　　)

企业文化(　　)

B4. 请问您对目前的工作环境是否满意?

很满意——1	比较满意——2	一般——3	不太满意——4	很不满意——5

B5. 请问您对现在的薪酬是否满意?

很满意——1	比较满意——2	一般——3	不太满意——4	很不满意——5

B6. 请问您对目前完成工作的质量是否满意?

很满意——1	比较满意——2	一般——3	不太满意——4	很不满意——5

B7. 请问您对员工的工作表现是否满意?

很满意——1	比较满意——2	一般——3	不太满意——4	很不满意——5

B8. 请问您认为人力资源的成本来源是:

薪酬支付——1

培养费用——2

培养时间——3

B9. 您认为应该如何完善研发与转化制度体系?

建议1________________________________。

建议2________________________________。

此外________________________________。

C部分 滨海新区研发与转化基地运行效果追踪调查

C1. 目前研发与转化基地运行效果与您心目中理想状态是否一致?

很不一致——1	不太一致——2	一般——3	比较一致——4	很一致——5

C2. 您对研发与转化基地主要功能实现程度是否满意？

很不满意——1	不太满意——2	一般——3	比较满意——4	很满意——5

C3. 请问您对自己目前研发与转化基地运行效果哪些方面不满意？还有呢？

答案 1 ______________________________;

答案 2 ______________________________;

答案 3 ______________________________;

C4. 请问您认为滨海新区研发与转化基地的五大体系：投融资体系、制度体系、支持体系、中介体系、组织体系中，哪个运行状态最为良好：______________________________。

哪个运行状态最有问题：______________________________。

C5. 请问您认为滨海新区研发与转化基地还存在哪些需要改进的方面？

答案 1 ______________________________;

答案 2 ______________________________;

答案 3 ______________________________。

通过对调查问卷整理分析之后，对追踪调查结果进行分析，找出问题，从而寻找不断改进的方案。

第四章 实证研究——滨海新区生物医药产业科技创新对策

众所周知，滨海新区产业结构呈“二三一”结构，优势在第二产业。滨海新区经济增长依赖于科技的发展，主要依赖第二产业，特别是高新技术产业，其产值占滨海新区工业产值近 1/2。由于滨海新区的高新技术产业主要集中在电子信息、生物医药、新能源、新材料等领域，本章选择生物医药产业进行典型产业实证分析，以期获得滨海新区高新技术产业科技创新具有代表性的对策，促进滨海新区的可持续发展。

第一节　滨海新区生物医药产业发展现状

生物与医药产业是全球发展最快、最具发展前景的高技术产业，目前全球生物与医药产业销售额年增长率达到 25%～30%。专家预测，未来 5～10 年，生物与医药产业将进入快速成长期，成为世界经济的主导产业和支柱产业。而生物与医药产业已被美国、欧盟、日本、加拿大、韩国等多数经济发达国家列为未来 10～20 年的国民经济支柱产业。对于我国而言，生物与医药产业是具有巨大发展潜力的产业之一，同时是关系到我国未来国际竞争力的战略性产业，被我国“十一五”规划列为优先发展的重点高新技术产业，并将成为继 IT 产业之后我国经济新的增长点。

一　生物与医药产业的界定与特点

（一）生物与医药产业的界定

生物与医药产业由生物技术产业和医药产业共同组成。而制药产业和生物医学工程产业是现代医药产业的两大支柱。

1. 生物技术产业

生物技术是以现代生命科学理论为基础，利用生物体及其细胞的、亚细胞的和分子的组成部分，结合工程学、信息学等手段开展研究及制造产品，或改造动物、植物、微生物等，并使其具有所期望的品质、特性，从而为社会提供商品和服务手段的综合性技术体系。其内容主要包括基因工程、细胞工程、发酵工程、酶工程、生物芯片技术、基因测序技术、组织工程技术、生物信息技术等。生物技术产业包括医药生物技术产业、工业生物技术产业、农业生物技术产业和海洋生物技术产业等。其中，医药生物技术产业是生物技术产业中最重要的组成部分，占生物技术产业 60%以上，而且生物技术在制药技术上的应用也最成熟。

2. 医药产业

1）制药产业

制药是多学科理论及先进技术的相互结合，采用科学化、现代化的模式，研究、开发、生产药品的过程。除了生物制药外，化学药和中药在制药产业中也占有一定的比例。

2）生物医学工程产业

生物医学工程是综合应用生命科学与工程科学的原理和方法，从工程学角度在分子、细胞、组织、器官乃至整个人体系统，多层次认识人体的结构、功能和其他生命现象，研究用于防病、治病、人体功能辅助及卫生保健的人工材料、制品、装置和系统技术的总称。生物医学工程产业包括生物医学材料制品、(生物）人工器官、医学影像和诊断设备、医学电子仪器和监护装置、现代医学治疗设备、医学信息技术、康复工程技术和装置、组织工程等。

医药生物技术产业是生物技术产业最重要的组成部分，医药生物技术产业在医药产业中的比重将会越来越大。目前，医药生物技术产品（包括基因工程药物、疫苗、生物诊断试剂等）的产值在医药产业中所占比例不足 10%，但由于传统的新药研制方法难度越来越大，研制开发成本不断上升，成功率越来越低。因此，在世界较大的制药公司中，目前有 70%的项目是使用生物技术开发。随着人类基因组计划的完成，预计到 2010 年，将会有更多应用生物技术制成的全新药品上市，整个医药工业将面临使用生物技术进行更新改造的挑战。

（二）生物与医药产业的特点

生物与医药产业是技术和资金密集型行业，具有高投入、高技术、高收益、高风险和长周期的特征。

1. 高投入

生物与医药产业是一个投入相当大的产业，资金主要用于新产品的研究开发、医药厂房的建造以及设备仪器的配置方面。目前，国外研究开发一个新的生物与医药品种的平均费用在 1 亿～3 亿美元，并随新药开发难度的增加而增加(目前有的高达 6 亿美元)。一些大型生物制药公司的研究开发费用占销售额的比率超过 40%。显然，雄厚的资金是生物药品开发成功的必要保障。

2. 高技术

高技术主要表现在其高知识层次的人才和高新的技术手段方面。生物与医药是一种知识密集、技术含量高、多学科高度综合互相渗透的新兴产业。以基因工程药物为例，上游技术（即工程菌的构建）涉及目的基因的合成、纯化、测序，基因的克隆、导入，工程菌的培养及筛选；下游技术涉及目标蛋白的纯化及工艺放大，产品质量的检测及保证。生物与医药的应用扩大了疑难病症的研究领域，使原来威胁人类生命健康的重大疾病得以有效控制。21 世纪生物药物的研制将进入成熟的 ENABLINGTECH-NOLOGIES 阶段，使医药学实践产生巨大的变革，从而极大地提高人们的健康水平。

3. 高收益

生物工程药物的利润回报率很高。一种新生物药品一般上市后 2～3 年即可收回所有投资，尤其是拥有新产品、专利产品的企业，一旦开发成功便会形成技术垄断优势，利润回报可高达 10 倍以上。

4. 高风险

生物与医药产品的开发孕育着较大的不确定性。新药的投资从生物筛选、药理、毒理等临床前实验、制剂处方及稳定性实验、生物利用度测试直到用于人体的临床实验以及注册上市和售后监督一系列步骤，可谓是耗资巨大的系统工程。任何一个环节失败都将前功尽弃，并且某些药物具有“两重性”，可能会在使用过程中出现不良反应而需要重新评价。一般来讲，一种生物工程药品的成功率仅为 5%～10%，时间却需要 8～10 年，投资需要 1 亿～3 亿美元。另外，市场竞争的风险也日益加剧，抢注新药证书、抢占市场占有率是开发技术转化为产品的关键，也是不同开发商激烈竞争的目标。若被别人优先拿到药证或抢占市场，也会前功尽弃。

5. 长周期

生物药品从开始研制到最终转化为产品要经过很多环节：试验室研究阶段、中试生产阶段、临床试验阶段（I、II、III 期）、规模化生产阶段、市场商品化阶段以及监督每个环节的严格复杂的药政审批程序；而且产品培养和市场开发较难。所以，开发一种新药周期较长，一般需要 8～10 年，甚至 10 年以上的时间。

二 全球生物与医药产业的发展

世界生物与医药产业开始进入大规模产业化阶段。生物与医药产业正快速地由最具发展潜力的高技术产业向高技术支柱产业发展，呈现以下特点。

1. 发达国家处于全球医药产业的绝对主导地位

以美国、欧盟和日本为主的发达国家和地区凭借其科技、金融、市场等优势，处于产业主导地位，特别是专利药市场基本被大型跨国公司所垄断。从世界药品市场的构成来看，美国、欧洲和日本三大药品市场的份额超过了80%，东南亚和中国的份额为7%。从世界药品的生产来看，占全球医药产品60%以上份额的前20家大型公司全部属于发达国家（图4-1）。

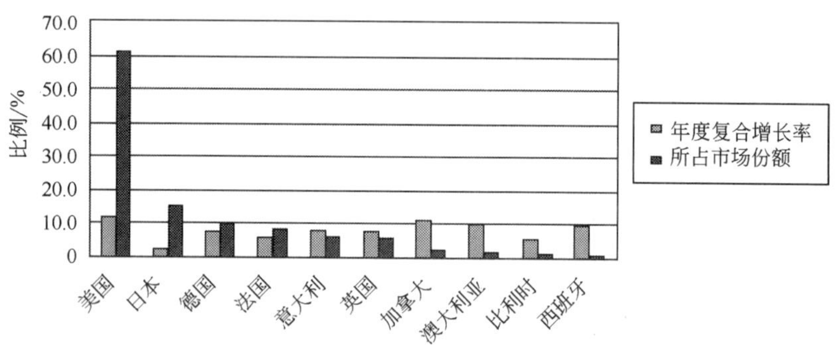

图4-1　2005年全球十大医药市场格局

2. 传统医药产品保持主力地位，生物与医药产业化进程明显加快

传统化学药物市场依然庞大，占整个医药市场的70%左右。但是由于生物技术成果在医药工业中的大量应用，20世纪90年代以来，全球生物药品销售额以年均30%以上的速度增长，大大高于全球医药行业年均不到10%的增长速度。21世纪生物与医药的研发已经进入提供可实用技术的成熟阶段，世界医药生物技术的产业化正在逐步进入研发投资的收获期。

3. 重磅“炸弹级”药品不断涌现

生物制药产业化进程的加快以及新技术的应用，使市场规模巨大的重磅“炸弹级”药物的数量和销售额迅速增加。

重磅“炸弹级”药物地位的提高，导致全球生物与医药市场的产品集中度越来越高。由于大型跨国公司通常拥有多个重磅“炸弹级”药品，因此可以凭借这类药品保持市场销售额的不断攀升，支撑其全球市场份额。

4. 并购改变市场格局，国际产业转移加快

近年来，国际制药业的并购重组造就了一批跨国制药巨头，改变了全球医药市场格局。近两年来，全球排名前10位制药公司的销售收入占全球医药市场份额的比例跃升至50%左右。有分析预测，到21世纪中叶，全球前70家大制药公司将合并为15家，医药产业的集中度将进一步提高。

5. 创新药品开发实行外包策略

为了缩短新药物上市时间、减轻压力、提高效率，近几年，许多生物技术和制药公司开始实施外包方式的经营战略，通过整合外部资源进行新药开发。这种模式是将技术性强的研究开发内容，分包给具有研究实力的小型公司完成，

大公司借助小型公司某些方面的优势，可大大提高开发过程的功效。

市场研究公司 Kalorama Information 最新的一份报告显示，药物开发合同的价值在 2005 年达到了 190 亿美元，并预计将以年增速 17%的速度增长，到 2010 年将超过 420 亿美元。

6. 资本市场促进生物与医药产业发展

生物与医药产业的研究开发及其产业化都需要投入巨额资金。其融资方式主要有以下三种：一是通过公开发行股票（IPO）方式。不论是发达国家还是发展中国家，医药企业通过股票市场融资发展都是主要渠道。二是通过私募方式筹集资金。由于国外的大型制药企业多为私营企业，同时具有相对较好的赢利前景，很多企业通过私募方式筹集资金。三是从促进新药科技成果的产生和产业化来看，风险投资起着重要作用。比如，2005 年美国仅生物技术企业（主要是医药生物技术企业）就筹集到 70 亿美元，约占总风险投资的 4%。

三 滨海新区生物与医药产业的发展现状

1. 生物与医药产业持续高速增长

天津一直是我国重要的医药工业基地，天津医药行业“三素一酸”（抗生素、激素、维生素、氨基酸）多年来闻名全国。截至 2005 年底，天津从事生物技术相关产品的各类企业和研发机构已超过 500 家，生物与医药产业年收入已近 300 亿元人民币。天津金耀集团药业公司的地塞米松生产规模居亚洲第一，占全球市场份额达 40%，中新药业的 VB1、津津制药厂的氢化可的松、尖峰天然产物公司的花箐素、科汉森公司的乳品益生菌等 10 多种产品年产量居全国首位。华立达公司的 α-2b 干扰素、协和干细胞公司的干细胞技术、生物芯片技术有限责任公司的生物芯片产品、中新科炬公司的艾滋病等金标快速诊断试剂、诺维信公司的酶制剂、诺和诺德公司胰岛素产品、德普生物公司的诊断试剂等现代生物技术产品在全国位居前列。在中医药产业化方面，中新药业集团公司、天士力集团公司 2003 年销售收入在全国中医药中分列第一、二位。保健品行业，天津天狮集团有限公司业务渠道辐射世界 180 个国家及地区，年销售额超过 3 亿美元。

2005 年天津滨海新区规模以上医药企业共 21 个，其工业总产值为 35.8 亿元，规模以上企业产值增速达 40%，实现利润总额为 2.6 亿元，产销率达 92.34%。

2. 形成了较合理的产业布局

目前，天津滨海新区已经吸纳了生物与医药企业上百家，汇聚了葛兰素史克、诺维信、中新药业等一大批知名生物与医药企业，涉及蛋白质工程药物、缓控释药物等多个技术领先领域，且每年以高达30%以上的速度增长，目前已初步形成“聚集效应”。

2006年6月，科技部与天津市签署合作协议，在滨海新区共同建设一个集研发、企业孵化、生产贸易为一体的医药产业园区，即“国家生物与医药国际创新园”，滨海新区已经具备发展生物技术与创新药物研发及产业化的基础和优势。

3.“国家生物医药国际创新园”建设启动使得产业聚集效应加大

天津的生物与医药产业目前基本上形成了“一轴两翼”的格局，“一轴”为“武清—中心城区—塘沽”高新技术产业发展主轴，由西向东串联起武清保健品现代化基地、北辰中药现代化基地、天津空港工业园、天津西区生物与医药工业园、开发区原料药密集区、开发区现代生物企业群板块、开发区中药现代化基地、天津玉米深加工联产工业园等八大板块。“两翼”的北翼为蓟县食品、酿造产业密集区，南翼为天津新技术产业园区现代医药板块、西青生物与医药产业密集区、静海发酵产业密集区三大板块。上述12个板块构成天津生物与医药产业“一轴两翼”的结点，将天津的生物与医药产业联结成一个有机整体。另外，天津滨海新区现有1200多平方千米的盐碱荒地，可布局一大批生物与医药企业，具有明显的产业发展载容优势。

同时，为落实党中央、国务院关于加快天津滨海新区开发开放的重要战略部署，进一步加速滨海新区生物技术与产业的发展，科技部与天津市会同中国科学院、中国人民解放军军事医学科学院、中国医学科学院等有关部门，共同建设“国家生物医药国际创新园”和“国际生物医药网络研究院”。“国家生物医药国际创新园”包括一园三区，三区即研究开发区、企业孵化区、生产贸易区，其中，研究开发区将建设“国际生物医药网络研究院”。该园区的建设可以通过引进消化吸收再创新，在天津滨海新区建设一个新的集研究开发、企业孵化、生产贸易为一体的国际一流的生物医药产业园区，带动和促进所在地区乃至全国的生物医药产业发展。

4.建立了具有一定功能的产业服务平台

为了扶持生物与医药产业的发展，天津市各级政府采取多种措施鼓励搭建产业化服务平台。例如，泰达华生生物园在我国最早提出生物技术孵化器的概念和模式。生物园引入风险种子基金，提供深度教练与服务，提供全方位实验室、GMP认证厂房、技术、设备与管理服务。同时滨海新区还提供了优越的投融资条件。开发区持续引导各种投资主体设立风险投资（创业）机构，开展投资业务。每年拨付可支配财政收入的1%设立“泰达科技风险金”，引导和鼓励风险投资；拨付可支配财政收入的4%设立“泰达科技发展金”，用于支持研发机构和高新技术企业，以及高级人才优惠政策的落实。

第二节　滨海新区与浦东新区生物与医药产业比较分析

滨海新区与浦东新区具有一定的相似性，而浦东新区经过多年发展已形成了粗具规模的生物与医药产业集群，其中有许多建设经验值得滨海新区借鉴。为了更好地发掘浦东的成功经验，本书对滨海新区与浦东新区生物与医药产业使用横向和纵向比较分析法、定量分析法及结构分析法，就园区区位环境、资源环境、政策环境、产业定位、产业布局、产业环境、产业规模、产销效率、产业研发、产业融资等方面进行全方位的比较分析（图 4-2）。

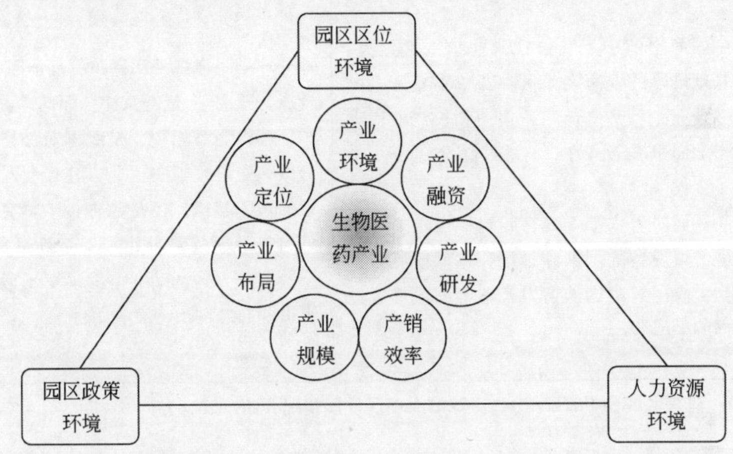

图 4-2　滨海新区与浦东新区生物与医药产业比较分析领域图

一 区位环境比较

浦东新区与滨海新区的基本气候存在一定的异同点（表 4-1），相似之处体现在区位特点上，两个新区均具有良好的港道，背靠直辖市老区，拥有较强的辐射能力。具体而言，浦东位于沿江和沿海开发带的结点上，以经济发达的长江三角洲地区作为其经济腹地，具有依托上海、背靠沿海、辐射华东的优越的地理区位和经济区位。浦东新区作为先行发展起来的区域，一方面发展历史悠久，至今已有 17 年，发展比较成熟，对园区的管理和规划更先进；另一方面，浦东具备便捷的交通运输和优质的 IT 基础设施，主要科研院所的知识优势、与全球医药行业的广泛联系以及低成本的熟练劳动力等因素，其经济实力较强，区总产值、出口额及财政收入均远高于滨海新区。但是，从增长速度来看，滨海新区（年增长率 20.6%）比浦东新区（年增长率 12.1%）要快得多，一方面体现了滨海新区较强的增长潜力；另一方面，则是由于滨海新区规模起点低，更容易达到较高增速。

表 4-1　浦东新区与滨海新区园区气候比较

项目	浦东新区	滨海新区
发展时间	1990 年，中共中央和国务院决策开发浦东 1993 年，浦东新区管委会成立，成立了浦东新区	1994 年，开发建设滨海新区 以党的十六届五中全会为标志，天津滨海新区进入了一个新的历史发展阶段
	17 年	13 年
区位优势	地处中国海岸的中点和长江入海口的交汇处，紧靠基础雄厚的上海老市区，背依物阜民丰的长江三角洲。而整个长江三角洲和长江沿岸地区的土地面积占全国的 1/3，国内生产总值占全国的 1/3 强 浦东新区面对着太平洋，它的扇形面正好对着亚洲经济最发达的国家和地区，这就使浦东新区成为世界了解中国的窗口，是各国投资者进入中国的大门	地处环渤海经济带和京津冀都市圈的交汇点，背靠“三北”，依托京津，面向东北亚，与日本、韩国隔海相望，是我国对外开放的重要窗口和通道，是中国北方连接亚欧大陆桥最近的东部起点，还是蒙古、哈萨克斯坦等邻近内陆国家的重要出海口。新区腹地辽阔，遍及北方 12 个省市自治区，具有较强的对内吸引和向外输出的有利条件

资料来源：浦东发展公报（2006）、天津滨海新区发展情况介绍（2006）。

在空间资源上，上海浦东的张江科技园区于 1999 年 8 月提出的“明确园区以生物与医药和信息技术两大高科技产业为主导产业”战略决策，成为“药谷”发展的转折点，于是各种政策优惠与其他便利便随之会聚张江。

“张江”坚持形态规划和产业规划相结合，注重“药谷”发展需求，合理确定用地范围并编制详细规划，为生物与医药产业发展提供空间载体（图 4-3）。

2006 年 6 月 26 日，科技部和天津市人民政府联合签署了在天津滨海新区共同建设“国家生物与医药国际创新园”议定书，同年底，天津国际生物与医药联合研究院正式在滨海新区奠基。作为科技部与天津市合作的重要项目，国际生物与医药联合研究院的破土动工标志着天津“国家生物与医药国际创新园”正式启动，天津滨海新区高新技术产业园区建设迈出重要步伐，也标志着天津滨海新区在生物与医药产业的建设开始加速前行。

综上所述，从园区整体气候来看，浦东新区发展生物与医药产业拥有更好的管理软环境和经济大环境，但滨海新区则拥有更强的发展潜力和空间。

图 4-3 “药谷”空间图

二 人力资源比较

1. 上海-浦东-张江

张江确立“以产业高地带动人才高地建设，以人才集聚提升产业能级”的指导方针，依托产业发展实现创新人才引进，从而打造产业人才高地。

为了充分体现高科技园区的智力密集度和产、学、研相结合的功能，张江园区非常注重引进与产业密切配合的高等院校。园区特别规划了 2.8 平方千米的科研教育区，如中医药大学等一批重点高校已经相继入住，科研教育区的项目布局已初步形成。截至“十五”期末，园区内已拥有约 15 000 名在读生（本科、硕士、博士及留学生），是园区发展的重要人才储备。同时，园区以完善生物新药创新体系为切入点，引进国际一流的研发创新人才和专业技术人才。除了推行人才柔性流动外，还鼓励建立外籍管理人才、专业人才、海外留学生和国内一流人才的加盟基地，旨在共同孵化“药谷”。

2. 天津-滨海新区-开发区

滨海新区采取多种形式吸引国内外一流的管理专家、制药专家和工程专家。在体制与机制方面，积极鼓励和大力支持有项目、想创业的学者和教授，努力在实验大楼、仪器设备、人才队伍、体制和运行机制、科研成果等方面达到一流水平，旨在建成国际一流的生物与医药研发基地。

目前，滨海新区提出的人才战略目标是：引进国外高水平生物与医药人才

100～150名，吸引国内研究人才2000～3000名进入该科技园，建立高水平、门类全、创新能力强的研究开发队伍；吸引海内外大型企业在国际生物与医药科技园建立研发中心，形成年产值超过100亿元的生物与医药产业群。

三 政策环境比较

浦东新区提供的政策包括财税政策、孵化器政策、研发机构政策、留学人员创业政策、新药开发补贴政策、设备共享补贴政策、各类基金资助以及金融服务政策等，扶持的对象包括高新技术企业、高新技术成果转化、高新技术研发机构、高新技术园区、高新技术产品出口、高新技术人才等。政策中包括“跨国公司地区总部的政策”，以及药监局关于扶持张江生物与医药产业的措施等这样的重大举措，并且取得了积极的效果。

滨海新区为发展生物和医药产业亦制定了一系列的产业政策，包括行政政策、财税政策、人才政策、金融政策及针对企业建设的政策等。浦东与滨海的政策比较见表4-2。

表4-2 浦东新区与滨海新区的政策比较

项目	浦东新区	滨海新区
行政政策	1. 实施行政审批和政府服务“零收费” 2. 实行对投资项目的“一门式”审批服务，新区有关项目审批和服务的部门联合办公，为投资提供从政策咨询，办事程序咨询到项目审批的“一条龙”服务 3. 在保证政策对投资项目产业导向，规划控制，环境保护等要求的前提下，实行“十个工作日”审批制，限时服务 4. 政务公开，信息公开	1. 按照国家有关规定审批 2. 涉及配额、许可证的外商投资项目，须先向外经贸部门申请配额、许可证；法律、行政法规对外商投资项目的审批程序和办法另有规定的，依照其规定
财税政策	1. 区内企业享受15%的企业所得税率 2. 浦东新区促进高新技术产业发展的财政扶持： ◇ 对新引进的生物与医药生产企业，经认定，其实现的增加值形成新区地方财力部分2年内给予100%补贴 ◇ 利润总额形成新区地方财力部分，2年内给予100%补贴，后3年给予50%补贴 ◇ 对其中重点生产企业，经认定，其实现的增加值、营业收入、利润总额形成新区地方财力部分，3年内给予100%补贴，3年后给予50%补贴 3. 关于进一步支持浦东新区生物与医药、微电子、软件产业发展的若干财政扶持措施	1. 财政专项资金申请 2. 天津开发区企业财政扶持申请 3. 高新技术产业的企业所得税税率降为15%，在滨海新区，只有38平方千米的天津经济技术开发区以及6平方千米的保税区内的外资企业，才可以享受15%的税率 4. 对独立核算的生物与医药科技服务机构，经认定，参照其实际的经济贡献，在一定年限内给予财政扶持；对经认定的生物与医药领域初创型高新技术企业，自认定年度起5年内，参照实际的经济贡献，给予财政扶持

续表

项目	浦东新区	滨海新区
企业政策	1. 对于不同性质的土地，包括科研教育用地、产业项目用地，在用地方式和出租或批租价格上区别对待 2. 各类企业技术开发机构的设立，以高新技术成果作为无形资产作价入股的，作价金额可达到注册资本的35%，投资方另有约定的，从其约定；具有管理才能、技术特长或者专利成果的个人，可以人力资源和其他智力成果作价投资入股，作价金额可达到注册资本的20% 3. 高新技术成果可作为无形资产参与转化项目投资。高新技术成果作为无形资产的价值占注册资本比例可达35%。合作方另有约定的，从其约定。行政机关免收企业注册时的有关费用(国家有规定的除外) 4. 鼓励企业招商引资	1. 开发区政府根据项目质量从地价、房租、基础设施等方面给予医药企业相应的优惠和扶持 2. 对开发区生物与医药类企业列入国家和天津市重点科技计划并获得相应资助的项目，按照一定比例给予匹配资助 3. 对经认定的生物与医药领域初创型高新技术企业，自认定年度起5年内，参照实际的经济贡献，给予财政扶持 4. 对经认定的生物与医药类高新技术企业获得美国、欧盟等国际市场准入许可的药品或医疗器械产品，分别给予不超过50万元或10万元的无偿资助 5. 对经认定的生物与医药类高新技术企业获得DMF、COS或EDMF证书并通过美国FDA或欧盟相关机构的GMP现场检查的，给予不超过50万元的资助 6. 对经认定的生物与医药类高新技术企业在知识产权方面取得的成果给予一定的无偿资助 7. 对独立核算的生物与医药科技服务机构，经认定，参照其实际的经济贡献，在一定年限内给予财政扶持
金融投资政策	1. 孵化器政策：不仅提供企业小面积空间，还配备标准实验室；政策提供企业启动资金，孵化期为1～3年，企业在此期间内可以通过其他渠道获得进一步融资的机会 2. 对医药等高科技企业提供金融服务政策。充分利用区内的金融机构及金融市场，为企业的融资提供便利	鼓励建立风险投资机构，设立产业基金和科技发展基金，引导外资进入生物与医药产业等
研发政策	1. 促进研发机构与企业合作 2. 明确研发外包政策 3. 对新药研发项目给予资金资助，设立科技发展基金： ◇ 科技专项资助(决策咨询) ◇ 中国科学院与浦东新区种子资金 ◇ 科技创业人才资助 ◇ 重大科技科普活动资助 ◇ 企业技术开发机构资助 ◇ 留学人员创业资助专项资金 ◇ 浦东新区企业博士后资助专项资金 ◇ 新药开发资助	1. 对医药产业的国家级研发机构，给予不超过500万元的无偿资助；省级研发机构，给予不超过300万元的无偿资助 2. 对经认定的生物与医药领域内，初创型高新技术企业通过自行研发或受让方式，取得新药证书或医药器械证书并在开发区实现产业化的项目，分别给予不超过500万元或200万元的无偿资助 3. 成立泰达发展基金 4. 对经认定的生物与医药科普基地给予一定的无偿资助

续表

项目	浦东新区	滨海新区
人才政策	1. 实施浦东新区企业博士后资助专项资金 2. 园区内企业可以完全自主决定对科技人员、经营管理者的分配方式和分配额度。海外留学生携带高新技术成果进入园区创业，可优先列入上海"白玉兰基金"计划 3. 在美国、上海设研发机构或生产企业，鼓励留学生先在硅谷进行技术创新，最后将成果拿到张江来孵化 4. 对急需引进的专业技术和管理人才，可不受年龄、学历、职称、资历等条件限制，经新区人事部门认定，给予引进或办理上海市居住证 5. 对研发开发机构所需出国留学人员和从外省市引进的人才，其子女入托(园)和入中小学均可享受浦东新区户籍人口待遇 6. 如引进人才希望其子女在户口所在地以外的新区学校就读的，新区教育部门可帮助落实	1. 天津经济技术开发区人才引进、培养与奖励的规定： ◇ 人才引进资助 ◇ 人才公寓与住房补贴 ◇ 安家费资助 ◇ 子女教育与户籍 ◇ 国际化人才培养资助 ◇ 技能型人才培养 ◇ 技术交流扶持 ◇ 技能竞赛资助 ◇ 职业资格证书鉴定费资助 ◇ 人才扶持 ◇ 推荐当选人才奖励 ◇ 研发项目奖励 ◇ 获得称号奖励 ◇ 博士后工作站和博士后创新基地奖励 ◇ 博士后课题组奖励 ◇ 在站博士后扶持 ◇ 博士后安家费资助 ◇ 人才交流扶持 ◇ 留学归国人员创业扶持 2. 申请设立博士后科研工作站报批 3. 企业博士后研究项目立项 4. 高级人才证书申请 5. 高级人才公寓入住审批 6. 博士后科研课题立项审查
创新政策	1. 对生物与医药企业新药开发过程中发生的新药研发费，在其取得药物临床研究批件后，由新区科技发展基金给予不超过 50 万元人民币补贴 2. 在取得新药证书后，酌情给予 50 万～500 万元临床研究费用补贴；对其发生的新药申报、检测费用给予 5 万元补贴	对经认定的生物与医药领域内，初创型高新技术企业通过自行研发或受让方式，取得新药证书或医药器械证书并在开发区实现产业化的项目，分别给予不超过 500 万元或 200 万元的无偿资助

从表 4-2 中可以看出，与浦东相比较，天津滨海新区政策相对处于劣势，产生了交易成本障碍，具体包括：

（1）医药管理体制不合理带来的行政成本。药政不合理导致生物与医药企业在行政审批环节中浪费大量的时间、精力及金钱。申报环节过多及政府行政服务不到位引发的申报时间过长，甚至引起企业为尽早获得批文及相关政策而进行寻租行为。所有这些损失既不能为企业带来回报，又不能为政府带来好处，是生物与医药企业在成立前就已付出的成本。此外，由于申报环节或企业自身的保密程度不够，造成一种新药一家报材料、多家企业开始生产的局面，使得企业未来的竞争格局的不确定性增大，进而影响企业的投融资。

(2) 税收政策带来企业的高税收成本。因为生物与医药企业从研究开发至上市要经过漫长的时间，在我国一般也要5～8年，因此，对高新产业的“三免二减”的优惠政策，在医药企业中无法体现出利益驱动与激励作用。

四 产业环境比较

浦东新区在行动上抢先一步，于1999年8月实施了“聚焦张江”的战略定位，并提供了系统性的政策体系。具体而言，浦东新区采用了战略规划、构建组织、制定法律、资金支持、建设产业园、人才培养等系统的产业扶持政策，使得浦东新区的生物与医药产业具备了良好的政策环境。与之相比，天津滨海新区起步晚，政策相对零散。

从经济环境上来比较，上海浦东新区开发早，整体实力雄厚，并且多年来保持快速增长的趋势。2005年，浦东新区经济建设和社会事业继续保持良好发展势头，全区生产总值增加2100亿元，比上年增长12.1%。第一产业增加值6.09亿元，第二产业增加值1070.96亿元，第三产业增加值1031.74亿元。一、二、三产业比重分别为0.29%、50.78%、48.92%。至2007年增长趋势稳健，体现出良好的增长稳定性。其中生物与医药产业是上海的支柱产业之一，也是浦东新区重点发展的科技产业，是浦东新区实施“科教兴市”主战略、提升区域自主创新能力的重要载体。

天津滨海新区起步晚，整体实力不及浦东新区，但增速快。天津市生物与医药产业起步较早，但在滨海新区确立生物与医药业为其发展的核心上则晚于上海。在天津现有的100多家生物与医药企业中，有3家居中国前10大制药企业之列。其中，在滨海新区这个比例已经达到42%。从2007年1～3月的统计数据看，浦东新区与滨海新区的经济实力存在较大的差距（表4-3）。

表4-3　2007年3月滨海新区与浦东新区主要经济指标对比

指标名称	计量单位	滨海新区		浦东新区	
		绝对值	同比增长比例/%	绝对值	同比增长比例/%
1. 地区生产总值	亿元	481.85	19.1	598.09	13.4
第一产业	亿元	0.68	0.6	0.65	−5.8
第二产业	亿元	337.97	16.9	287.47	10.1
第三产业	亿元	143.20	25.2	309.97	16.8

续表

指标名称	计量单位	滨海新区		浦东新区	
		绝对值	同比增长比例/%	绝对值	同比增长比例/%
2. 全部工业总产值（现价）	亿元	1363.14	20.6	1132.69	10.1
3. 固定资产投资	亿元	177.05	28.0	151.66	11.4
第一产业	亿元	0.69	245.0	—	—
第二产业	亿元	114.60	24.2	17.43	−28.2
第三产业	亿元	61.76	34.6	134.23	19.9
4. 社会消费品零售总额	亿元	56.10	15.9	110.04	12.8
5. 出口总值	亿美元	55.48	10.1	121.23	19.6
6. 直接利用外资合同数	个	98	−28.5	304	−17.8
直接利用外资合同金额	亿美元	16.62	4.0	15.25	13.5
实际直接利用外资金额	亿美元	11.48	23.7	6.69	−45.6
7. 国内招商实际合同数	个	—	—	379	77.9
8. 区县级财政收入	亿元	31.33	29.3	68.05	42.1
区县财政支出	亿元	25.15	32.9	45.35	34.9

资料来源：由《天津滨海新区统计年鉴》（2008）及浦东新区官方网站统计数据整理得。

具体体现为：

（1）从地区生产总值来看，浦东新区高于滨海新区。仅2007年1～3月，浦东新区生产总量就比滨海新区多100多亿元。生产总值是个总量概念，可以综合评价经济主体的经济实力，尤其是生产能力。如果把二者的总量看做1，那么滨海新区占45%，而浦东新区占55%（图4-4）。因此可以得出结论：浦东新区的整体经济实力比滨海新区强，为生物与医药业的发展提供更强的经济环境支持。

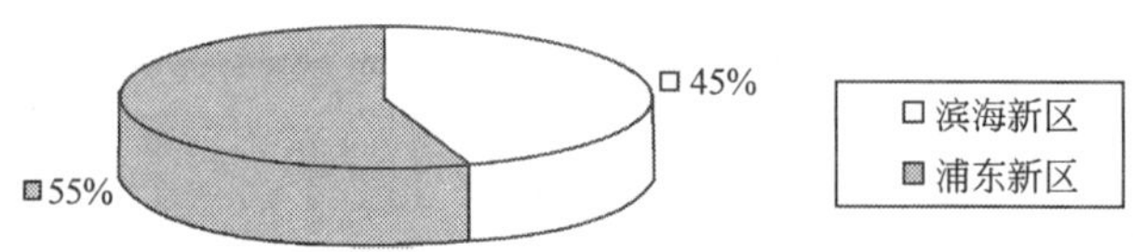

图4-4　滨海新区与浦东新区地区生产总值比较

（2）滨海新区增长力强于浦东新区。从地区生产总值的增长率来看，滨海新区增长率比浦东新区高5个百分点，说明滨海新区增长潜力大，拥有超越浦东新区的可能性。

（3）从产业结构看，浦东新区产业结构优于滨海新区。滨海新区制造业所占比重较大，而服务业明显弱于浦东新区（图 4-5）。第一产业增加值大致相当，比重也相差不大，但滨海新区第二产业增加值高于浦东新区，第三产业增加值则远低于浦东，比例倒置，说明滨海新区产业结构有待于进一步升级。但滨海新区第三产业增长率达 25.2%，远高于浦东新区，表明其具有强劲的增长潜力。

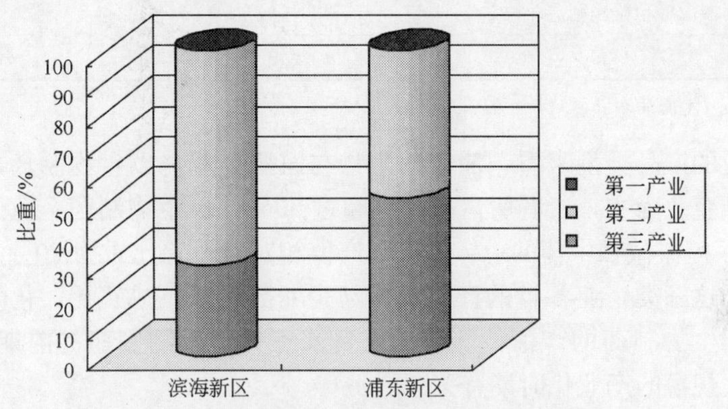

图 4-5 滨海新区与浦东新区三次产业比重

（4）从出口和利用外资来看，滨海新区均为浦东新区的一半。由生产总值相差不足 1/5 来看，说明滨海新区生产的结果相对于浦东新区，大多为国内使用，而吸引外资的能力亦较弱。整体而言，滨海新区的外向度不足，出口竞争力与浦东新区相比还有很大的差距。

五 产业定位比较

1. 上海浦东新区生物与医药产业定位

2005 年，浦东新区生物与医药在不同的产业细类中所占的比重不同，优势亦不同（表 4-4）。

表 4-4 2005 年浦东生物与医药制造业主要企业指标值

企业类型	个数	比重/%	从业人员/人	工业总产值/万元
农业制药	8	9.41	1 513	44 792
化学药品原药制造	7	8.24	1 606	119 098
化学药品制剂制造	17	21	8 166	400 504
中药饮片加工	2	2	315	9 164
中成药制造	5	5.88	534	12 771

续表

企业类型	个数	比重/%	从业人员/人	工业总产值/万元
兽用药品制造	2	2	74	2 258
生物、生化制品制造	19	23	2 367	13 774
卫生材料及医药用品制造	8	9.41	588	999
医疗器械设备和器械制造	17	20.00	1 444	68
汇总	85	100.00	16 607	603 428

资料来源：《上海浦东新区统计年鉴》(2006)。

从企业的产品类型来看，浦东的生物与医药企业仍以生物制药、化学制药及医疗器械企业为主，三者所占的比例超过63%，仅生物制药企业的比重就达到23%，医疗器械和中药的总体规模和产值相对略小，比重为20%左右。值得注意的是，这三类企业各自的产值规模与企业数量并不成正比，化学药品的产值远远高于生物制药的产值，这与浦东目前正处于生物制药的前期研发阶段，还未进入大规模的产业化时期有关（图4-6）。

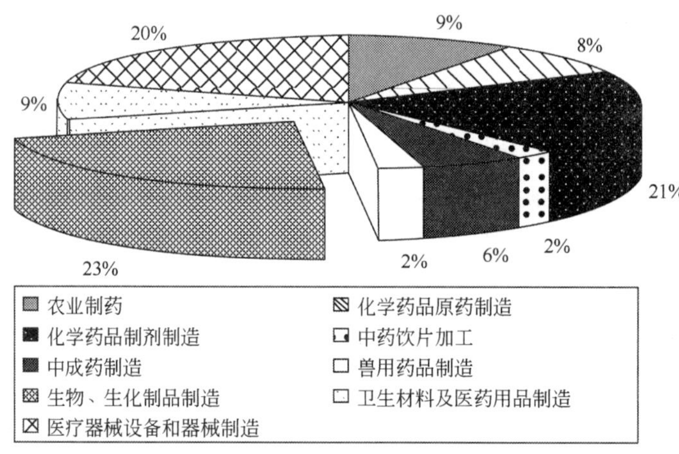

图4-6　浦东新区生物与制药产业主要产品

2. 天津滨海新区生物与医药产业定位

2006年6月，天津与科技部签署合作协议，在滨海新区共建“国家生物与医药国际创新园”，力争经过5～10年努力，将其建成中国最大、世界知名的生物与医药创新和产业基地，带动环渤海地区和全国的生物与医药产业发展，发挥北方“第三极”增长的辐射作用。天津滨海新区在生物技术、生物与医药、现代中药的研发与产业化方面，已经具备良好的发展基础。结合目前天津滨海新区生物与医药产业中的优势技术，发展医药生物技术、现代中药技术、农业医药技术，特别是依托天津海洋资源和海洋研究所发展海洋医药技术是天津市生物与医药产业未来发展的重点。

3. 综合比较

具体而言，滨海新区和浦东新区生物与医药产业在研究领域、生产领域及发展方向定位上，既有相同点又有不同点，综合比较见表 4-5。

表 4-5 滨海新区与浦东新区生物与医药产业定位比较

项目		浦东新区	滨海新区
主要企业		全球制药前 20 强跨国公司主要企业近 200 家，有： 北斗星医药开发（上海）有限公司 上海先导药业有限公司 芬兰泰科尼亚科技中心有限公司 上海张江药谷信息技术服务有限公司 国药集团化学试剂有限公司 富美实（上海）化学技术咨询有限公司 上海恩梯生物技术咨询有限公司 上海法玛勤医药科技发展有限公司 上海开拓者化学研究管理有限公司 上海思科医药科技有限公司 上海龙德医疗器械有限公司 上海睿智化学研究有限公司 上海美迪西生物与医药有限公司 上海睿星基因技术有限公司 桑迪亚医药技术（上海）有限责任公司等	天津泰达协和再生医学有限公司 天津生物芯片技术有限责任公司 天津德普生物技术和医学产品有限公司 天津医药集团 天津中新药业 天津天士力集团 天津泰达药业 天津金耀集团 凯莱英医药化学有限公司 葛兰素史克有限公司 天津田边制药 天津紫波 天津创制药物开发有限公司等 其中天津医药集团、天津天士力集团、天津金耀集团为国内医药业十强
优势技术		化学药、生物制药 } 占生物与医药工业的 85% 现代中药（61.1%）	医药生物技术领域 中药领域 化学合成领域 工业生物技术领域 农业生物技术领域 海洋生物技术领域
主要研发机构	研究所	上海药物研究所 中国科学院上海生命科学研究院 国家人类基因南方研究中心 国家新药研究中心 新药安全评价中心	天津农科院 天津制盐工程技术研究院 滨海国家生物医药国际创新园

续表

项目		浦东新区	滨海新区
主要研发机构	高校研究	上海中医药大学 复旦大学医学院（含药学院） 同济大学医学院 上海交通大学医学院 上海第二军医大学	南开大学、天津大学和天津大学的微生物基因研究、基因芯片、生物化工、肿瘤等 天津科技大学和天津工业微生物研究所 天津农业科学院和天津农学院农业生物技术储备
	企业研究	美国礼来、罗氏制药、瑞士诺华、和记黄埔、罗门哈斯等10余个跨国企业研发中心 2005年引入机构 上海睿智化学研究管理有限公司 上海泽生医药科技有限公司 博阳生物科技（上海）有限公司 美中医药研法（上海）有限公司 上海开拓者医药发展有限公司 新力药业（上海）有限公司 方达医药技术（上海）有限公司 斯百全化学（上海）有限公司	天津泰达协和再生医学有限公司——干细胞研究 天津生物芯片技术有限责任公司——生物芯片 天津德普生物技术和医学产品有限公司——诊断试剂 天津生物化学制药厂——生化药品 天津医药集团；天津中新药业；天津天士力集团；天津泰达药业——中药 天津金耀集团、凯莱英医药化学有限公司、葛兰素史克有限公司、天津田边制药、天津紫波、天津创制药物开发有限公司——化学合成
主要发展方向		1. 细胞学实验 2. 分子生物学实验 3. 生物化学实验 4. 大规模蛋白纯化 5. 生物芯片设计和检测 6. 药物设计、合成、分析、药理、病理、药代、制剂及药物生产中试等	1. 微生物基因的研究、开发和基因芯片的研制 2. 肿瘤的诊断和治疗、生物技术药物和基因治疗的基础 3. 干细胞的研究 4. 氨基酸、酶制剂、维生素、有机酸、乙醇等发酵技术 5. 计算机辅助药物设计研发体系等

资料来源：《浦东新区生物与医药报告》、《天津滨海新区统计年鉴》（2005）、http：//www. pudong. gov. cn/，http：//www. bh. gov. cn/.

与浦东新区相比较，滨海新区生物与医药产业需要准确定位，加速发展、发挥后发优势，才能在短期内真正成长为天津的支柱产业，与浦东新区的生物与医药产业形成优势互补、错位发展，共同带动全国生物医药产业的发展格局。因此，“国家生物与医药国际创新园”的建立无疑是实现滨海新区生物与医药产业大发展的良好契机，具体如下：

（1）明确发展方向。2006年12月，科技部发布《“十一五”国际科技合作实施纲要》强调，要进一步扩大对外开放和国际合作，在充分利用全球创新资源的基础上提升自主创新能力，并将滨海高新区“国家生物医药国际创新园”列入这一规划，高屋建瓴地确立了滨海新区生物与医药产业未来的发展方向，确立了其在全国生物与医药产业中的地位。

(2) 产生资源集聚效应。“国家生物与医药国际创新园”的建立可以为滨海新区吸引和培育一批医药研发的高水平人才与团队，引进创办一批医药企业、研发机构，研发一批具有自主知识产权的医药产品，可以实现将生物医药园建设成为国内领先、世界知名的集研究开发、产业孵化、生产贸易为一体的生物医药创新聚集区，成为我国生物与医药产业的人才、研发、药品生产与贸易基地，成为开放的、国际化的生物医药创新平台，成为利用国际资源提高自主创新能力的示范区。创新园可以构建适应生物医药研发与转化需要的专业化的创业投资体系，形成一个集研究开发、产业孵化、生产贸易于一体的国家生物医药园。

(3) 实现资源整合。滨海“国家生物医药国际创新园”是在依托有优势的高等院校、科研机构和科技型企业基础上建立的高水平的国际合作研究中心、联合实验室和研发基地，可以强化在前沿技术和竞争前技术领域方面的合作研究，成为高水平的国际科技合作产业化示范基地，实现资源的有效整合，发挥滨海新区的整体产业优势。“国家生物医药国际创新园”可通过积极参与或组织国际大科学计划和大科学工程，合理分享国际前沿科技成果，维护国家利益，提升自主创新能力。

(4) 为“走出去”战略的重要组成部分。滨海“国家生物医药国际创新园”可以搭建政策咨询、投融资和信息服务平台，从而推动园区内的生物医药企业及研发机构充分利用全球科技资源，开拓海外市场。此外，可以鼓励园区内有实力的生物与医药企业及研究机构，到海外以独资或合资、合作形式建立研发机构，组建国际产业战略联盟，利用国际科技资源，拓宽发展空间。

(5) 加强国际合作。滨海“国家生物医药国际创新园”作为国际合作平台，可实现生物技术、医药研发的国际合作，催化产业升级，提高生物与医药产业的自主创新能力。

六 产业布局比较

1. 上海——浦东新区生物与医药产业布局

浦东新区以张江为核心，包括金桥、外高桥的生物与医药产业带已具规模效应。其中，张江生物与医药基地是国家上海生物与医药科技产业基地的核心区（图 4-7）。

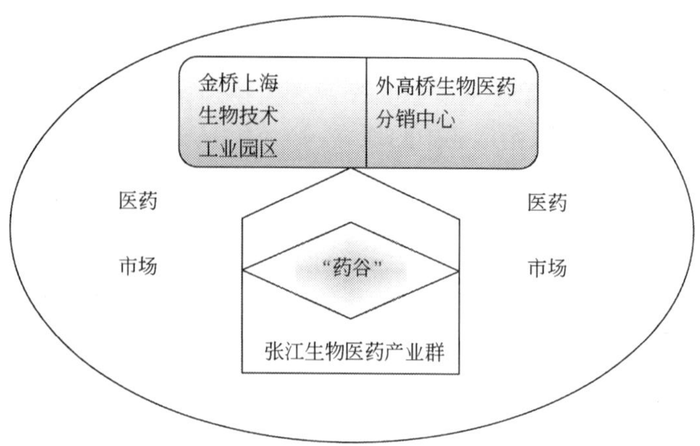

图 4-7　浦东新区生物与医药产业布局图

2. 天津——滨海新区生物与医药产业布局

天津滨海新区生物与医药产业形成了由泰达华生生物园为研发中心、由天津经济技术开发区为主体的产业布局（图 4-8）。开发区内提供了原料药密集区，为整个滨海新区的生物与医药产业提供原料集散功能。区内其他三个板块区域则承载了天津滨海新区重点发展领域，包括现代生物、现代中药和现代医药板块。

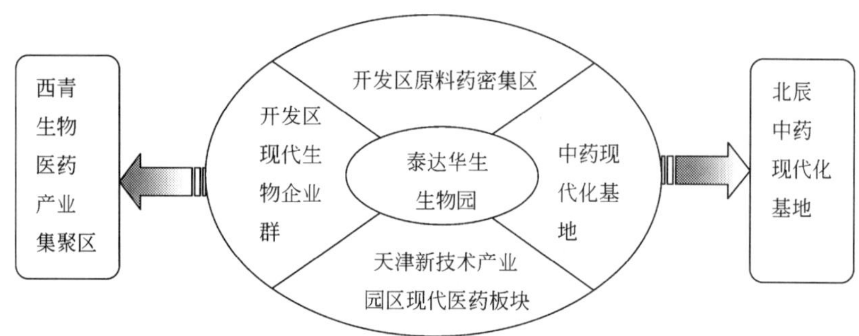

图 4-8　天津滨海新区生物与医药产业布局图

从产业布局看，滨海新区与浦东新区具有一定的相似性，均有一个核心、两个发展域。浦东新区核心为“药谷”，为整个浦东新区的生物与医药产业提供了坚强的研发内核，同时在浦东的布局中，形成了外高桥分销中心，提供了产业与市场快速连接的通道。而滨海新区则在原材料药品的集中上拥有较好的平台。二者相结合会形成完整通畅的产业链条，有利于生物与医药企业产品快速实现社会价值。

七 产业规模比较

浦东生物与医药产业现已集聚 430 多家生物与医药企业，形成了粗具规模的生物与医药产业集群，对上海的生物与医药产业发展起到了巨大的带动作用。其中张江“药谷”现已累计引进生物与医药企业 350 多家，共有科研人员 8000 多名，生物与医药产值占上海生物与医药产业的 40%。初步形成了由产业群体、研究开发、孵化创新、教育培训、专业服务、风险投资 6 个模块组成的、以“人才培养—科学研究—技术开发—中试孵化—规模生产—营销物流”为产业链的现代生物与医药创新体系。

天津市从事生物技术相关产品生产的国内企业和研发机构已经超过 500 家，生物技术产业年销售收入达到 300 亿元，拥有一大批具有自主知识产权的技术和产品。其中，在滨海新区内的天津经济技术开发区已形成一条集产品研发、技术转化、生产制造、商业物流和展示交流的生物技术产业链。

浦东新区与滨海新区的生物与医药产业既具有一定的相似性，又各具特色。从总体来看，浦东新区实力较强，生物与医药企业集聚规模大于滨海新区，生产总值亦高于滨海新区，而且生物与医药企业的集中度高，规模以上企业所占的比重比滨海新区高出 27 个百分点（浦东 40%，滨海 13%），是滨海新区企业集中度的 3 倍多。此外，无论是从研发机构数量还是从研发人员数量上比较，浦东新区都具有绝对的优势。最值得一提的是，浦东新区在区内专设浦东新区生物与医药协会，这一行业性质的组织为区内生物与医药企业提供行业指导、信息沟通、企业互动、市场信息、营销手段以及科技人员信息及在职人员培训等，为企业提供了有效的服务，加强了生物与医药企业间的沟通与合作，有利于实现区内生物与医药企业间竞合关系的建立，进一步提升整个生物与医药产业的集群竞争力（表 4-6）。

表 4-6　浦东新区与滨海新区生物与医药产业总体规模综合比较

项目	浦东新区	滨海新区
医药企业集聚数（截至 2007 年 3 月）	430 家 张江药谷引进 350 家	240 多家 开发区引进 70 家
生物与医药工业总产值	106.98 亿元	规模以上*企业总产值 358 126 万元
年增长率/%	10	30
1 亿元销售额规模以上企业比率/%	近 40	13

续表

项目	浦东新区	滨海新区
研发机构数	30家研究所 10所高等院校 500家医疗机构	共100多家
从业人员	2007年从业人员1.85万人 药谷科研人员8 000人	2007年2月从业人员3.5万人，其中研发人员2 016人
基地建设	张江生物医学基地（国家级生物与医药产业基地“药谷”） 金桥上海生物技术工业园区 上海外高桥医药分销中心	泰达华生生物园 国家生物与医药国际创新园 天津国际生物与医药联合研究院
行业协会	浦东新区生物与医药协会	新区内无专业协会

* 规模以上是指年销售额大于200万元的工业企业或者国有企业。

资料来源：《上海浦东新区统计年鉴》(2007)、《天津海新区统计年鉴》(2007) 及《浦东新区生物与医药企业发展的经验及启示研究报告》。

1. 浦东新区生物与医药制造业产业规模

从产业规模来看，浦东新区生物与医药制造业的工业总产值从1998年的48.78亿元逐年递增，至2005年达到106.98亿元，增加了1倍多。总体规模稳步上升，从占新区工业总产值的比重来看，始终保持在30%左右，而占整个上海的生物制药总产值的比例有所波动，在2001年以后呈现逐年递增的趋势（表4-7）。

表4-7 浦东新区生物与医药制造业总产值

项目	2003年	2004年		2005年		2006年
	绝对值/亿元	绝对值/亿元	增长率/%	绝对值/亿元	增长率/%	绝对值/亿元
浦东新区生物与医药工业总产值	88.93	96.93	9.00	106.98	10.37	—
浦东新区工业总产值	2855.90	3519.71	23.24	4242.47	20.53	—
上海市生物与医药工业总产值	215.64	234.40	8.70	275	17.32	300
浦东新区生物与医药工业总产值占上海市该行业总产值比重/%	41.24	41.35		38.90		—

资料来源：《2006年浦东新区生物与医药产业年度报告》。

2. 天津滨海新区规模以上医药制造企业基本产业规模

滨海新区生物与医药产业整体规模小于浦东新区，但由于目前统计数据不全，难以获得确切数据，因此只能对规模以上医药企业数据进行分析。2005年天津滨海新区规模以上医药企业共21家，其工业总产值为35.8亿元，平均每家企业产值为1.7亿元。虽然滨海新区生物与医药产业的生产规模不及浦东，但规模以上企业产值增速达40%，体现出极强的发展潜力。从规模以上企业的财务指标看，滨海新区生物与医药企业资产结构合理，获利能力较强，利税总额为4.1亿元，利润总额为2.6亿元，平均每家企业利润为1239.71万元（表4-8）。

表4-8　滨海新区规模以上医药制造业数据

医药制造业	2005年总量	平均值
企业单位数/家	21	—
工业总产值/万元	358 126	17 053.619
增长速度/%	40.4	40.4
工业增加值/万元	96 246	4 583.14
实收资本/万元	245 588	11 694.67
资产估计/万元	443 623	21 124.91
流动资产/万元	239 075	11 384.52
固定资产/万元	158 271	7 536.71
职工年平均数/人	4241	201.95
产品销售收入/万元	330 219	15 724.71
利税总额/万元	41 094	1 956.86
利润总额/万元	26 034	1 239.71

资料来源：《天津滨海新区统计年鉴》（2005）。

3. 滨海新区与浦东新区平均生产能力的比较

比较滨海新区和浦东新区主要的生物与医药生产企业的平均从业人员数、工业总产值数及劳动生产率，可以发现浦东新区规模以上企业平均从业人员数与滨海新区非常接近，略少6～7人/单位，企业平均产值却高45万元。这说明了浦东新区医药企业产能高，人员少，劳动生产率高，人均产值比滨海新区高3万多元。具体见表4-9。

表4-9　滨海新区与浦东新区生物与医药企业平均生产能力比较

生物与医药企业	从业人员/(人/每企业)	工业产值/万元	劳动生产率/(人均工业产值/万元)
滨海新区	201.95	17 053.619	84.445
浦东新区	195.37	17 099.153	87.519
差距	−6.58	45.534	3.074

资料来源：《上海浦东新区统计年鉴》（2006）、《天津滨海新区统计年鉴》（2005）及规模以上医药企业财务报表。

与浦东相比，滨海新区产出绩效低、劳动生产率低，阻碍了生物与医药业的发展。劳动生产率说明人均创造产值的能力，滨海新区生物与医药企业一方面由于人员科技含量不高导致生产能力较低，另一方面则是由于目前大多企业生产的医药产品不具备高技术含量和高附加值的特点。

此外，滨海新区生物与医药产业企业集中度低同样不利于产业的发展。生物与医药企业在国际范围内与其他产业相比较均处于高集中度，这是由于医药产业大额科研投入和较长的研发转化时间，要求企业具有较雄厚的实力和抗风险能力。而天津滨海新区生物与医药企业集中度低于浦东新区，生产零散，拥有自主研发能力的企业较少。

4. 产业集群化、品牌化比较

产业集群化、品牌化是当今生物与医药产业的发展趋势。与企业或产品品牌相比，产业集群品牌具有如下优势：①具有更强大的生命力和持续的品牌效应，产业集群品牌不会因个别企业的倒闭而消失，其市场影响力长久而深远；②具有规模效应，其影响力能够为所有企业共同分享，尤其对新加入到产业集群内的中小企业来说，具有很大的扶持作用；③具有招商引资的作用，有利于吸引各种社会资源的集聚，推动产业集群的发展壮大。

上海浦东开发区的生物高技术园——“药谷”，是我国一个以开发生物与医药技术产业为主的基地，目前已集中中国科学院药物研究所、国家中药现代化创新研究中心、上海联合基因公司研究中心、国家人类基因组南方研究中心、转基因动物中心、国家中药制剂工程研究中心、中药标准化研究中心，罗氏制药公司等一批国内外著名的研究机构和生物与医药公司。企业和研究机构的合作，互相取长补短，正推动着生物与医药科技成果产业化。在这里，以中国科学院上海药物研究所这一我国最高的药物研发机构为核心，由 20 多家研发中心，构成了张江的医药创新平台。张江“药谷”正以综合的研发能力和水平从医药研发领域中迅速崛起。张江“药谷”主要是引进国际知名的生物技术项目和国内中药创新项目、研发机构，现在已经形成了包括教育、研发创新、生产、专业服务、销售在内的新药创制体系。张江“药谷”还积极与国际上的同类园区展开合作，现已与芬兰 Teknia 科技园携手共进，张江“药谷”的中药创新中心和美国合作建立了药物信息库，加强了中药、基因、生命科学方面的交流，从而达成资源共享。目前，“药谷”内生物与医药企业累计达到 210 家，2005 年总产值达到 88.93 亿元。2005 年，张江“药谷”研制的具有我国自主知识产权的一类新药达 10～20 个，二类新药 30～50 个。

天津滨海新区已经开始着手建设“国家生物与医药创新园”，开始建立起以企业为主体，产、学、研结合的创新药物研发转化基地，积极培育和引进生物技术与现代医药大企业，生物与医药产业集群的雏形已经初步形成。

这对天津生物与医药产业的发展起到了一定的推动作用。一方面，使企业实现内部成本的节约和效率的提高；另一方面，在技术研发、生产力协调、经验共享、各类（人力、设备等）资源的有价利用、集群创新等，都会形成一个区域的优势作用。然而，在地区经济蓬勃发展的同时，滨海新区生物与医药产业集群还存在着制约和影响其长远发展的因素，其中包括技术含量低、产品同质性强、特别缺乏品牌支持等问题。在这种情况下，为了使滨海新区生物与医药产业集群在同质化中持续发展，实现企业能在国际市场竞争中与国际名牌抗衡的目标，建立滨海新区生物与医药产业集群品牌是必然选择。

八 产业产销效率比较

所谓产销，指的是行业内生产产品总量和销售产品的总量。产销率是衡量工业产品符合社会现实需要的唯一标准，可以体现企业生产创造价值的社会转化程度。从产销率可以看出产品能否进入流通领域（即市场），进行以货币为媒介的商品交换，为消费者所承认，从而实现其使用价值和价值。

生物与医药产业销售率（产销率）是指生物与医药产业在一定时期已经销售的生物与医药产业总量同可供销售的生物与医药产业总量之比，它反映生物与医药产业生产实现销售的程度，即生产与销售衔接程度。这一比率越高，说明生物与医药产品符合社会现实需要的程度越大，反之则小。其计算公式为

产销率（%）＝生物与医药销售产值/生物与医药总产值×100%　　(4-1)

式（4-1）中，生物与医药销售产值同生物与医药总产值两者的计算范围、计算价格和计算方法是一致的，但两者计算口径不同。生物与医药销售产值以销售为基础，它包括上期生产、本期销售的产品价值，但不包括本期生产下期销售的产品价值。生物与医药总产值是以生产为基础的，是生物与医药企业在本期内的生产成果。该指标可能超过100%，说明本期销售量总水平超过了本期生物与医药产业生产总量的水平。也就是说，不仅本期生产的产品已全部销售出去，而且还销售了一部分库存产品。

生物与医药产业产销率，既能反映生物与医药生产的发展和销售规模，又能反映生物与医药生产成果的实现情况，即产销衔接情况，改变过去只从生产一个方面反映工业经济状况，而把生产和销售结合起来反映整个工业经济发展的面貌，不仅看生产了多少，更要看销售出去多少，这样更适应市场经济的发展，有利于提高企业家的市场意识，促进市场机制的发育。滨海新区与上海浦东生物与医药产业2005年的产销率数据见表4-10。

两新区的生产能力的差距可以用绝对差值来表现，也可以用相对数变异系数来说明。绝对差值体现规模上的绝对差异，而变异系数则说明剔除量纲影响后的相对差异。公式为

$$变异系数 = \frac{绝对差值}{平均值} \tag{4-2}$$

变异系数没有取值范围，但当其值为 1 时，说明差异度达到平均水平的 1 倍；当其值为 0 时，则说明无差异。由式（4-2）计算得到的滨海新区生物与医药产业同滨海新区变异系数列于表 4-10。

表 4-10　滨海新区同浦东新区生物与医药产业产销率比较

生物与医药产业	工业总产值/万元	工业销售产值/万元	产销效率/%
天津滨海新区	358 126	331 415	92.54
上海浦东新区	957 945	896 500	93.59
差值	599 819	565 085	1.04
变异系数	0.91	0.92	0.011 112 8

资料来源：《上海浦东新区统计年鉴》(2006)、《天津滨海新区统计年鉴》(2005)。

由表 4-10 中可以看出，天津滨海新区产业在规模上与上海浦东新区差距较大，工业总产值相差 599 819 万元，变异系数达 0.91，说明滨海新区在规模上与浦东相比较差异接近于平均水平的 1 倍，销售与此相近。从产销率看，滨海新区和浦东新区的生物与医药产业的产销率较高，均为 90%以上，说明两区生物与医药产品社会认可度高，九成以上实现了价值转化，积压产品量少。滨海新区生物与医药产业产销率低于浦东水平约 1 个百分点，变异系数为 0.01，可见差距不大。

可见，浦东新区生物与医药产业产销率略高于天津滨海新区，一方面由于浦东新区生物与医药企业以市场为导向，以满足市场需求为目标，从而顺利实现了产品价值的转化；另一方面得益于浦东新区生物与医药产业服务链的完善，尤其是在产品销售环节的服务。浦东新区成立“人才培养—科学研究—技术开发—中试孵化—规模生产—营销物流”为产业链的现代生物与医药创新体系中的营销物流环节，为实现产品销售提供了更好的平台。与之相比，滨海新区生物与医药企业产销率低、劳动生产率低下，造成产业产出绩效低下，不利于产业长足发展。医药流通市场亟待规范，流通领域带来巨大的交易成本。医药企业长期存在“虚高定价”的现象，而事实上企业并不是真正的受益方，大量利润流向中间商。这一方面造成消费者无力购买，潜在市场需求难以真正转化为现实有购买力的需求；另一方面企业自身也不能从利润中及时收回 R&D 投入，进行下一轮的研发活动，使资金的良性循环受阻。

九　科研投入比较

1. 上海浦东新区

浦东生物与医药产业在上海生物与医药产业中具有重要地位。目前上海约 45%以上的新药由浦东的 400 多家生物与医药企业生产。区域内的研究机构和企业共申请专利 540 多项，其中国际专利 25 项，目前已进入临床试验的新药超过 20

个，进入实验室阶段的新药超过 40 个，完成临床研究的新药项目 7 项。浦东新区在生物与医药研发投入方面作出巨大努力，但因统计资料不全，没有找到具体投入数据。因此，这里只考虑全上海大中型医药企业的技术开发经费投入数据，大致估算浦东新区生物与医药企业的投入情况。从 2000 年以来，上海大中型医药企业技术开发经费连年上涨，且呈现加速增长趋势，特别是 2005 年增速达 53.7%。主要是由于，2002 年上海中医药大学搬迁至园区；2003 年中国科学院上海药物所完成了整体搬迁，成为“药谷”研发的头号种子，带动了一批科研机构和国际知名研发机构入驻。到 2005 年，研发中心集聚张江，当年进驻的国际知名研发机构就有 8 家，从而增加了企业研发的投入，当年技术开发投入经费达 10.2 亿元，是 2000 年筹集额的 2 倍多，其中企业自筹占据了主要比重（91.69%）（表 4-11）。

表 4-11　上海大中型医药企业技术开发经费三大来源

年份	当年筹集额/万元	增长率/%	政府资金		银行贷款		企业自筹	
			金额/万元	比例/%	金额/万元	比例/%	金额/万元	比例/%
2000	47 455	—	706	1.49	570	1.20	40 341	85.01
2001	49 974	5.31	724	1.45	258	0.52	48 740	97.53
2002	—	—	—	—	—	—	—	—
2003	59 489	—	423	0.71	3 976	6.68	53 586	90.08
2004	66 425	11.66	1 169	1.76	1 700	2.56	63 125	95.03
2005	102 135	53.76	3 361	3.29	3 435	3.36	93 649	91.69

2. 天津滨海新区

天津市医药制造业 2005 年科技活动经费筹集总额为 56 300 万元。科技活动经费总支出 183.05 亿元。天津医药制造业资金投入严重不足，企业创新能力弱。天津市医药制造业“九五”期间科技平均投入只占销售额的 1.3%，不足上年利润的 4%，但从国外一些制药企业的发展经验来看，作为持续发展的原动力，研发投入至少要达到 10%～15%。天津医药企业用于研究与发展的经费较少，比如，2001 年中药新药研究的科技投入占销售额比例不足 2%（表 4-12）。

表 4-12　天津医药制造业科技创新的投资分布　　单位：万元

年份	科技活动经费总筹集总额	企业资金	金融机构贷款	政府部门资金	国外资金	其他资金
2005	56 300	53 466	1 400	1 434	0	0
2004	43 806	39 058	4 080	668	0	0
2003	42 452.8	41 755.3	—	697.5	—	—
2002	62 597	33 387.3	—	1 209.7	—	28 000
2001	12 959.9	11 234.9	1 250	375	0	30

资料来源：由《天津市统计年鉴》(2005) 整理得到。

由此可见，天津市医药制造业 R&D 经费主要来源于企业，体现出企业是科技创新活动的主体地位，产、学、研的经费结构也比较合理，但还需进一步优化，加强对外资的吸引。面对激烈的市场竞争，天津市医药制造业中的企业加大了对 R&D 活动的投入力度，已经成为投资的主体。政府通过投入 R&D 活动，较好地体现了产业政策，在产业发展的关键技术开发上给予支持，起到资金的引导与放大作用，逐步形成了以企业为主体、政府为引导的筹资模式。

十 产业融资模式比较

1. 金融环境

上海浦东新区与滨海新区均已形成完善的金融环境，在新区内拥有大量的银行和非银行机构，提供了融资和结算等金融服务（表 4-13）。

表 4-13　滨海新区与浦东新区生物与医药产业金融环境比较

项目	浦东新区	滨海新区
政府机构	2004 年，新区专门成立金融服务办公室，负责制定和落实支持金融机构发展的政策，加快推进上海国际金融中心核心功能区的建设	天津滨海新区投融资局
国内外金融机构集聚地	2005 年，浦东聚集着 400 多家金融机构；包括花旗银行、汇丰银行、渣打银行、劳合社等一批知名的跨国金融机构，也包括中国工商银行、中国银行、中国建设银行、国家开发银行、交通银行、浦东发展银行、太平洋人寿、东方证券等一批重量级中资金融机构。浦东拥有人民银行诚信中心、建设银行信用卡中心、交通银行数据处理中心等 20 多家金融机构总部级的业务中心，还拥有指数公司、货币经纪公司、汽车金融公司等一批新型金融机构。在新兴金融产业领域，基金、保险资产管理等资产管理行业发展迅速，目前浦东的基金管理公司数量接近全国一半，全国 9 家保险资产管理公司中，5 家落户浦东	2005 年滨海新区共有金融机构 415 家；滨海金融街软硬件设施完善；包括外资银行：日本三菱、韩国新韩、汇丰银行、花旗银行、日本三井住友银行、渣打银行六家外资银行相继落户滨海新区；人民银行天津分行信用体系建设合作
金融规模	2005 年 1～11 月，新区实现金融服务业增加值 223.65 亿元，同比增长 15.0%，占 GDP 的比重 12.3%	2005 年，滨海新区金融服务业增加值仅为 11 亿元，增长率为 48.1%，占 GDP 的比重 0.68%
金融市场	金融资金交易的主要场所浦东新区目前集聚着证券、期货、金融衍生品、产权等国家级和市级金融要素市场，1～11 月期货成交金额 5.91 万亿元，占全国期货市场的 60%。股票市场 1～11 月成交 4.57 万亿元，占全国股票市场的 80%。产权交易市场交易金额 3 632 亿元	非银行金融机构数量不多、层次不高，金融市场欠发达，影响金融创新的进程，但发展迅速，保险增速为 57%，金融存款增速为 23.5%
保险业	中外资保险公司保费收入 150 亿元，占上海保险市场的一半	各类保险机构 69 家。保险金额达 3103.3亿元，保费收入 12.4 亿元

资料来源：《上海浦东新区统计年鉴》（2006）、《天津滨海新区统计年鉴》（2006）。

从表4-13中可以看出，浦东新区在金融环境上优于滨海新区，但滨海新区近来在金融环境改善方面正在作出积极的努力，尤其是2005年以来，金融机构，特别是银行机构大量进驻，为滨海新区生物与医药等高新技术企业带来了良好的金融服务。对于生物与医药企业创业者而言，银行及风险投资机构进驻新区并提供相对优厚的融资条件可以催生新的企业，获得大量的创业资金；资本市场的完善则为风险投资退出提供了便捷的通道；保险市场的发展解决企业的后顾之忧。对于已成熟的企业，金融机构的完善和金融市场的成熟则会带来融资的便利和业务结算的便捷，不仅有利于流动资金的管理，亦节约了财务管理的成本。

2. 融资模式

1）融资模式类型及特点

目前世界上主要的融资模式可以概括为三种：美国证券市场主导型、日本主银行主导型和德国全能银行主导型（表4-14）。

表4-14　融资模式类型

融资模式	内容	特点
美国型	证券市场主导：是以私人资本为基础、充分竞争、反对垄断、保证效率，以法律制度和政府适度干预来维持市场秩序，企业获得资金主要通过证券市场这个渠道，从而形成证券市场主导型的融资模式	A. 金融环境：证券市场主导的融资体系 B. 风险资本在高科技企业发展初期占了很大的比重 C. 在高科技企业的不同发展阶段，有着不同的最优资本模式 D. 风险投资、NASDQ市场构成美国高科技企业融资制度创新的核心内容
日本型	主银行*主导型：政府干预经济的发展战略促进了银行体系的扩张、抑制了资本市场的发展，形成了一个银行主导型融资体系。企业高度依赖银行贷款，银行与企业间具有很强的相互依存性，在融资、持股、信息交流和公司治理方面形成了长期而稳固的关系	A. 金融环境：主银行制融资体系 B. 创立期和发展期多由政府或由银行设立的创业资本提供 C. 步入成熟阶段以后才提供外部融资，且以银行为主 D. 日本通过政策性金融机构、民间中小企业的专门金融机构对中小企业提供贷款援助，而且通过“信用保证协会”和“中小企业信用保险库”对中小企业从民间银行信贷提供担保
德国型	全能银行主导型：资本市场不发达，投资不活跃，工商业主要依靠银行系统而不是证券市场筹措资本。商业银行既为企业提供流动资金和中长期贷款、风险资本，又为企业发行股票和债券来筹集资金，从而形成了企业与银行相互依赖和相互依存的密切关系	A. 银行体系发达，且不实行分业经营 B. 全能银行制度和“职工参与决定制”的公司治理模式。即商业银行以对非金融企业不高于银行总资产25%的股权投资，可以从事证券投资、信贷、信托等各种金融业务 C. 创立期：创新型中小企业的创业资金55%来自银行，12%来自保险公司。创业投资的退出方式以回购风险投资所投股本和出售所投的企业为主，以上市交易为辅 D. 完善的中小高科技企业融资体系：①专门的融资机构（银行）；②信贷担保机构；③中小企业技术和科研开发基金

*所谓“主银行”，是指对于某个企业而言，在资金筹措和运用等方面容量最大，并且拥有持股、干部派遣等综合性、长期性交易关系的银行。

按照融资核心机构的不同，融资模式可以划分为直接融资（证券市场）为主和间接融资（银行）为主两种模式，比较两种模式的异同见表 4-15。

表 4-15 证券市场主导模式和银行主导模式融资特点列表

融资类型	证券市场主导	银行主导
金融环境	完善的金融机构体系（距离性融资体系），发达的投资银行	主银行制融资体系，银行体系发达，以间接融资为主
资金供求双方关系	关系比较松散：合作时间较短，融资者对企业的控制力较弱	关系紧密：银行与企业之间通过融资与持股的纽带建立一种长期稳定的特殊关系；银行与企业交叉持股；企业治理模式是以经营者自主控制和法人股东的有力监督为特征的企业治理模式
融资选择	遵循所谓“啄食顺序理论”，即企业偏好内部融资，如果需要外部融资，则偏好债权融资，最后才是股权融资	以与持股银行为首要选择，其他资融渠道较少
创业期融资	风险投资	政府资助或风险投资（且多为政府出资或持股、或主要由银行业和证券业设立，多为某一企业集团的成员公司，投资以自由资金为主，对所投资项目仅提供金融支持，技术评价能力较弱）
发展期融资	风险资本和核心股东为主，债权资本极少	政府资助或风险投资（同上）
成熟期融资	商业银行贷款比重上升，占据主导；在企业发展成熟时，提供资金的最大成员是核心股东	以银行等金融机构的贷款等间接融资为主，资本市场和股权融资的作用则被忽视
风险投资特点	创业投资公司数量多，且 90%以上为独立的企业；一般的非金融企业和个人积极介入创业投资活动，一半以上的资金来源于养老资金，对所投资项目从技术、管理、营销、财务到融资和上市等一揽子综合性支持	通过政策性金融机构、民间中小企业的专门金融机构对中小企业提供贷款援助（而日本禁止养老资金进行创业投资）

由风险投资模式的比较可以发现，我国目前的金融体系与日本和德国较为相似。由于我国目前金融体系不健全，证券市场还不够成熟，可供选择的金融工具过少，不能为直接融资提供通畅之道，所以主要还是依靠间接融资模式进行融资。这一间接融资模式与发达国家相比，主要区别在于：四大国有商业银行形成金融资源的高度集中格局，中小型金融机构发育水平低及其对企业的支

持不足。中国银行体制是分支行制，每个国有银行拥有分支行从三千多到五千多家不等，而且还有数量庞大的分理处、储蓄所。在这样的银行格局下，中小金融机构，特别是风险投资机构的发展空间极为有限。虽然近几年来，股份制银行和商业银行及风险投资基金发展迅速，但它们仍然处于金融市场的边缘地带。基于目前金融业发展的现状，我国风险投资可选择的融资模式为银行主导型。

2）浦东新区融资模式

目前浦东新区与滨海新区融资模式总体特征依然属于银行主导型。在现有的金融环境下，浦东新区走出了一条风险投资创新之路。

在风险投资的投入机制和运作方式上，浦东新区放弃了单纯依靠政府投入的做法，结合具体情况，积极探索出新的发展模式：通过政府投入“种子”资金作为启动资金，带动社会资金的积极参与，共同投入科技创新和成果转化，为高新技术成果的产业化提供了重要财源（图 4-9）。

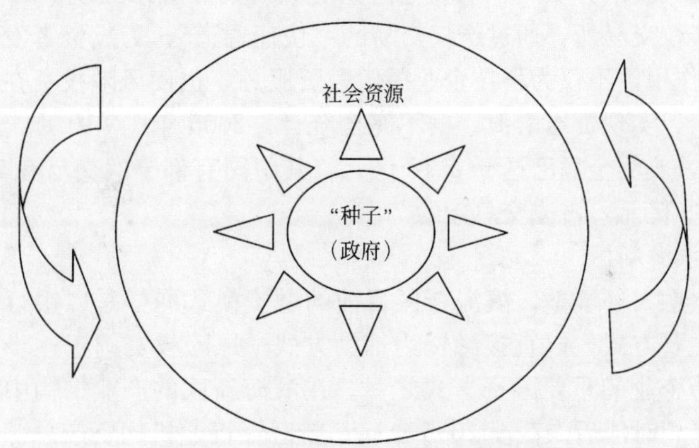

图 4-9　上海浦东风险投资资金流

上海成立上海科技投资公司、上海创业投资公司等风险投资机构，政府累计投入资金 12 亿元，但其带动的社会投资现已近 60 亿元，投资项目超过 100 个。上海创业投资公司与上海、北京和海外的 13 家投资机构以及管理公司合作，建立了张江、上海交通大学、上海复旦大学、清华大学、中科生命孵化、漕河泾等风险基金，带动社会资金达 31.24 亿元，其中包括 2.3 亿美元，总投资规模已达 37 亿元。上海投资机构的类型和组织也呈现多样化的趋势，除专职的投资机构外，许多上市公司、大型企业集团也涉足风险投资业。

浦东生物与医药企业正是通过风险投资基金，成功孵化了多个具有高技术、高风险、高回报的生物与医药企业。2006 年 1～10 月，浦东生物与医药风险投资总额为 2221 万美元，具体项目见表 4-16。

表 4-16 2006 年浦东生物与医药风险投资项目一览表（截至 10 月底） 单位：百万美元

被投企业名称	所属产业	投资额	投资机构
格斯生物与医药（上海）有限公司	药物化学服务	2.5	晨兴
上海安普生物科技有限公司	生物与医药	5	晨兴
上海蓝心医药科技有限公司	生物与医药	11.5	BioAge Pharmaceuticals，百奥威达
阅微生物技术（上海）有限公司	生物科技	1.8	晨兴
上海美东生物材料有限公司	生物科技	1.41	同华投资有限公司
投资额合计：22.21			

资料来源：《浦东高新技术产业报告》(2006)。

浦东新区不断优化投资环境和配套服务体系，吸引了海内外投资者通过异地并购方式进入上海浦东发展，已产生政府资金作引导、广泛吸纳海内外资金的效应。据技术产权交易所统计，并购已成为上海浦东风险投资赢利的主要方式，风险投资大多选择从产权市场通过企业并购的方式来套现。2003 年底成立的上海联合产权交易所，通过产权交易的“快速通道”，为投资者发挥了独特的“交易平台”作用，不仅为科技企业提供融资服务，也使风险投资在获得成功后能够及时退出，实现资本增值。据不完全统计，2005 年 1～10 月，联交所交易总量 2777 宗，成交金额已达 642.18 亿元，其中国有部分的交易有 1208 宗，涉及金额 453.89 亿元，占成交总额的 70%。

3）天津滨海新区

在我国金融大环境下，滨海新区目前的融资模式同样是以银行为主导，以间接融资为主要方式，以直接融资为辅助方式。风险投资则正逐步发展成为中小生物与医药企业的重要融资方式之一。在滨海新区的产业结构中，金融业发展的整体水平相对滞后。截至 2005 年底，新区银行业机构资产总额（包括各项贷款、有价证券及投资和其他各类资产）仅为 1532 亿元，各项贷款余额 922 亿元。银行机构全年实现利润总额仅 24.8 亿元。区内金融机构融资能力较浦东新区差，区内企业不能从区内金融机构中获得相应的融资优惠，使得生物与医药企业在以银行为主导的融资模式中难以获得需要的资金量。对于滨海新区内的中小生物与医药企业而言，其获取创业资金的难度更大。

目前滨海新区风险投资仍属初级发展阶段，已设立了一部分风险投资机构，包括泰达风险投资、渤海产业投资基金和滨海新区创业风险投资。其中，渤海产业投资基金设计总规模为 200 亿元，一期已募集资金 60.8 亿元。渤海产业投资基金目前运作正常，已经遴选了一大批项目，目前基金管理公司正对各项目逐个进行审查研究，并已形成初步的投资方案。滨海新区创业风险投资基金的引导基金目前已设立，并已有相当规模，预计将投入财政资金 20 亿元，并将积极争取除财政资金外的其他资金来源。其运作将采用“引导基金”的模式，即政府创立的基金并不直接投资企业项目，而是设立母基金，由母基金再投资于专业创投企业，以发挥导向和补位作用。

3. 投融资主体

发达国家和地区融资主体主要是机构和个人两大类。在成熟市场经济国家和地区，机构投资队伍有相当大的规模，它们拥有数额巨大的长期资本，具有风险投资的理念和较强的抗风险能力。其主要构成为：养老基金、企业、投资银行或保险公司、捐赠基金（慈善基金）。私人投资者，又称投资天使，他们积累了大量的资本，四处寻找好的风险投资项目，大量投资天使的出现反映了风险投资产业进入了一个成熟阶段。

风险投资虽然最早出现在欧洲，却在美国实现了大发展，进入成熟阶段，并为美国创造了经济奇迹，硅谷就是风险投资的神话。以美国为例分析风险资本的来源构成（表 4-17）。

表 4-17　美国制药业风险资本的来源结构　　单位：%

来源	1980～1985 年	1986～1992 年	1992～1994 年	1997 年
个人/家庭	18	11	9	13
捐赠基金	8	12	12	9
银行/保险公司	13	12	17	1
企业	13	10	4	30
养老基金	31	45	49	40
其他	17	11	9	7

从表 4-17 中可以看出，美国在 20 世纪 80 年代的风险投资主体以养老金为主要来源，其次是个人、企业和银行，但进入 90 年代后，风险投资主体结构发生了变化，1992～1994 年，风险投资主体中养老金所占比重进一步上升达到近 1/2，而银行投资排名第二，捐赠基金比重上升；到 1997 年，养老金所占比重下降到四成，而企业投资则上升到三成，其次是个人投资者，这三者共占据了整个风险投资的 83%，而银行及保险公司的风险资金投入则下降到 1 个百分点。

目前，我国的养老金管理较为僵化，还没有形成风险投资的主要来源。或许养老金作为风险投资的主要来源值得商榷，但问题不是养老金是否应该进入风险投资市场，而是养老金占据风险投资总量的份额。

1）浦东新区

浦东新区在投资体制上实现了投资主体的多元化，形成了多元化的资金支持体系。其投资主体包括政府、境外风险基金、商业银行等金融机构、企业等，其发展资金来源于政府财政资金、风险投资资金、商业银行贷款和股市募集资金等。

其中，政府财政资金既通过建立孵化器为企业提供最基本的场地，以支持高新技术企业的发展，又直接投资组建风险投资公司，帮助企业融资；风险投资资金基本覆盖了从种子基金到战略投资的全过程，并实现了风险投资主体的多元化；银行资金通过房产抵押、美元抵押、备付信用证、企业担保等多种方式为企业开通融资抵押贷款的渠道。如工商银行上海分行、建设银行上海分行与张江公司签订了银企合作协议，各授信 5 亿元人民币资金额度。此外，浦东新区财政曾以回租开发的形式支持张江技术创新区的建设。

2）天津滨海新区

如果融资渠道单一、产业发展资金不足，将会限制医药制造业的长远发展。目前，天津高科技制药产业的资金来源除股东投入的股本金以外，主要依靠银行贷款，融资渠道狭窄。由于银行十分注重资金的安全性和流动性，因而制药企业融资能力明显不强，发展资金严重不足已经成为制药企业开发研制新药、更新设备、开拓市场的巨大障碍。

天津滨海新区医药制造业在创业阶段依赖于政府资金的扶持，在风险基金方面则属起步阶段。滨海新区风险基金投资主体已呈现出多元化，包括政府资金、企业资金、私人资金、国外资金等。

天津滨海新区医药制造业成熟阶段的投资资金主要来源于企业、金融机构贷款和政府部门研发投入，国外资金则多存在于引入的外资企业。企业作为资金的主要投入者突出了其作为科技创新活动的主体地位。政府投入在产业发展的关键技术开发上给予支持，起到资金的引导与放大作用。总体而言，滨海新区生物与医药企业逐步形成了以企业为主体、政府为引导的筹资主体格局。

4. 金融服务

1）浦东新区

上海浦东新区提供的完善的金融服务促进了生物与医药企业的长足发展：

第一，金融功能充分发挥的平台。随着市场的完善和金融机构的集聚，浦东提供的金融服务和产品种类不断增加，从个人理财产品到再保险服务，门类非常齐全。在浦东的金融机构可以提供投资基金、信托基金、境外投资产品（QDII）等个人理财产品，股票、债券、资产证券化产品、指数期货产品等直接投资产品，人寿保险、财产保险、农业保险、再保险等保险产品，能为企业融资提供包括贷款服务、上市服务、风险投资、中小企业政策性贷款服务等在内的全面金融服务。浦东成为金融功能最全面、最集中的展示平台。

第二，金融前后台联动的先发区。除了金融机构总部在陆家嘴金融贸易区集聚外，浦东在张江地区建设了银行卡产业园。目前已引入中国银联产业发展基地、平安保险全国后援中心、交通银行数据处理中心、中国银行信息中心、招商银行信用卡中心、中国人民银行支付系统上海中心、上海期货交易所数据中心和金融衍生品研发中心等项目，金融后台优势逐步显现，与陆家嘴金融贸易区遥相呼应，形成了金融前后台较为完整的产业链条。

2）天津滨海新区

从整体看，滨海新区在金融服务方面的优势不明显。对于各种金融机构而言，是否落户新区并无重大差异，新区覆盖的行政区与天津市其他行政区之间的金融政策环境也没有差异，因此也并无必要从整体上对新区给予特别的重视，只需惯常的依照行政区划设置分支机构，并与新区之外的所有分支机构采取同样的管理模式。这种状况使金融机构难以为滨海新区内的生物与医药企业提供良好的金融服务。

目前，天津滨海新区金融业还存在着金融机构门类有限，级别过低，金融机构运作模式简单落后，服务手段相对落后，金融机构管理体制、体系相对落后，国家金融管理部门监管还有空缺等诸多问题。金融服务相对滞后，不能满足生物与医药企业发展的需要。

5. 融资体制障碍

通过与浦东新区融资体系的比较，可以发现，滨海新区在其发展中真正遇到的是隐藏在资金后面的制约因素。对于天津医药产业发展中出现的投融资双方之间的沟通障碍，可以说与长期沿用的旧体制有很大的关系。

(1) 产权制度。由于很多医药企业与原有的科研院所有着千丝万缕的联系，所以在发展中往往会因产权不明晰等问题影响正常运作，如原有院所出资不到位，以及企业与科研院所的同业竞争等均会造成企业的利润流失。此外，技术等无形资产与其他有形资产的作价与股权分配也是高技术企业面临的难题，技术投资方与资金投资方在利益分享与风险分担比例问题上纠缠不清，从而使企业错过商业化的最好时机。另外，企业的产权结构也决定了企业之间不同利益主体的目标取向，最终在不同利益主体的相互作用下，一方面容易造成企业的短期行为；另一方面，由于医药企业的产权结构多以法人持股为主，再加上市场不完善，市场对企业的评价与监督作用不能很好地体现出来。

(2) 金融体制。这是直接与投融资问题密切相关的一个方面。在高技术发展较好的国家，较完善的资本市场不仅为投资者提供了良好的融资渠道，促进了投融资之间的良性循环，而且也缓解了新兴企业融资难的压力。但在其他一些国家和地区，金融体制都存在以下几个方面的问题：

第一，在以信贷机构和间接融资占主导地位的融资机制下，直接融资市场较疲软。信贷机构资金运作的流动、安全性特征和高风险、高收益的医药行业之间存在着天然障碍，大量运用银行贷款资金的企业资金配置的效率往往不尽如人意。

第二，金融工具不足，难以适应跨度不同的风险-收益空间。这使得一方面，处在发展前期的风险巨大的医药企业陷入融资难的困境；另一方面，大量的社会资本沉积在银行储蓄余额上，造成资本的浪费。

第三，社会经济和文化因素抑制了资本市场作为资本来源以及风险分配机制的作用。资本市场运转的表象是证券和货币的不断转化，但其经济实质则是实现风险在不同出资者之间的转移和重新配置。在市场经济较为发达的国家或地区，政府最重要的职能是逐渐完善金融市场。

十一 产业发展 SWOT 分析

综合比较浦东新区与滨海新区的整体部分，总结滨海新区生物与医药产业的优势（S）和劣势（W）及面临的机会（O）和挑战（T）（表 4-18），结论是：

在全球生物与医药产业国际化、技术扩散的大趋势下，在滨海新区列入国家发展计划的契机下，滨海新区生物与医药产业迎来了发展的新机遇，也面临着新的挑战。总的来讲，目前滨海新区生物与医药产业已经在地理区位、空间资源、产业增长、产业集群、传统医药、原料药生产及专业人才和金融体系方面具有了一定的优势，但在产业管理、创新能力、行业服务及金融服务等方面还存在差距。因此，在借鉴经验的基础上，进一步建立和完善基础条件平台、产业化平台、政策支持平台和投融资支持平台是实现滨海新区生物与医药产业快速发展的根本途径。

表 4-18 滨海新区生物与医药产业的 SWOT 分析

	机会（O）	挑战（T）
外部环境分析（OT）	• 全球生物与医药产业进入高技术大规模产业化发展阶段，国际化趋势增强 • “十一五”规划中将生物与医药产业作为跨越式发展的战略重点 • 滨海新区纳入国家发展战略 • 天津市对滨海新区制造业研发与转化基地的定位与建设 • 天津滨海新区国家生物医药国际创新园被列入科技部“十一五”规划	• 生物与医药市场国际竞争日趋激烈 • 我国确立的七大生物与医药重点战略区发展快速 • 2002 年以来，生物与医药企业融资总量下降，渠道不畅 • 浦东新区生物与医药发展带来的竞争
	优势（S）	劣势（W）
内部因素分析（SW）	• 区位环境优势 • 发展载容优势 • 整体产业发展快速，增长潜力巨大 • 有一定的集群优势 • 传统生物与医药企业的基础优势 • 原料药生产的规模优势 • 专业人才年培养的数量优势 • 粗具规模的金融创新体系 • 国家生物医药国际创新园建立	• 产业管理体制和政策支持欠缺 • 缺乏提供行业支持的产业协会 • 产业自主创新能力不足 • 产业服务平台功能不全 • 产业化水平不高，产销效率低 • 投融资体系不完善，金融市场不发达，金融服务水平低 • 集群品牌优势不足 • 知识产权保护不利
结论：合理进行产业定位，建立完善四大平台，打造“滨海生药谷”产业集群品牌，依托国家生物医药国际创新园，分享国际生物医药前沿成果，使滨海新区成为高水平的国际生物医药科技合作产业化示范基地		

十二 浦东新区生物与医药产业的经验和启示

（一）良好的发展环境

(1) 得益于上海经济乃至长江三角洲经济的发展，浦东新区的整个经济环境优于滨海新区，使浦东新区发展生物与医药产业拥有更好的管理软环境和经济大环境。因此，滨海新区应充分发挥良好的区位优势，紧紧抓住天津及环渤海地区发展为滨海新区带来的良好契机，为生物与医药产业的发展创造良好的发展空间。

(2) 浦东新区的高外向度、高出口竞争力为其生物与医药产业的发展提供了更为广阔的市场空间，因此“走出去”的战略应是滨海新区可以借鉴的一个发展方向。

(3) 浦东新区产业结构优势明显，服务业发展成熟，为生物与医药产业等高新技术产业的发展提供了外围服务快速发展的可能。因此，滨海新区应重点规划，政策扶持，从而加快生物与医药产业外围配套产业的快速发展。

（二）系统化的发展政策

(1) 浦东新区政府定位准确，有所为有所不为，不干预企业运营等具体问题，而是以服务为宗旨，以政策为导向，为生物与医药企业创造了良好的政策气候；同时，充当生物与医药企业的服务者，为其提供“一站式”审批服务，形成了从投资到审批的“一条龙”服务，实施“零收费”。

(2) 政府实行政策系统化，提供了战略规划、构建组织、制定法律、资金支持、建设产业园、人才培养等系统的产业扶持政策，强化政府在生物与医药产业中的作用，张江就是一个很好的例子。

(3) 政府允许高新技术成果可作为无形资产参与转化项目投资，同时将无形资产实用化，允许具有管理才能、技术特长或者拥有专利成果的个人，以人力资源和其他智力成果作价投资入股，作价金额可达到注册资本的20%。这一方面提高了生物与医药科技成果的转化动力，另一方面突出了生物与医药企业中最重要的资产——技术和人才。

(4) 提供了具体明确的生物与医药业研发外包政策，通过政策支持，避免了生物与医药企业在选择研发外包时不明政策不敢尝试、不知该如何操作的问题。

(5)“跨国公司总部政策”为浦东新区吸引了世界上最强的生物与医药企业落户，为“药谷”提升了整体研发水平，跻身世界生物与医药研究和生产之列。

(6)“聚焦张江”打造“药谷”产业集群品牌。在全球生物与医药产业领域开展全方位的推广活动，充分发挥“张江药谷”的品牌效应，如组织核心企业等共同出访主要的生物与医药企业集聚地、企业总部等，宣传浦东的优势；主动解决备受关注的问题，如知识产权等问题，并且积极推动国内外生物与医药企业或集群与浦东的企业进行合作或开展合作研究。

（三）完善的服务体系

成立张江药谷公共服务平台有限公司，作为政府服务功能的延续。平台通过整合政府资源及市场（客户）的需求，长期致力于中小型企业的服务、扶植，为企业提供实验场所（孵化单元）、实验设备、实验技术服务（公共实验室）和新药申报与临床研究的服务。平台的建设降低了企业进入的门槛，缩短了新药研发的周期，加快了产业化进程，为中小型企业在张江高科技园区快速成长创造了良好的环境。同时，生物与医药共享网络平台等配套设施为园区内的药企实现资源共享、节约研发成本提供了服务平台。

（四）产业链完整的创新集群

在政府的规划和政策扶持下，初步形成了由产业群体、研究开发、孵化创新、教育培训、专业服务和风险投资六个模块组成的，以“人才培养—科学研究—技术开发—中试孵化—规模生产—市场开拓”为产业链的现代生物与医药创新集群，成为国内生物与医药产业链最完整的地区。

（五）创新的成果转化模式

研发机构和生物与医药企业之间的合作，采用共建企业研发中心的模式，即由研发机构和企业共同投入资源、共担风险，这样既有助于增强企业参与创新研究的信心，也能帮助研发机构根据市场需求进行有针对性的研发，使科研机构的研发活动提前纳入企业的创新机制中，从而使新药成果尽快走出实验室，加快成果转化的速度。同时，产、学、研合作不仅仅是停留在某一项目的合作，而是逐步建立起战略联盟关系。目前，浦东新区正探索建立抗体工程学产学研联盟、中药产学研联盟、生物医学工程产学研联盟，以战略性产品和骨干企业为核心，形成技术产业链和价值实现链。

（六）多元化的资金支撑体系

政府财政资金：一方面，通过建立孵化器为企业提供最基本的场地，以支持高新技术企业的发展；另一方面，又直接投资组建风险投资公司，帮助企业融资。在风险投资的投入机制和运作方式上，放弃了单纯依靠政府投入的做法，结合具体情况，积极探索出新的发展模式，通过政府投入“种子”资金作为启动资金，带动社会资金的积极参与，共同投入科技创新和成果转化，为高新技术成果的产业化提供了重要财源。

风险投资资金：通过设立“浦东新区创业投资引导基金”和“高技术创业投资风险补偿基金”等强化风险资本集聚机制。目前，园区已吸收38家风险投资公司和咨询机构，境外风险基金也以托管的形式进入园区。风险投资主体多元化，基本覆盖了从种子基金到战略投资的全过程。

商业银行贷款和股市募集资金：园区内的各银行通过房产抵押、美元抵押、备付信用证、企业担保等多种方式为企业开通融资抵押贷款的渠道。同时，浦东新区财政曾以回租开发的形式支持张江技术创新区的建设。

此外，积极探索建立生物与医药产业发展资金联盟，吸引更多的国际资本、社会资本、民营资本进入生物与医药行业。

第三节　滨海新区生物医药产业科技创新对策研究

全国生物与医药产业正在逐步形成以长江三角洲、珠江三角洲和京津冀地区三个综合性生物与医药产业集群为主体，以东北地区、中西部地区若干专业性生物与医药产业基地为两翼的总体格局。

2006年5月，国务院正式公布了《国务院关于推进天津滨海新区开发开放有关问题的意见》，批准天津滨海新区为全国综合配套改革试验区。天津滨海新区将成为我国继深圳、上海浦东之后，又一带动区域经济发展的新的经济增长极。以天津在生物与医药产业的技术及区位优势，将其作为滨海新区重点发展的主导产业之一，将带动环渤海地区和全国生物与医药产业的发展。因此，滨海新区生物与医药产业的可持续发展必须抓住“一个定位”、“四个平台”、“二十二个关键点”。

一　明确滨海新区生物与医药产业的定位

依托环渤海，与“长三角”、“珠三角”形成错位发展，经过5～10年的努力，抓住“生物医药国际创新园”和“国际生物医药网络研究院”的建设契机，建成集技术研发、中试孵化、生产流通、专业服务、风险投资、创新人才培养与团队建设为一体的中国最大、世界知名的生物与医药创新和产业基地，在医药生物技术、现代中药技术、农业医药技术，特别是海洋医药技术上形成优势特色，打造出“滨海生药谷”产业集群品牌，成为推动区域内外生物领域各种优势资源集聚整合的引力中心和技术创新助推器，带动环渤海地区及全国生物与医药产业的发展（图4-10）。

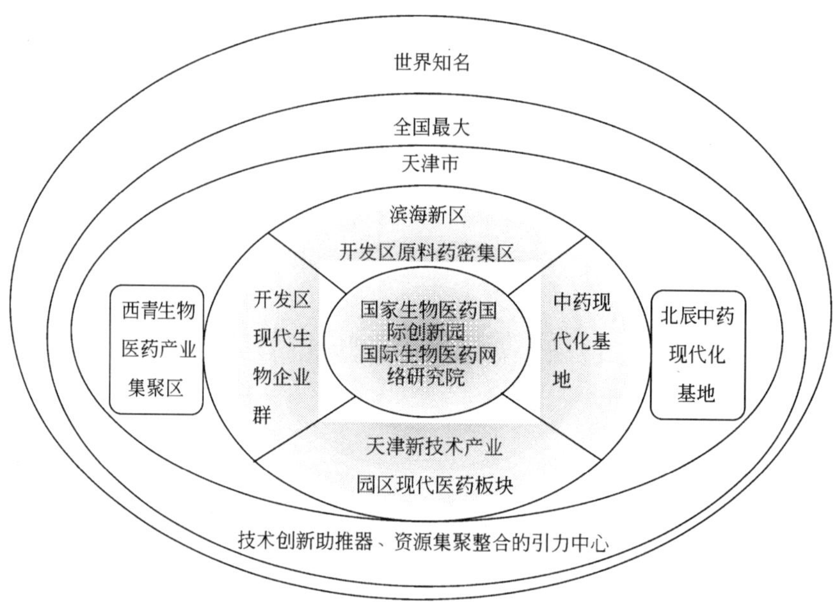

图 4-10　滨海新区生物与医药产业定位

具体运作上：在研发环节上，以自主创新和二次创新为主，以自主开发和外部引进并重，以产业化带动资源聚集和产业升级；在制造环节上，以技术水平高、附加值高的医药产品为主；在专业服务体系上，以纳入全国生物与医药产业服务体系为主，培育具有滨海新区特色和示范作用的，能够促进要素的集聚和营造优越的产业化环境，推动区域生物与医药产业可持续发展的专业化服务体系。

二 构建滨海新区生物与医药产业产业化服务平台

建议构建的滨海新区生物与医药产业产业化服务平台总体呈“夹心饼干”式结构，包括基础条件平台、产业化平台、政策支持平台和投融资支持平台四部分（图 4-11）。

滨海新区产业化服务平台应该以“国家生物医药国际创新园”和“国际生物医药网络研究院”为核心实体，以基础条件平台满足研究开发的基础条件需求，以产业化平台完成企业孵化和生产贸易，在从基础条件到生物与医药制品贸易活动的全过程中，通过政策支持平台和投融资支持平台提供政策和投融资支持，从而为滨海新区生物与医药产业的发展提供全方位的服务。

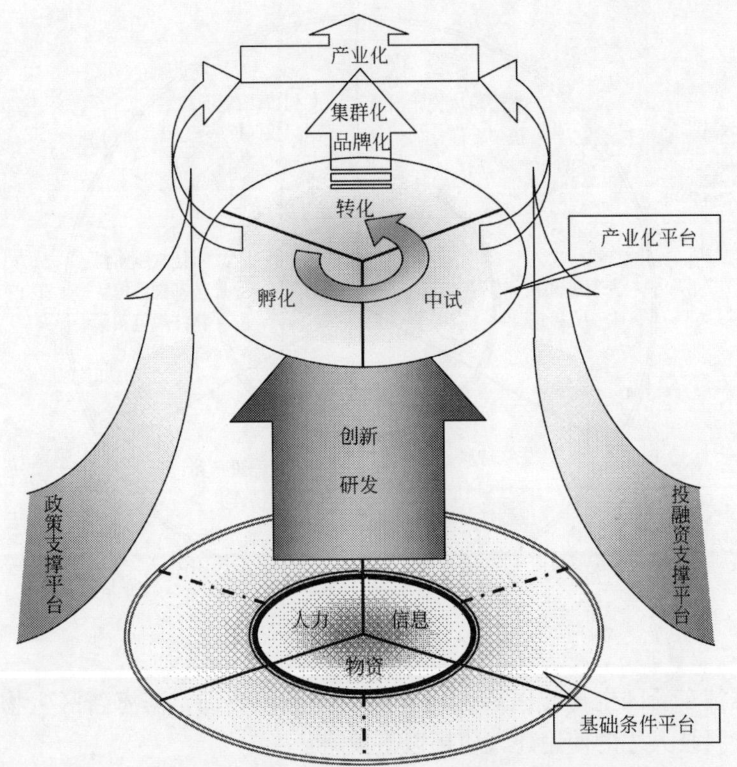

图 4-11　滨海新区生物与医药产业产业化服务双层平台整体结构图

（一）基础条件平台

基础条件平台建议由人力、物资、信息三个部分构成（图 4-12）。其中，人力包括：高级科技人才引进与合作；一般研发人员引进和技术工人培训。物资包括：大型仪器设备和试验室协作共享；生物种质、标本、实验动物、试剂、仪器耗材资源。信息包括：专利转让和知识产权保护；科技文献、科技基础数据、技术标准和规范共享。

生物和医药产业化服务平台可以以滨海新区研发转化基地为依托，在具体运作关键点上，建议如下。

1. 高级科技人才引进与合作

在滨海新区的生物与医药产业的创新研发工作中，高级科技人才起着举足轻重的作用，他们的远见和对技术发展方向的把握将引领整个研发过程，他们的创新水平和科研能力决定着生物医药研发项目的周期、成本，乃至成败。因此在各种资源中，高级科技人才是生物与医药产业中最为核心，也是最不容易在短时间内通过政策的倾斜和资金的投入来获取的。

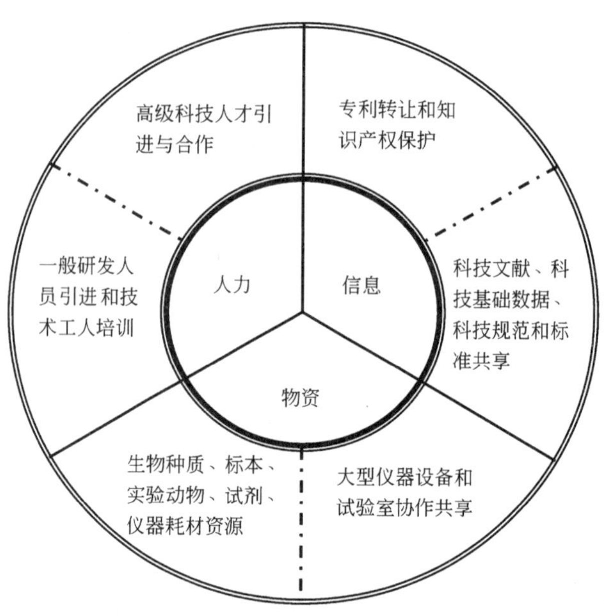

图 4-12　基础条件平台结构图

根据浦东新区生物与医药产业发展的经验和教训，滨海新区生物与医药产业对高级科技人才的使用建议应用以下策略：

对于引进人才，除了在政策和物质条件上尽量满足人才的需求之外，更重要的是为其提供发展的空间。生物与医药高级科技人才一般都已达到人的需求的高级层次，以尊重和自我实现的需求为主导，因此应将产业发展的目标和个人发展的目标结合起来，使其在得到事业发展满足的同时对滨海新区生物与医药产业的发展作出更大贡献。

由于生物与医药高级科技人才的稀缺性，加之高等院校、科研院所相对死板的用人机制和企业相对高昂的人才转移成本，引进的阻力和难度将会比较大，滨海新区生物与医药产业应当用灵活的用人机制化解上述难题。核心思想是建立“脑库”而非“人库”，只要能为我所用，用人形式问题可以灵活处理。能引进的尽量引进，不能引进的可以合作，无法合作的可以聘为专家顾问，如果连顾问都无法聘任也应当做人脉经营。

2. 一般研发人员引进和技术工人培训

生物与医药领域的研发不可能是高级科技人才孤军作战，研发过程中的团队协作也将起到很大的作用。高水平的研发带头人必须有高水平的助手和团队协作才能完成高水平的研发。滨海新区生物与医药的研发基础条件平台中还应包括一般的研发人员和技术工人。

生物与医药产业不同于一般的制造产业，对从业人员的技术性和专业性要求较高。这类人力资源由于需求数量较大，必须立足滨海新区及周边地区，因此应充分利用京津地区高校密集、人口素质较高的特点，采用为高校的生化相关专业的研究生提供完成其科研课题的实践场所，为本科生提供实习机会，与高职签订定向培养协议等方式从校园内开始培养一般研发人员和技术工人。

3. 大型仪器设备和实验室协作共享

大型实验、分析仪器设备和高水平生化实验室是生物与医药研发工作的基础，滨海新区生物与医药产业从基础研究、产品开发、中试直到成品检测，都需要先进的仪器设备和实验室。企业选择自己购买或建设则投入太大，对于中小型企业根本负担不起，如果园区或政府进行购置，则会重复建设，造成浪费。

生物医药的研发基础条件平台可以作为滨海新区研发转化基地的重要组成部分进行构建，包括收录天津市内和周边大型精密仪器设备和实验室的相关信息、数字化网上实验室等，以实现对仪器、技术、专家、方法和数据的共享。

4. 生物种质、标本、实验动物、试剂、仪器耗材资源

滨海新区的生物与医药研发机构有着很强的生物种质资源、标本、实验动物等的需求，而这些资源的获得不仅存在成本问题，更存在稀缺性的问题。因此在滨海新区的科技服务平台中就设计有资源共享库，不仅与市场空间比较大的实验动物企业建立长期的稳定和合作关系，为生物与医药实验提供现有实验资源，满足其紧急订货和少量订货，而且对于生物与医药科研实验中所需的一些比较特殊、市场比较小的实验动物，平台提供了世界范围内的最新供应信息。此外，科技条件平台与国内国际的类似平台和专业实验动物网站、各省市实验动物中心所建立协作关系，为生物与医药产业所需实验资源提供了保证。

滨海新区的生物与医药研发机构所需要的化学试剂、标准样品或特有的仪器耗材同样可以利用滨海新区科技基础条件平台，利用发达的信息网络，更便捷地得到实验所需试剂标样和仪器耗材，平台提供配送服务，则降低了生物与医药企业获取科研物资的时间成本。同时，多家生物与医药研发机构亦可通过平台进行试剂或耗材的联合招标购买，实现联合采购而降低采购成本。

5. 专利转让和知识产权保护

现在我国生产的大部分基因工程药物缺乏自主知识产权，生物与医药产业发展潜伏着巨大的危机：一方面，由于受到国外知识产权和专利保护的限制，产品不可能出口，只能内销；另一方面，欧美国家来我国申请专利越来越多，如EPO、GM-CSF、TPA、EGF等，大量仿制基因工程药物会引发大量的诉讼。在国外大型制药企业的知识产权威胁下，国内的研发机构和生产企业危机重重。

滨海新区应注意前车之鉴，积极促进知识产权保护和专利转让市场的建设，这样不仅可以打消生产企业以违规手段获得研发成果的意识，防止其走上“拷贝—仿制—量产—遭遇壁垒、被起诉或市场饱和—停产—再拷贝”的不健康循

环，而且可以激发研发机构或研发型企业的创新热情，保证其合理合法的收益。

基础条件平台应提高滨海新区生物与医药产业所有成员对于创新和研发的重视程度，牢牢把握原始创新、二次研发、产品定型和高附加值或专利产品生产的产业定位。基础条件平台还应与国际专利市场接轨，充分了解世界生物与医药产业发展的最新动态，防止国外企业和研发机构借研发外包或二次开发的名义，利用我国法律和道德缺失，将滨海新区作为其产品试验场和不安全或过时药物的倾销地。

6. 科技文献、科技基础数据、技术标准和规范共享

科技文献、科技基础数据、技术标准和规范等对生物与医药研发起着很重要的作用。现代生物制药产业已经具有可以和 IT 产业相提并论的知识更新速度，每年都会有大量新的基因序列、生物标靶、化学中间体和生产工艺等出现。目前，许多滨海新区的生物与医药研发机构在进行研发时，同样存在要派人专程到天津大学、南开大学和天津市内其他大学的图书馆查找资料或通过大学校园网接入各种网上数据库查找资料的情况。可以依托滨海新区研发转化平台中的基础条件平台，利用其与天津市和周边地区的各大学图书馆、专业资料库建立联机检索和远程借阅手续办理服务，实现生物与医药企业便捷快速的资料查找。此外，对于生物与医药产业而言，平台还应该投资开通滨海新区生物与医药研发经常使用的一些国内外数据库接入，可通过支付年费等方式提供有偿服务。

同样地，如果生物与医药研发机构愿意无偿或有偿共享其拥有的或在生产、试验中得出的资料、文献、数据或阶段性成果等资源，可利用平台实现共享，促进生物与医药研发机构之间、企业与研发机构之间的合作，形成竞争-合作的良性发展关系。若由此能够形成行业标准，则可以更大程度地提升滨海新区生物与医药产业竞争力。

（二）产业化平台

产业化平台运作过程为：孵化→中试→集群化、品牌化→成果产业化（图 4-13）。

生物与医药产品的产业化分为实验研究阶段、小量试制阶段、中试生产阶段，最后过渡到工业生产。各个阶段前后衔接，相互促进，任务各不相同，研究的重点也有差异，制备的规模逐渐由小变大。因此产业化平台应按照上述过程分为孵化、中试和工业生产三个模块。而构建产业化、集群化品牌对于促进科研成果产业化具有重要的意义。

1. 生物与医药项目孵化

在新药的研发中，实验室研究阶段和小量试制阶段属于工业化生产之前的

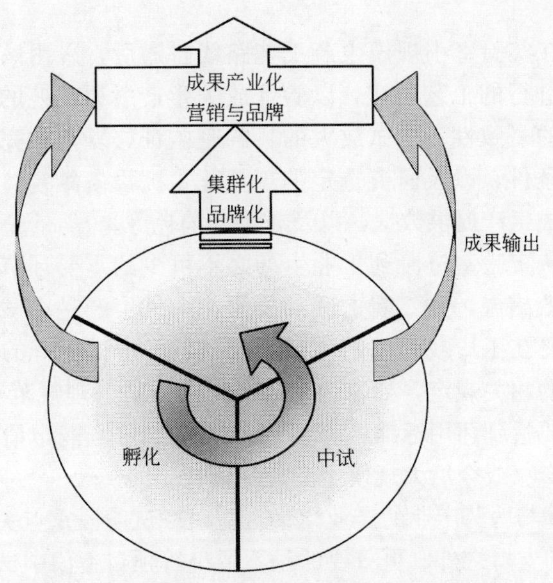

图 4-13　滨海新区生物与医药产业产业化平台

技术准备阶段。实验室研究阶段是新药研究的探索阶段，目的是通过基因技术和分子生物学发现标靶，发现先导化合物和对先导化合物的结构修饰，找出新药苗头。小量试制阶段是在新药苗头确定后，进行小量试制（简称小试）研究，提供足够数量的药物供临床前评价。其主要任务是对实验室原有的合成路线和方法进行全面、系统的改革。在改革的基础上通过实验室批量合成，积累数据，提出一条基本适合中试生产的合成工艺路线。

生物与医药研发项目具有投入高、周期长、风险大的特点，对于中小型研发型企业和单纯的科研院所，在项目初期的试验研究和小量试制阶段，缺乏各方面资源，举步维艰，此时需要得到资金、管理等多方面的孵化帮助。

对于孵化器，过去只是单纯为中小企业提供适合其创业的小型空间，但随着进一步的功能开发，孵化器的需求和内涵已得到进一步的扩展。滨海新区生物与医药产业园的孵化器应不仅只为企业提供小面积的空间，并且还要考虑到初创企业的特点，除了提供传统的融资支持和政策支持之外，还要积极引导研发者合理使用基础条件平台的人力、物资、信息资源，帮助研究者把发明和成果尽快形成产品。

泰达华生生物园是滨海新区第一家，也是迄今为止最大的一家专业的生物与医药类孵化器。而 2006 年 6 月签订协议建设的“国家生物与医药国际创新园”也将孵化作为主要功能之一。滨海新区应以此为基础，借鉴浦东新区的孵化器的运作经验，将尽可能多的基础研究纳入产业化的轨道中。

2. 中试放大

中试放大是在实验室小规模生产工艺路线打通后，采用该工艺在模拟工业化生产条件下所进行的工艺研究，以验证放大生产后原工艺的可行性，保证研发和生产时工艺的一致性。中试放大的目的是验证、复审和完善实验室工艺所研究确定的反应条件，以及研究选定的工业化生产设备结构、材质、安装和车间布置等，为正式生产提供数据，以及质量和消耗等。

中试生产是从实验室过渡到工业生产必不可少的重要环节，也是降低产业化实施风险的有效措施，是二者之间的桥梁。中试生产是小试的扩大，是工业生产的缩影，需要在工厂或专门的中试车间进行。中试生产的一切活动要符合药物大规模生产的相关规定，如符合《药品生产质量管理规范》(GMP)，产品的质量和纯度也要达到药用标准。美国 FDA 规定，在新药申请（NDA）时要提供原料药中试生产（或今后大规模生产）的资料。

滨海新区生物与医药产业的产业化平台应对中试阶段重点关注，除了提供场地、资金、政策的支持之外，更重要的是不要坐等项目上门中试，而是应该主动走出去，对于本地区已经完成基础研发的项目，应主动引导其进入中试阶段，对于外地的项目也要尽力引入滨海新区进行中试，争取在新区内完成产业化。

3. 工业生产

生物与医药和其他产品的工业生产的最大区别在于，由于医药类药物将大规模直接作用于人体，因此需要进行非常严格的新药申请审批程序。

按照现有药品管理制度，新药必须通过几轮的临床试验和相关审批才能获得新药药证，根据现行的国家药监局临床试验审批程序，需要 9～12 个月才能获得审批，审批周期长不仅严重阻碍了临床试验 CRO 的发展，也影响了以研发创新为主的医药企业的业绩。

研发的新药获得新药证书后，生产批文必须由已通过 GMP 认证的药厂按产品申报获得。这一政策有助于落实药品安全方面的责任，但研发企业的优势集中在人才和技术，有限的资金难以承受基础建设的巨额投资。如果将自己的新药落户于其他有生产条件的企业，由于生产批文属于加工企业，研发企业的知识产权很难得到保障。

滨海新区生物与医药产业的产业化平台的“出口”就是工业生产，虽然在孵化和中试阶段也可以有成果的输出，但是滨海新区的定位是制造业，而不仅仅是研发基地，因此必须强化工业生产阶段的支持。只有对取得专利的新型高附加值药物进行工业化生产，才能使前期的投入获得回报，实现利润，进而再支持新的研发，形成良性循环。

对于滨海新区生物与医药产业的工业生产阶段的政策和融资支持，虽然应该吸取浦东新区的教训，加强支持力度，但是必须注意政策和融资的支持要保证“公平性”和“市场化”。对于各种优惠政策要针对所有的参与者，而融资支持，由于已经度过风险最大的前期研究阶段，因此应该注意吸收民间资本。

4. 构建产业集群品牌

生物与医药产业是世界范围内正在兴起的高新技术产业，生物与医药产业企业集中群（生物谷）是其发展与集中布局的典型载体。生物谷作为科技成果产业化各主体合作的载体，成为科研机构与企业界之间的一座桥梁，促进了科研机构与企业界之间的有机结合，使科技成果从研究开发、中试到产业化的总成功率成倍提高。而产业集聚的品牌化战略更是对生物与医药产业的发展起到极其重要的推动作用。如美国有居世界领先地位的波士顿、旧金山、圣地亚哥、华盛顿和北卡罗来纳研究三角园等五大医药产业区，法国巴黎的“基因谷”，马来西亚的“生物谷”，印度的新德里生物技术公司集聚区等，都是生物与医药产业集群的知名品牌。

目前，滨海新区虽然已经建成了天大科技园、生物与医药产业园、津滨医药园、泰达国际创业中心、华生生物园等一批生物与医药孵化器和产业化基地，但是单纯的生物与医药企业的集聚并不意味着产生了生物与医药产业集群。只有在滨海新区内构建生物与医药产业区域品牌，形成主导产业（生物与医药）优势，使产业的发展可以得到相关辅助机构的支撑，使得企业之间的竞争合作、企业与其他机构之间的合作与服务更容易实现，才能在滨海新区内形成强大的吸引力和凝聚力，促进真正扎根于本地的生物与医药产业集群的发展。

基于此，滨海新区应全力打造“滨海生药谷”品牌，促进滨海新区生物与医药产业积极健康发展，具体建议从以下方面着手。

1）加强政府的规划、指导、服务和管理

生物与医药产业区域集群品牌的建立既然对滨海新区发展具有较大的促进作用，天津市及滨海新区各级政府应采取各项措施，促进“滨海生药谷”品牌的形成和推广。此外，由于单个企业没有能力组织代表区域形象的大型宣传活动，天津市及滨海新区政府要发现自己区域内该产业的独特资源和优势，准确定位，通过政府网站、报纸、组织参加各种博览会、建立商品批发零售中心、举办相关公益活动等形式，塑造“滨海生药谷”集群的良好整体形象，宣传推广“滨海生药谷”区域产业集群品牌。在内部，滨海新区政府应促进“滨海生药谷”企业品牌化经营，并致力于为企业营造一个良好的品牌运作环境。

第一，明确生物与医药产业区域品牌战略。天津市和滨海新区政府应将生物与医药产业区域产品联系起来，针对生物与医药产业品牌的公共产品特性，在政策上加大对“滨海生药谷”品牌的保护力度。要制定生物与医药产业区域品牌维护的法规，对于蓄意损害“滨海生药谷”品牌的行为主体进行处罚，以避免类似事件发生。同时，还要鼓励区域内生物与医药产业企业提高经营管理水平，注重产品和服务质量，提升自身企业形象和区域品牌形象。

第二，整合区域资源优势。为了保护“滨海生药谷”生物与医药产业区域品牌，应保持适当的发展速度、发展规模。对已进入的企业，新区政府应该注重挖掘生物与医药各企业的竞争优势，协调区域内企业自身特色化发展和区域产业整体发展之间关系，引导区域内建立良性竞争局面。在新项目投资上，区域政府要严格审批，不允许不合格企业进入该行业，同时还要防止产业发展过快、规模过度膨胀、重复建设、资源浪费等现象发生，以最大程度地发挥区域品牌的作用。总之，滨海新区政府和企业应通力打造“滨海生药谷”品牌，发挥生物与医药产业区域企业团队规模、资源、市场优势，使企业由自身单打独斗变为集团行动，在激烈的市场竞争中协同作战，开拓市场，促进区域经济的发展。

2）明确“滨海生药谷”品牌的产权主体

在产权方面，“滨海生药谷”品牌为区域内相关企业共同拥有，这就决定了其有别于企业品牌的两大特点：产权模糊性和利益区域共享性。所建立的“滨海生药谷”品牌为滨海新区所有生物与医药企业共同拥有，没有明确的权利主体，与品牌有关的其他一切经济权利归属也不是很明晰。目前来看，对于区域产业品牌的维护主要有以下几种：

第一，政府作为主体，即政府将区域品牌的建设作为公共工程来对待，安排专门的部门进行管理并投入资金扶持品牌建设。

第二，准政府机构，由政府授权企业对商标的使用，将集群内企业纳入统一品牌中，提升企业竞争力。

第三，企业联盟，区域内众多独立企业的产品统一使用一个品牌，该品牌由企业联盟来管理。

第四，企业家联盟，由若干企业联合注册商标，共同拥有商标使用权。

在塑造“滨海生药谷”区域集群品牌的过程中，我们建议明确“滨海生药谷”品牌的产权主体，采取政务或准政府机构统一管理的模式，即政府作为主体，安排专门的部门进行管理并投入资金扶持品牌建设，促进滨海新区生物与医药产业快速发展。

3）发挥企业联盟和研究院所的作用

企业联盟及研究院所是为维护共同的经济利益和社会利益而组成的行业自律性、非营利性的社会团体法人，是介于政府与企业之间、商品生产者与经营者之间的社会中介组织。企业联盟是一种管制方式，借助它，同行企业相互联合，并将权力授予一个中心组织，以增进共同利益，管制行业内行为，并使产业内成员及那些其战略和行为能危害行业利益的成员之间的关系有序化。

在打造“滨海生药谷”品牌的过程中，企业联盟及研究院所可以起到协调和行业内自律的作用。“滨海生药谷”品牌一旦形成，便能发挥持久的品牌效应。但此时如果不加以规制，集群区域内的企业间信息严重不对称将会使区域品牌的可持续性面临危机。由于区域品牌的外部经济性和产权的不明晰双重属性的存在，作为追求利润最大化的企业（尤其是区域内的中小企业）就有不支付代价使用区域品牌的动机，势必造成行业内竞争混乱。而企业联盟通过制定规约和处罚程序，对那些违规的成员实施处罚，从而避免那些只顾及短期利益的机会主义行为造成的行业整体利益的损失。

4）以技术创新、制度创新促进“滨海生药谷”品牌建设

制度创新与技术创新紧密相连，相互影响。一方面，技术创新导致了制度创新；另一方面，制度创新对技术创新又具有重要的推动作用。

第一，利用技术创新促进“滨海生药谷”品牌建设。技术创新有利于提高滨海新区生物与医药产业企业的实力和能力。由于滨海新区生物与医药产业集群内企业在资金、技术等竞争优势方面差异小，从而迫使企业不断地寻求创新以实现差异化。由于产业集群的溢出效应，很多集群内企业采用“搭便车”的行为而使企业技术升级，提升企业实力。集群内企业实力的增强为建设区域品牌提供了支持。技术的不断创新也使得产业集群拥有其他产业集群不能比拟的竞争优势，这也促进了区域品牌的建设。

第二，利用制度创新促进“滨海生药谷”品牌建设。制度创新有利于提高滨海新区生物与医药企业的动力和活力。由制度创新对经济发展的作用可以看出，制度创新可以降低交易成本，这为区域品牌的建设提供了强大的动力支持。制度创新是技术创新的基础，由于滨海新区内目前大多数生物与医药企业实力不强，难以承担技术创新带来的高投入风险，而制度创新可以弥补这一点，这也大大地促进了滨海新区企业共同打造生物与医药区域品牌。

（三）政策支持平台

图 4-14 为滨海新区生物与医药产业政策支持平台情况。

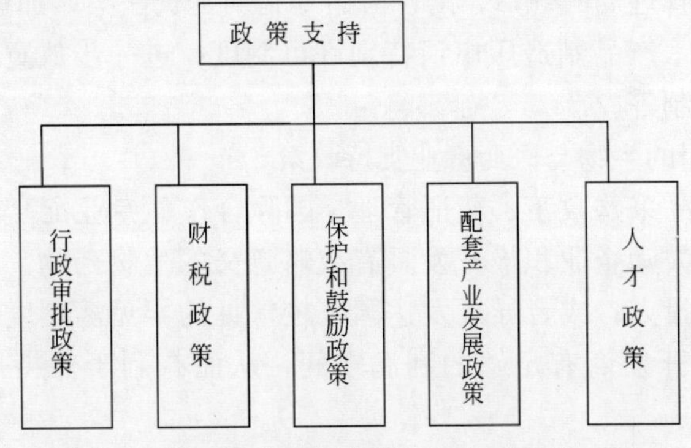

图 4-14　滨海新区生物与医药产业政策支持平台

1. 行政审批政策

药政不合理导致生物与医药企业在行政审批环节浪费大量的时间、精力及金钱；申报环节过多及政府行政服务不到位引发的申报时间过长，甚至引起企业为尽早获得批文及相关政策而进行寻租行为。这造成了生物与医药企业在成立前就已经付出不必要的成本。此外，由于申报环节或企业自身的保密程度不够，造成一种新药一家报材料、多家企业开始生产的局面，使得企业未来的竞争格局的不确定性增大，从而影响企业的投融资。

事实上，根据现行的国家药监局临床试验审批程序，企业需要 9～12 个月才能获得审批，而美国 FDA 仅需要 1 个月时间。审批周期长不仅严重阻碍了临床试验 CRO 的发展，也影响了医药企业的业绩。生物与医药企业多是以研发创新为主，这样一来，影响颇为明显。

根据上述障碍，建议滨海新区要与集群企业通力合作，找准问题瓶颈，推动成立国家级生物技术药品审批中心，探索缩短临床试验审批过程。

2. 财政税收政策

由于生物与医药企业从研究开发到上市营销一般要经过漫长的时间，在我国一般需要 5～8 年，所以对高新产业历来实行的“三免二减”的优惠政策，在医药企业中无法体现出短期利益驱动与激励作用。因此，建议战略性使用税收结构调整以改善生物与医药产业的成长环境，鼓励私人资本进入生物技术产业，或采取减轻企业税收负担的措施。可以预见，这样的政策制定和实施必将受到企业的广泛欢迎。

3. 制定、保护和鼓励生物与医药发展的政策和法律

重新界定政策对经济领域的干涉程度、规划生物与医药产业分时期、分步骤扩张的前景。其作用是为生物技术公司营造良好的政策环境，促进生物技术工业的发展。

通过制定法律加强合作研究，鼓励发明创新和促进技术转移。同时，重新修订食品与药品管理局的规章，出台药品专利期延长法案，加速药品审批法案；废除新建生物技术产品制造厂申请特别许可制度；进一步放宽对转基因生物技术产品的法令限制等。

1）制定专门的生物与医药产业支持政策

从医保和药品采购政策、药证管理、国际合作、专业配套等方面给予更有力支持的同时，鼓励企业积极开发具有战略意义的生物药物。政府可以就其设立专项，并进行投入；或者导入发达国家较常见的罕见药制度；放开生物技术新药定价，保证开发商有足够的利润空间，从而有利于保持后续的创新研发活力。

制定新型的奖励制度，特别要具备社会主义市场经济所要求的产权界定、

确认主体、内容和权利公示等成果管理功能，从而有利于科技成果作为生产力要素进入市场流转和对科技成果的保护。

重要的是，在制定政策的同时，加强政策反馈信息的收集。科技成果制度没有主动地适应社会主义市场经济发展的需要。

2）鼓励和帮助组建诸如上海浦东医药行业协会之类的自律中介组织

行业协会具有共同的产业网络化作用，能够在很大程度上将研究单位、企业、政府和其他公共非营利组织联结起来，整合多方面的力量，壮大生物与医药产业。这样的组织机构，其主要是行使生物技术交流、人才库储备等职能，强调公共技术的研究、共享，以及创新技术的交流、学习。

医药流通市场亟待规范，流通领域带来巨大的交易成本。事实上，医药企业长期存在“虚高定价”的现象，而事实上企业并不是真正的受益方，大量利润流向中间商，一方面造成消费者无力购买，潜在市场需求难以真正转化为现实有购买力的需求；另一方面企业自身也不能从利润中及时收回 R&D 投入，进行下一轮的研发活动，资金的良性循环受阻。

因此，“行业协会”呼之欲出，通过政府的作用，帮助研发机构结成联盟，成立行业组织，变恶性竞争关系为合作关系，从而改善竞争环境。总之，有效的自律中介组织，能够使医药产业自身健康、持续地发展。

4. 配套产业发展政策

天津市在《生物与现代医药产业发展规划概要》中明确指出，天津市生物与现代医药产业配套发展的基本思路是按照生物和现代医药产业链全球化配置的规律，根据天津及开发区的比较优势，以产业化作为核心增值环节，充分利用国内、国外的产业发展相关资源，实现和外部其他产业环节的对接结合。同时，围绕建设国家生物和现代医药产业基地的目标，优化产业环境，完善区域生物和现代医药产业技术创新体系、市场营销体系和专业服务体系，实现产业创新和产业经营的目标。

1）完善供应链服务体系

生物与医药集群发展离不开提供外部服务的配套供应商，其中包括金融、设备、知识、材料和研究机构等。这些企业和机构的存在，使生物与医药企业能够在本地以较低的成本获得创新性、个性化的商品和服务解决方案。生物与医药配套产业包括化学材料供应、医药包装、印刷、物流、器械产业，以及销售和服务行业等。要加大投入和政府政策引导，发展生物与医药产业配套企业，最终能够形成生产、加工、销售一体化的医药配套产业链。

目前，天津市滨海新区生物与医药产业整体产业发展中存在生物与医药产业链结构松散的问题。滨海新区大部分生物与医药企业采取原料全球采购、技术全球引进、资金全球融通等发展战略。尽管全球化策略满足了生物与医药产业产品高质量的要求，但同时暴露了目前滨海新区生物与医药产业链结构松散、缺乏配套的缺陷。在生物与医药产业发达的国家，一个龙头企业周围往往有许多为其主打产品生产配套零件的卫星厂家，形成一条稳定、紧密的产业链。滨海新区生物与医药企业缺少为关键产品做配套的厂家，使得产业发展处于断裂阶段。生物与医药企业的某些关键技术和原材料主要从国外进口，带动了国外上游产业的发展，而国内的某些产业由于没有跟上前沿技术的步伐，未能充分分享增长极的辐射效应，生物与医药产业对本地产业的拉动作用没有完全体现。

对发展滨海新区生物与医药配套产业的建议：

第一，在发展顺序方面，滨海新区生物与医药产业应当从上游供应商入手改善产业链。产业链的上游产业为下游产业提供投入品，这种后向联系使得上游供应商的作用尤为突出，上游流量决定了下游流量。改善滨海新区的生物与医药产业链，应当突破产业链上的薄弱环节，释放产业链整体潜能。具体来讲，就是要强化上游特种材料和生物与医药基础原料产业，加大资金投入，加快技术改造与更新换代，掌握特种材料和生物与医药基础原料的生产技术，通过产业链的完善促进滨海新区生物与医药产业的可持续发展。

第二，在引进方式方面，对于关键技术和设备可以由生物与医药企业联合向滨海新区相关部门提出申请，由地方政府牵头、企业代表出面洽谈，通过双方的协同努力，将关键技术供应商引入境内或在滨海新区建立子公司，实现近距离配套。配套厂商入境后，通常会采取本地化策略启用本地人才，这是学习先进制造工艺和管理经验的好机会，上游关键技术的供应商由于对下游的制造业具备控制力，能够吸引更多的先进制造企业聚集，形成大、中、小型企业并存，梯度层次较明显，产业结构合理布局，企业间合作网络的形成将进一步提高创新能力。

第三，在保障措施方面，政府应做好充分的财政支持，或建立基金，吸引社会闲散资金；并制定相应的优惠政策吸引上下游各配套企业在集群、园区落户。同时鼓励区内各配套企业采取集中规模化发展战略，建立企业间信息、技术、设备和人才的优势互补格局，加强上下游企业间的信息沟通和信息反馈。

2）产业链合并及外包策略

第一，产业链合并策略。天津滨海新区生物与医药企业规模小、赢利低、仿制药多、产品技术含量低的表面原因是研发投入少，而实际上是恶性循环的结果。规模小导致研发投入不足，进而导致大量企业缺乏创新能力，药品多为仿制并集中在低端市场的竞争，最终导致低端产品过剩。打破这种恶性循环的方法就是进行滨海新区生物与医药产业优化重组，将现有的要素资源组合起来，将各方资源和优势集中，削减不必要的开支，并实现研发资源的集中和广泛覆盖。

首先，要通过战略重组，实现规模经营。可以借助资本市场的融资功能迅速集中庞大资金，扩张企业规模。此外，推动滨海新区医药行业内部的收购、兼并等资产重组活动，鼓励优势企业之间强强联手，充分利用彼此的产品优势、营销网络和研发力量，降低运营成本，扩大经营规模，壮大竞争实力。

其次，针对天津滨海新区医药行业低水平重复的问题，应该把增量调整和存量调整结合起来，针对过剩的生产能力进行必要压缩，通过产业结构升级，实现资源的优化配置，形成新的良性循环。在行业内部结构上要根据比较优势的原则，重点发展中药、化学原料药和生物工程药物。在产品结构上要抓一批技术含量高、附加值高、市场占有率高和市场前景明朗的重点产品，带动整个产品结构升级。在企业结构上，既要坚定实施大企业、大公司的发展线路，又要引导中小企业向“小而专、小而精、小而优、小而特”的方向发展。

最后，可以成立虚拟公司。对企业而言，研究开发是一项费用高昂、技术复杂的系统工程，企业单凭自身实力，已经难以自主完成这一工程。特别是像药品这样的重大创新项目，其技术难度、规模等方面的要求不是任何企业都能独自进行的，也难以承担相应的开发风险。但是，如果能就某一共同感兴趣的项目进行合作，彼此各尽所能、取长补短，这种优势则是不可估量的。

第二，产业外包策略。滨海新区生物与医药产业链的拆分主要表现为产业链某个或某些环节的外包。对生物与医药产业来说，主要是检验、监测、服务环节等的外包。外包的目的是通过与企业发展中各个环节活动的协调，实现最佳业务绩效，从而增强整个公司的赢利能力。提高效率、降低成本是促使企业外包的主要推动力。

建议参照浦东新区生物与医药产业发展模式，将国内外具有较强科研实力的机构引入滨海新区，并依托滨海新区良好的区位优势，建立滨海新区生物与医药产业外包服务中心。不仅区域内生物与医药企业可以借助外包中心解决技术、服务难题，同时外包中心可以形成聚集和品牌效应，吸引区域外企业将技术难题带入外包服务中心。

在建立外包中心的过程中，滨海新区主要应当从以下方面着手：

首先，维护外包中心投资环境，制定正确的引资政策，特别要注意针对的是所有的投资主体，而不是单纯指外商。吸引优秀企业必须研究和营造适合国有企业。民营企业发展的投资环境，尤其是软环境。同时，要加大力度改善投资软环境。当前宜着重法律法规的实施，同时重点理顺审批、管理、监督等部门和机构之间的关系，提高整体办事效率；健全投诉渠道和政府协调议事制度，使企业的合理要求能够得到解决，促进政府行为和企业行为规范化；还应完善适应生物与医药企业发展的金融、咨询、保险、文化教育和生活服务设施，不断提高服务水平。

其次，在建立外包中心过程中，政府的另一大职能是强化入驻项目的可行性分析。各级经济主管部门、金融机构在对入驻企业技术项目进行审批和贷款时，需要提前对企业资质进行分析，避免不符合资质或者技术落后的企业影响整体外包中心的运行效果。

5. 人才培养政策

由于生物与医药领域在理论和技术上具有独立性，其专业人才的积累不是一朝一夕可以完成的，因此，滨海新区应该建立支持性政策框架以鼓励产、学、研紧密结合，重视基础性和技术性生物与医药人才的培养。在基础性研究方面，园区政府可以在财政和商业化等方面对一些生物学术机构给予支持，在高校内设置如生物信息这样的专门学科，通过“技术员”培养计划，将差异较大的计算机和生物学科结合起来，以培养短缺的综合人才；将全日制、半脱产学生和全日制工人作为受众对象，设置全方位“流动实验室”，这样既增加了培训活动的影响面，而且充分利用了技术资源。

以人为本，完善激励机制，充分调动生物科技人员的创新积极性。以人为本应该成为科技工作的出发点和落脚点，要在分配体制上突破，充分体现知识和人才应有的价值，贯彻知识（包括技术和管理）参与分配的原则，使“按知识分配”成为按劳分配的核心内容；努力提高科学家们的待遇，要通过制定政策和立法，确保在产业化中有突出贡献的个人得到应有的市场回报；进一步制定有效政策，引进海外的智力人才为滨海新区生物与医药产业服务。

（四）投融资支持平台

图 4-15 为滨海新区生物与医药产业投融资平台情况。

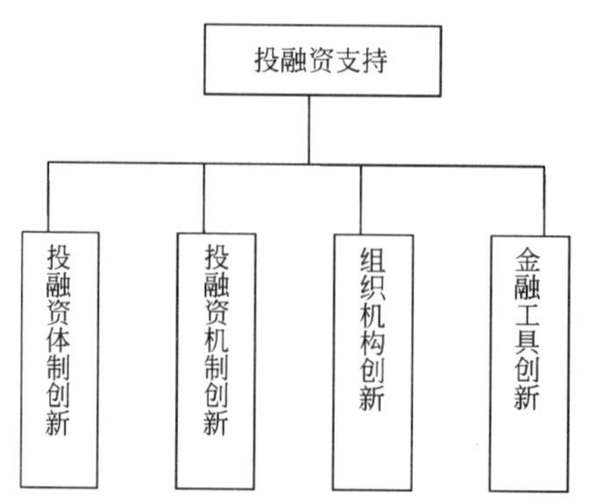

图 4-15　滨海新区生物与医药产业投融资平台

1. 投融资体制创新

为支持滨海新区生物与医药产业发展，建立与之相适应的投融资体制，具体包括以下几方面：

(1) 全面加强滨海新区政府在生物与医药投融资体制中的地位和作用，形成分工合理的政府投资主体结构。滨海新区应当明确生物与医药产业的战略性地位，给予生物与医药产业优惠的产业政策，在医药的开发研制过程中充当引导资金融入的角色，引导企业和私人资本的进入；引导生物与医药企业形成完善的产业链和产业集群。政府资源对医药开发的偏重将起到示范作用。

(2) 强化生物与医药企业在科技金融体制中的主体功能。生物与医药企业居于创新的主体地位，因此需要运用多种政策手段，支持生物与医药企业的创新活动。如实施对科研投入部分企业储蓄以免税或优惠税率的政策，促进企业对研发的投入比率。

(3) 尽快在滨海新区内建立完备的资本市场体系。大量引进银行机构，并给予区内金融政策以支持，完善资本市场，提供直接融资平台。特别是强化宽松交易规则和资本市场对创新型中小企业的融资作用，以及实现主板市场与宽松规则市场间的衔接。并在资本市场中尽快形成具有对技术创新企业进行重组能力的管理公司和投资银行。

2. 投融资体系创新

针对生物与医药企业不同发展阶段提供适宜的投融资体系，实现从企业的孵化成长到壮大的全程融资支持（图 4-16）。

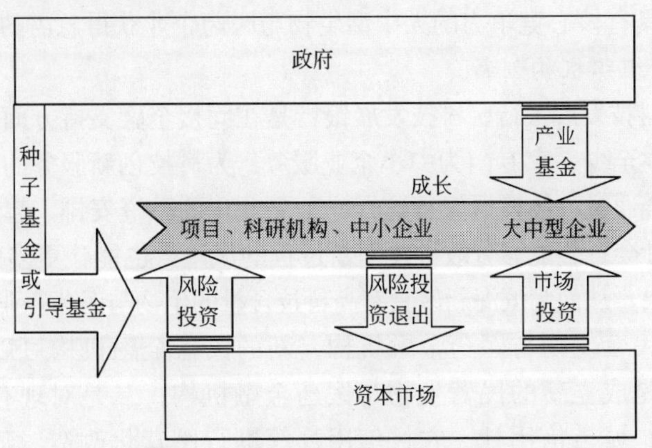

图 4-16 滨海新区融资体系结构图

1) 风险投资体系

针对需要孵化的生物与医药项目、科研机构及中小企业，主要提供风险投资机制。借鉴浦东新区创业风险投资引导基金的成功经验，滨海新区应利用已建立的滨海新区风险投资种子基金平台，进一步与海内外合格的创业风险投资公司或基金管理公司合作，尝试有限合伙、股权设置等方面的制度创新模式。政府投入的种子（引导）基金不直接投入企业或研发项目中，而是集聚资本市场资金形成专业风险投资基金企业，由风险投资企业对生物与医药中小企业或科研机构进行评估筛选，有选择地进行资金注入，孵化和培育中小企业进入稳健经营状态。在风险投资体系中重点培育以下三个机制：

第一，培育供给主体机制。建立创业投资机制，重点培育和开发潜在的有效供给主体：大企业（主要是上市公司）、证券公司和信托投资公司；养老基金、保险公司和商业银行。

第二，提供退出机制。主要退出机制有企业并购、股权回购、证券市场公开股票发行（IPO）。目前最可行的是股权转让，滨海新区应当建立健全股权流动市场，完善产权交易规则。

第三，风险规避机制。一方面建立风险预警系统，另一方面建立中小生物与医药企业信用担保机制，在鼓励民间资本参加担保的条件下，成立专门服务于科技创新的信用担保机构，完善现有的中小生物与医药企业担保中心，发展方向是商业担保、政府加民间等形式为主。

2）战略投资体系

当企业进入稳健运营期，甚至成长为大中型企业时就进入战略投资阶段，可依靠生物与医药企业自身的赢利能力和抗风险能力实现资金的融通。考虑到生物与医药企业研发投入大、周期长、风险大的特点，政府可以建立“生物与医药产业基金”对具有战略地位的研发项目进行专项资助。同时还应建立资金进退通畅的融资平台使具有核心竞争力的大中型生物与医药企业获得急需的资金。

3. 投融资组织机构创新

一是创立科技发展银行。科技发展银行是在间接金融支持方面的一种创新。目前，有必要成立至少一家专门为中小企业服务、为科技创新服务的政策性银行。政府科技投入资金通过科技发展银行这样一种专业化的融资安排，起到放大和引导作用，使更多的社会资金能够分散科技创新过程的风险，也能让更多的社会资本分享科技创新的成果，从而为滨海新区具有高科技含量的生物与医药企业提供资金。

二是发展民营生物与医药金融机构。新的民营金融机构可以采取以下两种方式建立：一是成立新的民营生物与医药金融机构；二是对现有的金融机构如城市商业银行、城市信用社、农村信用社等进行民营化改造，延伸出为生物与医药企业量身定做的金融机构。还可以通过鼓励建立各种层次的投资银行，探索组建金融科技集团，实行科技、金融、生产一体化，进一步规范并积极发展信托公司、保险公司、证券公司等非银行金融机构等措施，来适应技术创新的多样化融资需求。

三是组建生物与医药集团内部财务公司。对于大型的生物与医药企业集团可成立集团内部的财务公司，实现集团内部的资源共享、资金融通，实现子公司盈余资金统筹管理，由总公司实现科技投资的总体筹划。

四是建立股权交易系统。建立统一的股权交易市场，构架通畅的电子交易平台，不仅有利于生物与医药企业进行股权融资，吸纳金融市场中的闲散资金，而且也为风险投资资金退出提供了通道。

4. 投融资金融工具创新

通过金融工具的创新为生物与医药企业提供新的融资手段和避险工具。具体包括：

(1) 贷款证券化。贷款证券化是随着金融创新的浪潮而产生的一种新的贷款方式；生物与医药企业可以将从银行获得的贷款转化为债权凭证为银行持有，从而为银行提供了一条风险贷款退出渠道，降低了银行贷款风险，可激发银行向科技企业提供贷款的积极性。

(2) 发展融资租赁。生物与医药企业还可以通过融资租赁向其他非银行金融机构融资。

(3) 发行生物与医药企业债券。债券融资在发达国家是与股票融资和金融机构贷款同等重要的企业外源融资方式，有不可替代的优势。大型生物与医药集团可以凭借自身在市场中的信誉或自身强大的资产为后盾，直接发售企业债券实现融资。但这一工具的应用取决于企业自身的实力及其在市场中被认同的程度，而且由于企业债券通常是短期融资，在一年以内需要归还，因此对生物与医药企业资金链管理要求较高。如果作为研发资金融资则期限过短，但生物与医药企业可通过发新债还旧债的方式实现续短为长，值得注意的是发行企业债券的生物与医药企业必须加强对债券尤其是短期债券风险的管理。

(4) 发展医药企业的金融期权。商业银行向生物与医药企业提供贷款，在承担高风险的同时，所获收益主要是利息收入，风险与收益不对称。因而银行在贷款的同时还可以购买生物与医药企业的期权来分散风险，作为承担高风险的回报。商业银行除了到期获得贷款本息外，还可以分享企业潜在的高收益，商业银行也可以在适当的时候把期权转让出去。

(5) 浮动设押贷款。结合生物与医药企业的基本特征，如在成熟期拥有的是大量的技术专利等无形资产，缺乏有效的固定资产抵押物品，因而很难获得抵押贷款等。进行新型金融工具的创造，可为其提供新的融资渠道，如浮动设押获得贷款。浮动设押是抵押贷款的一种形式，具体指生物与医药公司可将现有的和将来取得的全部财产或者部分财产设定抵押，为其债务提供担保，但设押财产可自由流转经营，不妨碍企业的资本循环和周转，于特定事情发生后，设押财产结晶为固定抵押所偿还债权的抵押。生物与医药企业浮动设押的标的物可以是地产、资产、商誉、权益、收入和所有书面的有收益的其他债权；未收资本、新药专利、专利申请、注册商标、注册商品号名称、注册设计、版权及与各种许可有关的现在或将来的借款人的利益。在实施浮动设押贷款中，贷款合约中的保护性条款，可以有效保护贷款银行的债权。

参考文献

方杰，刘正士．2003. 试论我国技术创新中介服务体系．机电产品开发与创新，(1)

郭箭．2000. 技术创新的演化特征与有效技术创新政策的制定及实施．上海经济研究，(11)

黄灿．2004. 欧盟和中国创新政策比较研究．科学学研究，(2)

姜华，娄伟．2001. 我国传统产业的创新路径．瞭望，(28)

姜秀莲．2002. 我国技术中介服务体系发展模式研究．天津大学硕士学位论文

李传军．2003. 企业技术创新过程理论及持续创新问题的研究．合肥工业大学硕士学位论文

李晓林，万勤，贺君．2003. 重庆市技术创新中介服务体系模式构建设计．重庆建筑大学学报，(12)

李永禄，龙茂发．2001. 中国产业经济研究．重庆：西南财经大学出版社

卢金发．2006. 天津滨海新区发展对策．天津：天津人民出版社

鲁开垠．2003. 广州市科技中介服务体系建设的现状、问题和对策．广州社科快讯，(2)

毛荐其．2002. 技术创新风险与评估．数量经济技术经济研究，(2)

缪沾．2001. 技术创新的概念、战略和方式研究．云南建材，(3)

清华创业投资研究中心．2004. 2003 年中国创业投资年度研究报告．北京：清华大学出版社

宋毅．2003. 国家产业技术政策研究报告．北京：中国社会科学出版社

王欣．2002-10-26. 当代技术创新的十大趋势．科学时报

王学鸿．2000. 技术创新理论与技术生产力的实现．当代经济研究，(10)

王雪苓．2002. 当代技术创新的经济分析．西南财经大学博士学位论文

王玉灵．2001. 促进企业技术创新的条件与对策研究．天津大学博士学位论文

肖金成等．2006. 第三增长极的崛起——天津滨海新区发展战略研究．北京：经济科学出版社

谢勒・F M. 2001. 技术创新，经济增长的原动力．北京：新华出版社

胥悦红．2001. 可持续工业技术创新系统的过程管理研究．天津大学博士学位论文

徐北琼．2000. 我国产业技术创新：主体、问题与对策研究．复旦大学硕士学位论文

杨桂华．2002. 技术创新联盟的理论与效应分析．复旦大学硕士学位论文

姚伟峰．2005. 区域科技自主创新体系建设理论与实证研究．北京：中国经济出版社

于浩．2003. 企业技术创新体系研究．中国科学院科技政策与管理科学研究所硕士学位论文

中国社会科学院工业经济研究所．2005. 2004 中国工业发展报告——中国工业技术创新．北京：经济管理出版社

Chang Yuan-Chieh，Chen Ming-Huei. 2004. Comparing approaches to systems of innovation: the knowledge perspective. Technology in Society，(26)

Chung S. 2002. Building a national innovation system through regional innovation systems. Technovation，(22)

Lawson B，Samson D. 2001. Developing innovation capability in organizations. International Journal of Innovation Management，5 (3)

Pyka A. 2000. Informal networking and industrial life cycles. Technovation，(20)

Radosevic S. 1999. Transformation of science and technology systems into systems of innovation in central and eastern Europe：the emerging patterns and determinants. Structural Change & Economic Dynamics，(10)

Tsuji M. 2003. Technological innovation and the formation of Japanese technology：the case of the machine tool industry. AI&Soc，(17)

“中国软科学研究丛书”第一批书目

区域技术标准创新——北京地区实证研究	46.00
中外合资企业合作冲突防范管理	40.00
可持续发展中的科技创新——滨海新区实证研究	42.00
中国汽车产业自主创新战略	50.00
区域金融可持续发展论——基于制度的视角	45.00
中国科技力量布局分析与优化	50.00
促进老龄产业发展的机制和政策	45.00
政府科技投入与企业 R&D——实证研究与政策选择	55.00
沿海开放城市信息化带动工业化战略	58.00